共育之光

家委会主任的力量

张蓓蕾 著

上海交通大学出版社
SHANGHAI JIAO TONG UNIVERSITY PRESS

内容提要

本书旨在构建一种新型的教育治理模式,让家长从教育的旁观者转变为共同设计者,让家庭的教育智慧成为学校发展的活水源泉。家委会主任是推进家委会高效运转的主要负责人,本书以家委会主任培养为切入口,梳理研究现状、调研区域与案例学校(亭林小学)家委会工作中的问题,据此明确了家委会主任培养的"三维""三有""三者"目标定位,构建了完善的评估保障体系,为优化家校合作、促进学生成长提供了系统的理论与实践指导。本书主要面向教育工作者、家委会成员以及关注家校合作与家庭教育发展的各界人士。

图书在版编目(CIP)数据

共育之光:家委会主任的力量/张蓓蕾著.

上海:上海交通大学出版社,2025.5. —ISBN 978 - 7
- 313 - 32666 - 9

Ⅰ.G636

中国国家版本馆 CIP 数据核字第 2025PD2024 号

共育之光:家委会主任的力量

GONGYU ZHI GUANG:JIAWEIHUI ZHUREN DE LILIANG

著 者:	张蓓蕾			
出版发行:	上海交通大学出版社	地 址:	上海市番禺路 951 号
邮政编码:	200030	电 话:	021 - 64071208
印 制:	上海万卷印刷有限公司	经 销:	全国新华书店
开 本:	710mm×1000mm 1/16	印 张:	12.5
字 数:	202 千字		
版 次:	2025 年 5 月第 1 版	印 次:	2025 年 5 月第 1 次印刷
书 号:	ISBN 978 - 7 - 313 - 32666 - 9		
定 价:	78.00 元		

序

学校家庭社会协同育人研究需要个性化、特色化，具体学校和地区的研究成果也可以为全国各地更多同行提供参考与借鉴。张蓓蕾校长所做的这一研究，就具有这一特点。

对于每一所幼儿园、中小学来说，都有家委会这一组织的存在，也一定有家委会主任这一角色。但是，家委会主任需要承担哪些责任？家委会主任需要具备怎样的素质？学校如何支持、促进家委会及家委会主任的发展？在当前，这些问题并没有得到很好的解答。记得一次参会过程中，我谈及家委会主任的工作与发展这一话题，现场一名报社记者很好奇地问我："我今天是记者身份，但我也是孩子学校的家委会主任，可是我似乎并不知道该做些什么。您觉得我应该怎样做家委会主任？"也许本书就能协助全国千千万万名家委会主任来重新认识自我，并在协同育人中发挥重要作用。

这一主题不仅适用于家长们，也适用学校教育工作者。校长和教师对家委会主任的工作有直接而重要的影响，家委会的建立和发展，同样依托学校而进行。张蓓蕾校长带领教师团队投入本项目研究，开展调查，分析、解决问题，确定发展新目标，形成系统的研究设计，经历扎实的研究过程，进而形成了这一完整的研究成果。在这一过程中，张校长和亭林小学的老师们组织了一系列的国际国内互动交流活动，形成了优良的学术对话平台，也承担了一系列的科研课题，实质性促进了学校发展。

在我个人的视野中，这是本人能读到的第一本聚焦家委会主任这一主体的著作，也是充满着教育实践智慧和理论敏感的著作。在本书正式出版之际，衷心祝愿全国的家委会主任朋友们发展得更好，与校长、老师们一起，为青少年儿童的发展形成优质的生态，也为成年人的学习与发展探索独特的路径，以共育之光照亮教育综合改革和学习型社会的建设之路。

李家成

华东师范大学上海终身教育研究院

2025 年 3 月 20 日

目 录

导 言

　　中共中央、国务院印发的《教育强国建设规划纲要(2024—2035年)》明确要求"加快建设具有强大思政引领力、人才竞争力、科技支撑力、民生保障力、社会协同力、国际影响力的中国特色社会主义教育强国",并在加强组织实施方面要求"健全学校家庭社会协同育人机制"。作为一所努力投入创新实践的学校,我们一直在形成多类型的学校家庭社会协同育人的成果。其中,家委会主任的培养主题,是近年来我们集中研究的重点,也是深受其益的内容。

一、寻求政策支持

　　个体成长既依赖于有组织有计划的学校教育,也来自家庭潜移默化的教育影响和社会整体教育性环境的支持。美国学者乔伊斯·爱泼斯坦(Joyce Epstein)的"重叠影响阈理论"(Over-lapping Sphere of Influence)表明,孩子的学业表现、个体成长是学校、家庭和社区共同起作用的,不是学校的独有功能①。

　　"社会"作为共育的重要方面,既作为一个主体性存在,强调全社会成员介入教育事业之中,承担起应有的教育责任。同时,也作为一个物理空间性存在,为拓展学校教育、家庭教育的空间和弥补二者的不足提供条件。"共育"之"共"是目标之"共"、行动之"共",是学校、家庭与社会共同承担起教育的重任;"共育"之"育"是以育人为本,以促进人的生命高质量发展、全面发展为本。"社会"作为"共育"的主体与空间,是嵌入机制或结构中的一部分,是渗透着德智体美

---

① 〔美〕爱泼斯坦,等.大教育:学校、家庭与社区合作体系[M].曹骏骥,译.哈尔滨:黑龙江教育出版社,2016:4-18.

劳等各育的完善空间。因此,社会共育需要形成完整的机制,以顶层设计、育人分工、外部保障等多层面的体系化设计,成为学校、家庭、社会共育中的重要环节,从而有效地搭建共育平台,实现协同育人。

社会共育不仅有理论支撑,更有坚实的政策支持。以习近平同志为核心的党中央高度重视协同育人的工作。为推进教育高质量发展,实现教育现代化,党和国家在积极构建学校、家庭、社会协同育人机制方面,出台了许多政策文件。2021 年 7 月,中共中央办公厅、国务院办公厅印发《关于进一步减轻义务教育阶段学生作业负担和校外培训负担的意见》(简称"双减"政策),对减轻义务教育阶段学生过重作业负担和校外培训负担进行了部署,强调要"完善家校社协同机制……推进协同育人共同体建设"①。2023 年 1 月,教育部等十三部门发布《关于健全学校家庭社会协同育人机制的意见》,指出要增强协同育人共识,积极构建学校家庭社会协同育人新格局,着力培养德智体美劳全面发展的社会主义建设者和接班人;到 2035 年,形成定位清晰、机制健全、联动紧密、科学高效的学校家庭社会协同育人机制②。这为全社会成员共同参与教育,推进教育的现代化提供了方向和指南。2024 年 11 月,教育部办公厅等十七部门联合印发了《家校社协同育人"教联体"工作方案》。该方案提出,"教联体"是以中小学生健康快乐成长为目标、以学校为圆心、以区域为主体、以资源为纽带,促进家校社有效协同的一种工作方式。要推动各地全面建立家校社协同育人"教联体",确保政府统筹、部门协作、学校主导、家庭尽责、社会参与的协同育人工作机制更加完善,促进学生全面发展健康成长的良好氛围更加浓厚。③

这些政策文件显示出对协同育人的重要关注,为推动中小学教育实践改革提供了重要支持力量和机制设想,也为中小学推动学生发展挖掘了广泛资源,对促进学生健康成长具有重要作用。

---

① 中共中央办公厅 国务院办公厅印发《关于进一步减轻义务教育阶段学生作业负担和校外培训负担的意见》[EB/OL]. (2021-07-24)[2024-12-30]. https://www.gov.cn/gongbao/content/2021/content_5629601.htm.

② 教育部等十三部门关于健全学校家庭社会协同育人机制的意见[EB/OL]. (2023-01-17)[2023-02-08]. http://www.moe.gov.cn/srcsite/A06/s3325/202301/t20230119_1039746.html.

③ 教育部等十七部门联合印发《家校社协同育人"教联体"工作方案》[EB/OL]. (2024-11-01)[2024-12-30]. http://www.moe.gov.cn/jyb_xwfb/gzdt_gzdt/s5987/202411/t20241101_1160204.html.

本书案例学校亭林小学位于上海市金山区亭林镇,是金山区规模最大的乡村学校之一。作为上海远郊的一所乡村学校,亭林小学面临着教育资源薄弱、发展受限的现实难题。为最大范围推动学校现代化改革,破解乡村教育困境,学校坚持以科研引领实践,不断提升家校社协同育人质量。在理论研究方面,学校围绕区级课题"以'爸爸(妈妈)班主任'为载体的家校合作创新机制研究"开展探索与成果推广。由课题负责人撰写的《新时代家校协同育人机制的探索与实践》案例研究收录于国家社科基金教育学重大课题"立德树人的落实机制研究"成果中。《"协同"视域下家校社共育机制的实践探索——以亭林小学为例》课题成果构建了协同育人的顶层设计和实践框架,进一步厘清了协同育人概念的内涵特征,明确了协同育人的体制机制。在行动实践层面,学校不仅形成了"学校、年级、班级"三级家委会驻校制度,也形成了具有校本特色的家校社协同育人行动模式和评价体系。

学校在家校社协同育人已有的研究基础上又提出"培养家委会主任"这一设想,以期从家委会组织着手,整合协同育人力量,深入而系统地提升家校社协同育人水平。

二、聚焦家委会主任培养

家长委员会,简称家委会,是新时代推进家校合作的重要组织形式,也是实现学校民主管理的重要组织。它以学生家长代表为重要组成人员,直接参与学校教育、管理、资源组织等各类活动,代表全体家长支持并监督学校各项工作。

家委会主任是由家长自荐或推荐,经班主任同意、家委会选举以及学校认可,能够承担相关责任并享有相关权益的家长代表。家委会主任是挖掘和协调家长资源、推进家委会高效运转的主要负责人,是影响和唤醒全体家长积极奉献和终身学习意识的引领者,更是通过自我教育影响学生成长,进而提升家校合作的重要力量。

本书的研究旨在明确以家委会主任队伍建设为核心,全面促进学校家庭社会协同育人工作。该研究蕴含着深刻的理论意义和实践价值。一是积极响应了国家政策导向,切实贯彻了《中华人民共和国家庭教育促进法》的相关规定;二是紧密贴合现实需求,有效满足了社会及家长对家庭教育指导的迫切需求;三是有利于提升学校家庭社会协同育人的质量和效益。

三、研究设计与实施

本书研究综合运用了文献研究法、调查研究法、文本分析法、个案分析法等多种研究方法。

研究思路包括：①确定研究性质。本书研究是行动研究，在理论与实践、学校与家庭的交互中推进研究。②清晰研究视角。以家委会主任为切入点，形成提升学校家庭教育指导能力的实践路径。③把握研究重点。以理论与实践的交互为方法论，构建提升学校家庭教育指导能力的理论体系。

研究内容包括：①了解学校指导家庭教育及家委会建设现状。以上海市金山区部分中小学为样本，通过问卷、访谈等形式，分析家委会建设的现状；以亭林小学为个案，深入研究近一年来家委会主任建设的经验与不足。②家委会主任队伍的培养与运行机制。以亭林小学为实践基地，开展关于家委会主任队伍建设的行动研究。通过对家委会主任的选举、任职、培养、运行以及评价等机制的系统化建设，进而在总结经验的基础上，形成初步的理论体系。③探索以家委会主任队伍建设提升家庭教育指导水平的实践策略。以年为单位，开展效果评估，提炼实践经验；以提升学校家庭教育指导能力为视角，形成家委会主任队伍建设的实践策略。本书研究的技术路线如图 0-1 所示。

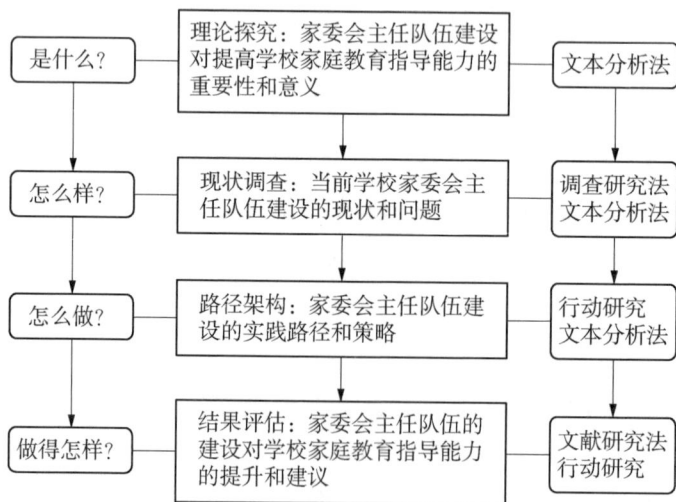

图 0-1　研究技术路线

本书研究有两个关键创新点：①超越传统理论研究框架，以家校社合作的方式推进体系化、系统化的实践研究；②突破传统浅层研究的局限，聚焦家委会主任这一核心主体，开展深入且针对性研究。

具体来说，本书研究分为三个阶段：

第一阶段是准备阶段（2022 年 9 月—2022 年 12 月），具体包括：学习、收集国内外关于家委会队伍建设的研究资料，组建研究队伍，邀请专家指导论证。

第二阶段是实施阶段（2022 年 12 月—2024 年 6 月），主要包括：①文献搜集与解读。广泛搜集政策、文献和各类实践文本资料，组织相关人员开展理论学习与讨论，形成理论认识。②开展调查研究。设计调查问卷和访谈提纲，广泛调研形成调研报告。③开展行动研究。在理论与实践互动中，总结家委会主任队伍建设的路径与机制。④开展效力评估。对行动研究的过程与结果进行分析、总结与评价。

第三阶段是总结阶段（2024 年 7 月—2024 年 12 月），主要包括：总结实践成果，整理材料，出版家委会主任培养指南。

以家委会主任队伍建设为切入点开展家校社协同育人的行动研究，具有重要的理论和实践价值。从理论上讲，有助于丰富家校社合作的"共学共享"理论，提升学界关于家委会主任的主体认知，为提升学校家庭教育指导能力提供理论支撑。从实践层面看，聚焦家委会主任队伍的建设，通过建构学校家庭教育指导的实践机制，为学校家庭教育指导提供了实践路径。

本书研究特别采用了"高校＋中小学"理论与实践协同探索的研究模式，使其既具有较强的学理性支持，又有丰富的实践性支撑，成为一种具有辐射推广的实践性探索。

第一章

实践缘起:让现实性的问题浮现

在教育强国建设的背景下,家校社合作对于提升学生素养及推动学校教育高质量发展具有深远的影响。家委会作为家校沟通的关键纽带,其作用至关重要。本章致力于深入研究并全面剖析当前学校家委会主任队伍建设所面临的问题,并提出具体的改进建议。通过对区域家委会主任队伍的调研分析,我们发现部分家委会主任缺乏对职责的清晰认识,忽略了参与办学管理、维护学生权利和服务学生的基本职责,制约了家校合作的发展。通过对本校家委会主任队伍的调研分析,我们发现家委会主任在角色定位、能力素质等方面存在着许多不足。对此,我们提出了相关建议,如完善家委会主任队伍的培训体系,通过培训和指导,提高家委会成员的素质和服务意识,确保家委会能够真正代表家长利益,参与学校管理,促进家校深度合作,为学校的高质量发展贡献智慧和力量。

一、对全国家委会主任研究状态的梳理

家委会作为联系家庭和学校的重要组织,在学校教育、家庭教育中均发挥着不可替代的重要作用。重视家委会建设,是构建家校社协同育人格局的现实需要。

2003年,教育部颁布的《关于加强依法治校工作的若干意见》明确提出应当积极推动中小学家委会的成立,阐述了家委会的职责范围。2010年,全国教育工作会议着重强调了中小学建立家委会的重要性,将其视为显著提升学校评

价机制与管理能力的重要举措。同年,国家出台了《国家中长期教育改革与发展规划纲要(2010—2020年)》,该文件明确指出,为了健全中小学学校管理制度,完善其管理体系,组建家委会是不可或缺的重要前提。2012年,《教育部关于建立中小学幼儿园家长委员会的指导意见》明确规定了无论是公立还是私立的中小学及幼儿园,在条件允许的情况下,均应设立家委会。自此,我国中小学关于家委会的研究和实践行动蓬勃发展起来。

(一) 家委会的内涵

1. 校级家委会

明确校级家委会的内涵是思考家委会建设的前提。学者们从不同角度出发对校级家委会内涵进行了较为丰富的阐释。

有学者从功能角度提出,家委会是学校联系广大学生家长的桥梁和纽带,从性质的角度将其界定为群众性自治组织①。而从成员代表与组织属性来看,可将家委会视为学校中由家长代表组成的群众性教育合作组织②。翁璐瑶等人进一步从职责角度补充,认为家委会是具有支持和监督学校工作职能的群众性组织③。郁琴芳则基于解决家校矛盾的视角指出,家委会是两者矛盾和冲突的缓冲带和润滑剂④。另有学者认为,上述概念都存在着滞后于时代发展以及难以实际推行的问题,进而提出要将家委会重新定义为"以学生全面发展为宗旨的教育协同组织"⑤。而袁利平的见解则更具综合性,他将家委会的内涵细化为三个层次进行阐述。在他看来,家委会首先是一支集家长、教师、学校和社会力量于一体,增进教育主体互动沟通、调和冲突、提质增效的公益性组织。其次,家委会是以志愿服务为主要工作的非营利性分层组织,其活动经费主要来源于会员和社会捐赠。最后,家委会的主体是家长,也是组织中参与度与活跃度最高的群体⑥。

在国外,与我国校级家委会相对应的是家长教师协会(Parent Teacher Association,PTA),其宗旨是"提高孩子的福利和教育水平,促进学校和家庭之

---

① 王燕红. 家委会职能行使过程中学校角色的定位[J]. 教学与管理,2014(17):14-16.
② 俞家庆. 教育管理辞典[M]. 海南:海南出版社,2005:110-112.
③ 翁璐瑶,吴亮奎. 家委会本质的异化与应然选择[J]. 教学与管理,2018(16):28-29.
④ 郁琴芳. 家委会深入发展需三点突破[J]. 上海教育,2016(16):66-67.
⑤ 彭知辉. 论中小学家长委员会的组织定位[J]. 湖南第一师范学院学报,2017(3):54-58.
⑥ 袁利平. 国外家委会如何参与学校教育?[J]. 人民教育,2019(11):75-78.

间的合作，提高家长和教育者的素养，推动公共教育的发展"①。为保障儿童权益，美国将家长教师协会划分为地方、州以及国家三个层级。不同层级的家长教师协会在具体工作中分工明确，有各自的工作重点，各层级之间相对独立又相互制约。其中国家和州一级的家长教师协会主要负责宏观调控，而地方和学校内部的家长教师协会主要负责落实学生和家长相关的具体工作。协会组织成员主要由一些热心学生教育的家长构成，为家长和学生提供无偿的公益性服务②。虽然形式不同，但在提供无偿公益性服务上，国外家长教师协会与我国校级家委会组织理念一致。两者都由家长代表组成，具有一定的权利和义务，是维护与调节关乎学生各项利益的群众性组织。该组织具有相对独立性，依附于学校产生和运行，但并不附属于学校。从功能的角度来看，既是促进家校合作的桥梁和纽带，也是缓解家校合作矛盾和冲突的润滑剂。

综合以上各位学者的观点，本书将校级家委会界定为：由本校学生家长代表组成的，能够代表全体家长参与学校民主管理，支持和监督学校开展教育教学工作的群众性自治组织。

2. 年级家委会

年级家委会的成员通常由学校组织家长，按照一定的民主程序选举产生，包括家委会主任、副主任、组织委员、宣传委员等多个职位。一般来说，年级家委会成员的产生需要经过家长自荐、家长推荐、学校推荐、全体家长投票选举、公示选举结果等民主程序和环节。年级家委会职责涵盖了全面负责该年级家委会工作、密切班校家委会联系、协助学校筹备和组织亲子教育活动等多个方面。年级家委会成为沟通班级与学校的重要平台。通过参与学校管理、提供意见和建议、支持教育教学工作等方式，年级家委会在优化教育环境、提升学生综合素质方面发挥着重要作用。

综合相关观点，本书将年级家委会界定为：由本班学生家长代表组成的，能够代表全班家长参与学校民主管理，支持和监督年级开展教育教学工作的群众性自治组织。

---

① Forgrave C E. A parent-teacher association in every school！[J]. The Iowa Homemaker, 2017,1(5):4 - 11.

② Kathleen V. Why do patriarchs become involved? research findings and implications[J]. The Elementary School Journal,2005,106(2):105 - 130.

3. 班级家委会

班级家委会作为家委会的基础运行组织，不同学者在研究中提出不同观点。例如，黄嘉雯主要从组建需要和目的角度指出，班级家委会是根据本班学生的需要而组建，以家长代表为核心，以班级、学生和家长服务为目的的组织[①]。张尚伟丰富了班级家委会的成员构成，提出班级家委会应该是由班主任、科任教师和家长代表共同组成，进而对班级、学生和家长进行管理、教育与组织活动的自我管理机构[②]。吴潇从功能的角度提出班级家委会是学校和家庭协同育人的重要载体[③]。冯荣芬进一步表明班级家委会要在家校沟通中起到桥梁纽带作用，要做好信息的上传下达和交流互通[④]。

综合以上观点，本书将班级家委会界定为：由本班学生家长代表组成的，能够代表全班家长参与学校民主管理，支持和监督班级开展教育教学工作的群众性自治组织。

（二）家委会的功能

明确家委会的功能定位，有助于确保家委会的运作职责分明，工作目标清晰，从而有理有序地发挥相应职能。有学者提出，开会不是家委会的唯一作用，学校应该从"尊重""空间""管理"等方面入手不断完善家委会的规范程度以及发挥家委会的真正效用[⑤]。王燕红认为，家委会应该发展为学校与广大家长发生联系的纽带、桥梁、群众性自治组织；家委会哪些该干，哪些不该干，如何干，并不是学校说了算，而要根据教育行政部门相关规定来执行[⑥]。学校家委会不仅在各方教育主体之间建造起一个帮助学生成长发展的重要立交桥，还在学生综合发展、学校整体改进、教育质量提升中扮演着十分重要的角色[⑦]。有学者进一步提出，家委会可承担六大核心定位，即"学校管理协助者""家校沟通促进者""家长资源整合者""家庭教育引领者""社区建设推动者"以及"学校管理参

---

① 黄嘉雯. 巧妙地"放"：发挥班级家委会作用的有效策略[J]. 教育导刊（下半月），2014（5）：71－72.

② 张尚伟. 莫让班级家委会成"摆设"[J]. 教书育人，2019（28）：79.

③ 吴潇. 博弈与共赢：小学班级家委会建设的批判与反思[J]. 教育艺术，2019（9）：42.

④ 冯荣芬. 探讨新时代家校合作的优化策略[J]. 学周刊，2019（25）：162.

⑤ 贾宪章. "家委会"不应只"为开会"[J]. 教学与管理，2013（29）：14.

⑥ 王燕红. 家委会职能行使过程中学校角色的定位[J]. 教学与管理，2014（17）：14－16.

⑦ 戴双翔，毛雪华. 家委会是班级治理的重要主体：以广东实验中学雄鹰一班为例[J]. 教育导刊，2019（8）：61－65.

与者"①。《教育部关于建立中小学幼儿园家长委员会的指导意见》中对家长委员会的三项核心职责界定为:参与学校的日常管理、参与教育活动、促进家校沟通②。在此基础上,有学者提出家长委员会还应具有沟通和教育、监督和评价、参与决策的功能。班级家委会的建立不仅有助于提高家校协同育人工作的实效,更有助于推进家庭教育指导工作的落实③。阿迪·拉卡(Addi-Raccah)等人通过调查研究发现,家长的积极参与能够有效促进学校工作的不断完善与创新④。阿卡霍门(Akahomen)研究指出,家长对学校发展进行积极干预有利于促进学生身心发展⑤。

本书研究认为,家委会是学校管理参与者、家校社沟通促进者、家庭教育引领者、社区建设推动者,在促进学生身心发展、提升学校治理水平和参与社区共同治理等方面发挥着重要作用。

(三)家委会的现实困境

不论是政策制定还是实践运行,家委会的建设在近十年中发展迅速。家委会在发挥重要效能的同时,也面临着一些现实问题。

1. 角色定位问题

目前教育乃至社会领域对家委会的认知存在偏差。李景通过多项新闻热点事件举例,说明班级家委会已经暴露出在班级和学校管理中的角色模糊这一困境⑥。研究发现,家长对学校治理存在认识缺失,主要表现为内生性偏差与功能性错位⑦。李希茜、王佳佳提出,当前家长存在局外人型、帮手型和领导型

① 武晓伟,巫凡渲. 基于扎根理论的小学家长委员会角色功能研究[J]. 教学与管理,2023(15):31-38.
② 教育部关于建立中小学幼儿园家长委员会的指导意见[EB/OL]. (2012-02-17)[2024-12-20]. http://www.moe.gov.cn/srcsite/A06/s7053/201202/t20120217170639.html.
③ 管相忠. 家长委员会:家校社协同育人实施途径探索[J]. 中国德育,2018(17):32-35.
④ Addi-Raccah A, Ainhoren R. School governance and teachers' attitudes to parents' involvement in schools[J]. Teaching & Teacher Education, 2009, 25(6):805-813.
⑤ Akahomen D O. An overview of the place of parents teachers association in the provision and management of facilities in schools[J]. Sports and Physical Education, 2018(3):76-89.
⑥ 李景. 让家委会回归协同育人本质[J]. 中国民族教育,2022(11):9-10.
⑦ 毛圣璇. 家长委员会在学校治理中的角色定位[J]. 教学与管理,2022(4):16-20.

的三种角色偏差①。翁璐瑶、吴亮奎指出，当前班级家委会成员常常承担各种演出，管理班级财务等一些琐碎的事务②。贾宪章从班级家委会功能发挥角度提到班级家委会大多时候只在会议上"露露脸""发发言""挡挡风"③。程墨也提到有些班级家委会不仅扮演"挡箭牌"的角色，更是利用组织之便与老师拉近关系，为自己的孩子谋利④。刘青进一步指出，部分教师把家委会当成处理杂事的"助手"⑤。马爱兵从原因角度提出主要是与学校的边界不清晰，所以有的家委会不能适当地履行职责，甚至还会过度越界，只有明晰具体职责才能更好地进行家校合作，协同共育⑥。姜英敏从结果角度指出，职责不清晰导致家委会参与学校管理过程往往流于形式，未能真正发挥作用，这与家校共育的制度初衷相背离⑦。洪明认为家委会的一个重要职能是调节好家校关系，想发挥好家委会的作用就要将组建和改选工作做好，防止家委会成为个别家长的俱乐部⑧。

2. 成员构成问题

当前组成家委会的成员不够有说服力。朱丽、郭朝红认为目前家委会成员无法代表全体家长，其代表性有待考究⑨。班级家委会作为完善学校教育的分支，本应该代表班级全体学生和家长的利益，但在实施过程中出现了形式主义的倾向，导致学生成为教师和家长博弈的牺牲品⑩。陈栋通过对家委会候选成员简历的分析，指出"家长"这一身份背后承载着经济、社会、文化等资本认识。许多家委会成员拥有高校教授、公司高管等职业身份，还有许多名校毕业及海

---

① 李希茜,王佳佳.家长委员会中家长角色偏差与对策[J].教学与管理,2017(34):12-14.
② 翁璐瑶,吴亮奎.家委会本质的异化与应然选择[J].教学与管理,2018(16):28-29.
③ 贾宪章."家委会"不应只"为开会"[J].教学与管理,2013(29):14.
④ 程墨.家长委员会如何走出困局[J].辽宁教育,2014(10):9-11.
⑤ 刘青.从"取消家委会"的呼声看家委会职能定位[J].人民教育,2022(6):6-7.
⑥ 马爱兵.中小学家庭教育指导存在的问题及改进策略[J].教育理论与实践,2019,39(5):21-23.
⑦ 姜英敏.家长对协同育人的期待和建议[J].人民教育,2021(8):23-25.
⑧ 洪明.探寻家校矛盾冲突的成因及其化解策略[J].中小学管理,2023(5):37-40.
⑨ 朱丽,郭朝红.中小学家长委员会的自治困境及其突破[J].教学与管理,2019(31):22-24.
⑩ 吴潇.博弈与共赢:小学班级家委会建设的批判与反思[J].教育艺术,2019(9):42.

外留学回来的家长，更有主持、绘画等才艺表现的家长①。刘青认为家委会要有普遍的代表性，真正的家委会不应该是"非富即贵"，家境条件一般、地位普通的家长也应有足够多的代表，这才是正常的家委会②。张立美也认为班级家委会的成员构成与组建家委会的初衷不符，当前班级家委会有"实力"的家长更多，而缺少一些源于普通家庭的家长。只有综合班级家长资源组成的班级家委会才更具代表性，才能充分发挥班级家委会协同育人的作用③。针对班级家委会缺失代表性的问题，王燕红认为要从家委会人员构成严格抓起，必须按照民主程序，秉持公正、公平、公开的原则，在家长资源的基础上统筹考虑职业、性别、年龄、学历等的差异性，组成能够代表班级全体家长的家委会组织，发挥家长资源优势为班级教学提供最优质的共育合力④。

3. 家长参与度问题

家长的实际参与度也是家委会面临的一个挑战。柳燕指出，目前家委会在参与班级及学校管理方面的积极性并不显著，家委会与学校的发展存在不均衡现象，甚至有部分学校的家委会形同虚设，未发挥其作用⑤。管相忠在研究中进一步指出，虽然有一些学校的家委会很重视家长的参与，家长也有极高的热情参与其中，但家长只是帮助做一些具体的事情，帮帮忙而已。长期处于此状态，家长就会感觉自己只是随时等待召唤的工具人，一旦家长失去了热情，家委会也就失去了持续发展的动力⑥。瓦莱丽·摩根（Valerie Morgan）把家长参与按程度划分为低层次参与、高层次参与和正式组织参与三个层次。低层次参与主要是指家长作为配合者的角色参与，例如参观学校教育教学活动等。高层次参与主要指家长不再是旁观者，而是将自己的意见和期待带入学校与班级，深层次并高频率地参与到学校相关教育活动中来；作为教育主营地的学校也应当积极反馈家长需求，尽量满足家长合理的期望。而正式组织参与则是最高层次

---

① 陈栋. 家委会竞选背后的教育寻租[J]. 教学与管理，2019(34)：83-84.

② 刘青. 从"取消家委会"的呼声看家委会职能定位[J]. 人民教育，2022(6)：6-7.

③ 张立美. 家委会成员非富即贵弊端显而易见[J]. 广西教育，2020(44)：30.

④ 王燕红. 家委会职能行使过程中学校角色的定位[J]. 教学与管理，2014(17)：14-16.

⑤ 柳燕. 学校治理中家长委员会的建设[J]. 教学与管理，2016(7)：16-19.

⑥ 管相忠. 家长委员会：家校社协同育人实施途径探索[J]. 中国德育，2018(17)：32-35.

的参与,指家长作为代表参加学校相关会议,例如参与学校管理与政策制定等①。

4. 日常运行问题

家委会在日常工作开展过程中的规范性有待提升。在运行过程中,家委会不应成为"传声筒""办事机构",而是要坚持公益心,充分发挥沟通协调作用,同时做好参谋②。黄侃进一步提出,当前家委会已经成为基础教育工作中不可或缺的组成部分,但就运行过程来说有名无实,甚至有"俱乐部"式的家委会喧宾夺主,干扰到学校正常教学秩序③。王斌、王佳佳提出,当前班级家委会需要提高自身工作的"透明度",其工作运行缺乏培训指导④。除此之外,还存在育人机制不科学、工作职能松散、工作实效性不足、监督评议机制弱化等问题。张茜在此基础上进一步提出家委会监管机制缺失和活动内容不丰富等问题⑤。翁璐瑶、吴亮奎从原因视角提到,家委会本质被异化,是家委会的组建职责分化、家长参与家委会功利化、家委会选举"歧视"化、家委会工作方式"腐败"化等造成的⑥。

(四) 家委会建设的影响因素

从教育主体角色功能发挥来说,武晓伟等人基于扎根理论对小学家委会功能发挥进行理论模型建构,发现家委会成员的个人因素和学校环境因素相互影响与作用,共同推进家委会职能发挥。其中,个人因素包括"参与动机""基础能力""情感品质""个人资源"四个方面;学校环境因素包括"关系亲疏程度""环境氛围""制度设计"三个方面⑦。王晓雪在此基础上进一步补充了社会层面的文化传统因素,学校层面的学校管理和教师因素,家长层面的家长个体和学生等

---

① Morgan V, Fraser G, Dunn S, et al. Parental involvement in education: how do parents want to become involved? [J]. Educational Studies, 2010,18(1):11 − 20.

② 刘青. 从"取消家委会"的呼声看家委会职能定位[J]. 人民教育,2022(6):6 − 7.

③ 黄侃. 学校要善于发挥家委会的作用[J]. 江苏教育,2022(42):80.

④ 王斌,王佳佳. 中小学家委会:想说爱你不容易——基于对我国东部某省 14 所中小学家委会组建运转情况的调研[J]. 中小学管理,2017(7):46 − 47.

⑤ 张茜. 小学班级家长委员会建构及运作的困境与突破[J]. 齐齐哈尔师范高等专科学校学报,2022(4):67 − 69.

⑥ 翁璐瑶,吴亮奎. 家委会本质的异化与应然选择[J]. 教学与管理,2018(16):28 − 29.

⑦ 武晓伟,巫凡渲. 基于扎根理论的小学家长委员会角色功能研究[J]. 教学与管理,2023(15):31 − 38.

因素①。王帅则从家长自身因素提出,家长的意愿、时间以及综合能力是影响家长参与管理的主要影响因素②。

从学校建设与治理角度来说,满建宇提出家委会与学校关系结构的不合理导致家委会建设存在单向输入的问题③。魏叶美等认为,家校彼此认可度、家委会组织体系是否系统、学校办学自主权是否受限三方面影响了家校合作共育④。柳燕进一步提出,学校所处的地域类型和家校双方"各自为政"的局面让家委会协同育人的作用受到限制。就同等层次学校的家委会建设情况来看,城区学校、经济发达地区学校和优质学校的家委会要远强于农村学校、经济欠发达地区以及薄弱学校的家委会功能发挥。这是因为家委会的运行发展不仅需要学校提供一定的财力、物力作为支撑,还需要有优质的人力资源,而优质学校在这些方面占有较大优势,进而促进了家委会协同育人的作用发挥⑤。

从家委会自身角度来说,赵志毅等人提出,成员标准不统一、功能模糊和权利义务的不明确在一定程度上影响着家委会协同育人的实施⑥。程墨从家委会组建程序视角提出,目前家委会产生程序缺乏公开性和民主性,没有坚实的群众基础,大多时候只有话语权不能起到拍板决定的作用,同时缺乏一定的运行规范与职责分配⑦。

从教师与家长关系的角度来说,双方的权力界限模糊和参与意识的淡薄导致双方矛盾凸显,出现家长干扰学校的正常运作等现象,影响到家委会协同育人的效果。同时,家委会的法律地位不明确也让各项权利出现"越位""缺位"等现状⑧。阿迪·拉卡和耶尔·格林斯坦(Yael Grinshtain)的一项问

① 王晓雪."双减"背景下小学中高年级家长参与现状及提升策略研究[D].曲阜:曲阜师范大学,2023.

② 王帅.家长参与学校管理现状的实证研究:以上海市10所普通小学为例[J].上海教育科研,2012(2):31-35.

③ 满建宇.论现代学校治理体系中的家委会建设[J].中国教育学刊,2014(9):44-47.

④ 魏叶美,范国睿.美国家长教师协会参与学校治理研究[J].全球教育展望,2016(12):89-101.

⑤ 柳燕.学校治理中家长委员会的建设[J].教学与管理,2016(7):16-19.

⑥ 赵志毅,霍加艾合麦提,刘晗琦.健全家长委员会制度势在必行[J].中国德育,2015(3):21-25.

⑦ 程墨.家长委员会如何走出困局[J].辽宁教育,2014(10):9-11.

⑧ 文思睿.论家长委员会的法律地位[J].江西青年职业学院学报,2015(1):73-75.

卷调查结果显示,教师比家长对家校关系的协同性与矛盾性更加敏感,教师的专业知识、态度及能力等都会密切影响家委会协同育人功能的发挥。因此,学校应为教师提供专业知识与技能提升的平台和条件,使其更好地带动与促进家委会与班级、学校协同关系的建立①。莎伦·沃尔夫(Sharon Wolf)的调查结果表明,家长和教师在育儿理念和目标上的不统一影响到学生的教育成长②。李希茜等人进一步表示,除了教师自身专业性,教师对家长的信任度、家长自身能力、家长对家委会的认识、学校管理者行政思维和工具性思维在家委会协同育人方面具有一定的影响③。王梅雾认为,家校合作始于家校合意,但是目前家长"代表"与教师之间的合意不够,一些低经济社会地位家庭慢慢地被边缘化,这可能会让家校合作成为"少数人的游戏"④。蔡春梅提出,目前教师的认识存在误区,不利于家委会协同育人⑤。

（五）家委会建设的路径

在家委会建设过程中,除了构建好组织结构、健全制度、公开工作内容外,还要通过深化价值、转变理念,让家委会从多方面参与教育来明确家委会的地位以及凸显家委会的作用。同时,也要健全监督评价制度并对家委会的作用及时给予肯定,从而使家委会的工作不断完善和改进⑥。李寒梅、孙家明提出,对于中小学家委会的建设,要从政府层面使政策工具结构不断完善,工具使用的优势互补不断强化。另外,还需要加强政策工具和内容要素之间的适配度,在思想引领和职能界定方面加大对薄弱环节的政策工具投入力度;选择政策工具

---

① Addi-Raccah A, Grinshtain Y. Forms of capital and teachers' views of collaboration and threat relations with parents in israeli schools[J]. Education & Urban Society, 2017, 49 (6): 616 - 640.

② Wolf S. "Me I don't really discuss anything with them": parent and teacher perceptions of early childhood education and parent-teacher relationships in Ghana [J]. International Journal of Educational Research, 2020, 99(10):15 - 25.

③ 李希茜,王佳佳. 家长委员会中家长角色偏差与对策[J]. 教学与管理,2017(34):12 - 14.

④ 王梅雾. 家校合作始于家校合意[J]. 江西教育,2019(23):20 - 21.

⑤ 蔡春梅. 农村地区家长委员会建设的问题与对策——以 B 市某区县为例[J]. 中国德育, 2019(10):29 - 32.

⑥ 张建,钟帅丽. 学校治理中家长委员会的能动图景及其支持条件[J]. 教育研究与实验, 2022(6):72 - 79.

要考虑长远效益,健全政策体系的建设①。

从提升家长素养的角度,李桂琴提出了一系列小学家委会职能改进的策略与方法,包括提升家长教育素养、指导家庭教育工作、重视学生的主体地位、提高参与家校沟通的主动性、规范管理、完善家委会工作机制、利用网络资源优化家校沟通、让学校教育回归家庭等方面②。李希茜、王佳佳认为,要真正让家长成为参与者、监督者和决策者,就应转变家委会相关主体的观念,完善并规范有关制度③。王斌、王佳佳认为,家委会须建立权责清单,明确工作范围;学校须充分赋权,让家长积极参与,行政部门须广纳先进经验,搭建交流平台④。王佳佳、喻宇轩认为,要使家委会的立场真正回归,使其站在所有关心学生的家长的立场上,就必须加强家委会的组织建设,推动家委会产生制度、运行制度和监督制度的民主化,以孩子的最佳利益作为家委会所有活动的评价标准⑤。

从激发家长主动性的角度,牛志强认为要提高家长参与的积极性,必须确立家长的主体地位,这样才能充分发挥家委会的综合功能⑥。周昉以家长学校为例,认为可以在开班前,通过网络和调查表广泛征求家长意见,创新家长授课形式,只有使家委会真正服务于家长,才能提高家长的参与度⑦。程昱华认为,要通过组建家委会,开展各项活动,使家长全方位地参与学校工作,从而提高家长的参与热情⑧。周灵芝认为,赞扬和表彰家委会成员的工作,能够提高家委会成员参与的积极性;家委会成员更多地参与学校工作,能够提高其在家长中的威信和组织领导能力⑨。

从完善机制建设的角度,李景进一步从优化班级家委会视角提出,当前班级家委会已经从基层学校在办学实践中探索出的家校合作途径演变为现代学

① 李寒梅,孙家明.中小学家长委员会建设的政策设计与改进策略:基于对全国9个省份的文本分析[J].当代教育科学,2021(7):90-95.
② 李桂琴.青州市小学家长委员会的职能研究[D].济南:山东师范大学,2013.
③ 李希茜,王佳佳.家长委员会中家长角色偏差与对策[J].教学与管理,2017(34):12-14.
④ 王斌,王佳佳.中小学家长委员会职能定位问题探析[J].教学与管理,2018(15):21-23.
⑤ 王佳佳,喻宇轩.家长委员会的立场迷失与回归[J].当代教育科学,2019(6):72-76.
⑥ 牛志强.家委会如何有位又有为[J].甘肃教育,2014(20):19.
⑦ 周昉.让家委会成为学前教育的同盟军[J].早期教育(教育教学),2018(12):22-23.
⑧ 程昱华.家委会有效参管构建家园新模式[J].早期教育(教育教学),2019(5):23-25.
⑨ 周灵芝.群星齐拱月 星空放异彩:初探幼儿园家委会组织管理的模式[J].课程教育研究(新教师教学),2012(7):92.

校制度建设、协同育人体系建设和教育改革建设工作中的重要一环,背负众多职责的班级家委会如今逐渐显现出了对优化管理与自我管理的渴求①。王桂玲、刘敏、王建玲认为,家委会要建立合理的人事制度、全面的家委会章程以及家委会提案制度等,并采取多种工作形式,如定期召开家委会会议、家教经验交流会等活动,使幼儿园家委会真正发挥效用②。肖作芳认为,建立家委会常态化工作机制可以通过召开座谈会使家委会成员明确责任,组织家校活动和学校的教育活动,定期征集并采纳家委会成员的合理化建议等举措,充分发挥家委会的作用③。刘潇认为,必须通过立法来建立家委会常态化工作机制,比如通过立法明确家委会的职责、运作机制与第三方监督机制等④。

从家校合作活动开展的角度,彭永强提出构建儿童视角的家委会的新思路,即树立服务意识,改变传统家委会以学校和家长为主的成人本位的工作思路,更多地从儿童的视角考虑问题,关注儿童的利益⑤。张兴立认为,班级家委会是学生全面发展的出发点和落脚点,其工作开展应该以学生为中心,以班级为主营地,以各项协同活动为抓手,与班主任教师共同建设适合学生学习和生活的班级氛围,以此为家校合力教育架起沟通的桥梁⑥。杜小凤认为,儿童应该真正成为学校教育质量评价的主体,家委会的活动效果也需要尊重儿童的评价意见⑦。

从家委会成员选择的角度,中国台湾学者陈水利指出,台湾的家长委员会的会长大多是经济界较有实力也较有号召力的人物。此外,也有研究者强调家委会成员的代表性和权威性,需认同学校或地方教育机构的教育观念,积极志愿参与班级建设,善于与人沟通交流⑧。孙媛媛指出,家委会成员还应是具有一定空闲时间的家长,时间的支配程度和经济水平都将直接影响家长的参与力度⑨。从上述观点可以看出,大多数家长认为家委会成员应该是热心、有空闲、

---

① 李景.让家委会回归协同育人本质[J].中国民族教育,2022(11):9-10.
② 王桂玲,刘敏,王建玲.我园的家长委员会[J].山东教育,2002(4):41.
③ 肖作芳.如何充分发挥家长委员会的作用[J].山东教育,2002(12):40-42.
④ 刘潇.幼儿园家园合作的实践探索与策略研究[D].扬州:扬州大学,2018.
⑤ 彭永强.以儿童的视角构建家委会工作的新思路[J].山西教育(幼教),2018(8):10-11.
⑥ 张兴立.三级六步:班级家委会建设路径探析[J].江苏教育,2018(79):52-54.
⑦ 杜小凤.儿童视角的幼儿园教育质量评价研究[D].成都:四川师范大学,2015.
⑧ 肖作芳.如何充分发挥家长委员会的作用[J].山东教育,2002(12):40.
⑨ 孙媛媛.山东省小学家长委员会建设问题与对策研究[D].曲阜:曲阜师范大学,2012.

具有一定经济能力和组织能力的家长。然而，学界对于家委会成员的选择研究相对较少，关于家委会主任的研究更是几乎没有。已有的涉及家委会成员的研究大多是经验总结性论述，很少有人通过实地调查研究家长对家委会成员的要求。也有研究者以家委会成员的基本素质作为研究依据，但是对于素质的定义尚未形成统一标准。

综上所述，我们认为家委会在家校社协同育人中有着重要价值。家委会是连接学校和家庭的重要载体，具有促进学生全面综合发展、学校整体改进、推进家庭教育指导工作、提高家校协同育人的工作实效、提升教育质量的价值作用。同时，家委会作为学生全面发展的出发点和落脚点，是现代学校制度建设、协同育人体系建设和教育改革建设工作中的重要一环，起到核心和纽带的作用。但是，家委会在协同育人实施过程中也存在一些问题，表现为外界以及家委会内部对家委会的认知存在偏差，家委会的成员构成不够有说服力，家长的实际参与度不高，以及家委会工作开展缺乏规范性等。现有研究从家委会角色功能发挥、学校建设与治理、家长教师关系等不同维度提出了多方面的看法建议，对家委会内涵和功能的认识以及如何开展家委会主任的队伍建设，提供了有益的启发。

二、对区域学校家委会主任发展现状的调研

为深入探究本地区乡村学校家委会主任的工作现状及其所面临的挑战，特别是家长在家庭教育指导及参与学校事务中的角色与需求，本书研究团队进行了调研工作，目的在于进一步明确家委会主任职位的核心价值，并了解这一群体在发展中面临的现实问题。本次调研特选金山区的亭林镇、朱泾镇、山阳镇、张堰镇、金山卫镇、漕泾镇、高新区等6个乡镇和1个工业区为样本，共有154位家委会主任通过"问卷星"参与了答卷。

调查结果显示，家长普遍认为家委会主任在促进家校信息畅通和提升家庭教育能力方面具有重要作用。然而，家委会主任的队伍建设也面临诸多困难，如缺乏专业培训、家长参与度低以及时间精力有限等。这些问题的存在不仅影响了家委会主任的工作效率，也制约了家校合作的进一步发展。现将问卷调查结果分析如下。

（一）调研问卷的数据分析

1. 家委会主任的基本情况

关于当前家委会主任的基本情况，我们设计了"您是孩子的____"，"您的学

历____"，"您从事的职业____"等选项以了解家委会主任的身份分布情况。调查结果如下。

"您是孩子的____"显示，大多数家委会主任由妈妈担任，占比高达86.36%，相对而言，爸爸担任家委会主任的比例仅为13.64%。这表明，当前家委会主任主要是由妈妈（女性）担任。

在"您的学历____"中，参与调研的家委会主任学历分布呈现出明显的倾斜性。其中，研究生及以上学历占4.55%，本科学历占38.96%，大专学历占31.82%，高中或中专学历占17.53%，而初中及以下学历占7.14%。根据统计数据，大学及以上学历的占75.33%，表明家委会主任的整体学历水平是较高的。

在"您从事的职业____"中，家委会主任是企事业单位职员的占比较高，达40.91%，自由职业者占37.01%，全职人员占12.99%，其他占9.09%。根据统计数据，企事业单位职员和自由职业者合计占比为77.92%，表明家委会主任主要集中在这两种职业类型上。

2. 家委会主任的工作状态

关于当前家委会主任的工作状态，我们从"担任家委会主任的动因"和"担任家委会主任面临的困难"两个方面设计问题，进行问卷调查。

针对担任家委会主任的动因，我们设计了"愿意担任家委会主任一职的主要原因是____"的排序题。从综合得分和排序情况看，选择"学校安排我做的"，综合得分为1.16，排序第四，表明家委会主任愿意接受担任家委会主任的角色。选择"认可家校沟通的重要性"，综合得分为4.37，排序第一，说明家委会主任认同家校沟通与协作的重要性。选择"关注孩子成长"，综合得分为3.92，排序第二，说明家委会主任认为关注孩子的成长与发展是重要的。选择"参与学校事务"，综合得分为2.41，排序第三，表明家委会主任对参与学校具体事务的兴趣和意愿相对较低。

针对当前家委会主任面临的困难，我们设计了"您认为当前乡村学校家委会主任在履行职责时面临的主要困难有哪些？"的多项选择题。根据调查数据，选择"缺乏专业培训，指导能力不足"的占58.44%，表明超过一半的家委会主任认为学校缺乏对其的专业素养培训，导致自己在履行职责时专业能力不够；选择"家长参与度不高，难以形成合力"的占64.29%，表明家委会主任在组织家长参与学校事务时遇到较大障碍，可能影响学校与家庭之间的合作。此外，选择"时间和精力有限，难以兼顾"的占58.44%，表明家委会主任在时间管理和精力分配方面的困境，可能影响其有效履职。选择"地域限制，信息交流不畅"的占17.53%，表明家委会主任在乡村学校开展家委会工作，遇到了信息传递慢和沟通不畅的困难。选择"学校支持不够，资源有限"的占4.55%，表明在家委会主任面临的困难中，学校的支持和资源问题并不是主要障碍。从上述数据可以看出，在乡村学校，家委会主任履行职责时面临的主要困难是"家长参与度不高"和"缺乏专业培训"。

3. 对家委会主任培养工作的认识和理解

关于当前家委会主任对工作的认识和理解，我们从能否胜任家委会主任工作和家委会主任在乡村学校中的作用两方面设计问题，进行问卷调查。

针对能否胜任家委会主任工作，我们设计了"您觉得如何才能胜任家委会主任一职?"的多择选择题。根据调查数据，选择"有担当"的占92.21%，选择"有能力"的占83.77%，选择"有格局"的占68.83%，选择"有时间"的占91.56%，选择"有学历"的占36.36%，选择"其他"的占1.95%。从上述数据可以看出，能够胜任家委会主任工作的因素是"有担当""有能力"和"有格局"，同时，家委会主任也需要有足够的时间参与到学校的管理中。

针对家委会主任在乡村学校中的作用，我们设计了"您认为家委会主任在乡村学校中的主要作用是什么?"的多项选择题。根据调查数据，选择"沟通桥梁方面"的占97.4%，表明家委会主任在信息交流中扮演着关键角色，能够有效连接家庭与学校，推动双方的理解与合作。选择"组织协调方面"的占93.51%，表明家委会主任不仅负责信息传递，还积极参与到学校活动的策划与实施中，增强了社区的凝聚力。此外，选择"家庭教育指导方面"的占80.52%，表明家委会主任在提升家长对教育的理解和参与度上有一定的影响力。选择"参与学校管理方面"的占64.94%，表明家委会主任在参与学校管理并提供决策建议方面具有非常重要的作用。

4. 家委会主任的培训现状和工作能力

关于家委会主任的培训现状和工作能力，我们从家委会主任参与学校培训、家委会主任培训家委会成员和组织学生活动三个方面设计问题，进行问卷调查。

针对家委会主任参与学校培训情况，我们设计了"近两年，您是否参加过学校组织的家委会主任方面的培训?"的选项。根据调查数据，参加学校组织的家委会主任方面培训的占51.95%，未参加的比例为48.05%。这意味着近一半的家委会主任没有参加过相关培训,表明学校在今后的工作中应加强对家委会主任的培训。

针对家委会主任培训家委会成员的情况,我们设计了"近两年,您作为家委会主任是否给其他家委会成员做过培训或指导?"的选项。根据调查数据,家委会主任指导或培训其他家委会成员的仅占8.44%,表明家委会主任在培训和指导方面的参与度较低,这影响到家委会工作的整体运作和成员之间的协作。

针对家委会主任组织学生活动的情况,我们设计了"近两年,您作为家委会主任是否策划或组织过什么学生活动?"的选项。根据调查数据,56.49%的家委会主任在近两年内未策划或组织过学生活动,表明大部分家委会主任在组织学生活动方面的参与度较低,这种现象说明家委会主任与学校的沟通和合作有待进一步提高。

5. 家委会主任的家庭教育指导能力

关于家委会主任的家庭教育指导能力,我们从家庭教育指导能力的内容和培养途径两个方面设计问题,进行问卷调查。

针对家庭教育指导能力的内容,我们设计了"您认为乡村学校家委会主任最需要提升哪方面的家庭教育指导能力?"的多项选择题。根据调查数据,家委会主任认为最需要提升的家庭教育指导能力,家庭教育方法与技巧占88.96%,亲子沟通技巧占82.47%,儿童心理学知识占72.73%,资源整合与活动策划能力占61.69%,教育政策与法律法规理解占55.84%。参与问卷者普遍认为,提升家庭教育的方法技能、亲子沟通能力,学习心理学知识、法律法规等,对提高家委会主任工作能力尤为重要。

针对家庭教育指导能力的培养途径,我们设计了"您希望通过哪些途径来提升家委会主任的家庭教育指导能力?"的多项选择题。根据调查数据,在线学习资源与平台占76.62%,建立家校交流群和分享经验占78.57%,定期举办专题培训或工作坊占65.58%,邀请专家开设讲座或指导占50.65%,实地考察学习优秀案例占52.60%。这些数据表明,在对家委会主任的培训中,受访者高度认可灵活、便捷的学习方式和交流平台,以及定期举办专题培训或工作坊、专家开设讲座或指导、实地考察学习优秀案例等方式。这些途径被认为是提升家委会主任家庭教育指导能力的主要途径。

6. 对家委会工作的建议和想法

关于对家委会工作的建议和想法,我们从提升学校办学水平和培养家委会主任指导能力两个方面设计问题，进行问卷调查。

针对提升学校办学水平，我们设计了"近两年，您作为家委会主任是否给班级或学校提出过可行性建议？"的选项。根据调查数据，52.60%的家委会主任表示在近两年内未向班级或学校提出过可行性建议，这说明还有一半的家委会主任不能积极参与家庭教育工作，缺少与学校的有效沟通，反馈机制上存在不足。此外，这也反映出家委会主任对提出建议的信心不足。

针对培养家委会主任指导能力，我们设计了"您对关于培养家委会主任、提升乡村学校家庭教育指导能力的想法或建议"的文字描述题。根据家委会主任的填写情况，出现频率较高的建议是：充分利用家长资源、关注学生心理健康、促进家校沟通、加强家校合作、提供培训方案、定期举办培训、组织交流学习会等，这些建议是我们在研究中关注的重要内容。

（二）调研问卷的问题分析

在研究中，我们从家委会主任的参与与认知、家委会主任的角色与能力、学校的培训与活动组织三个方面，对本区6个乡镇和1个工业区的家委会主任进行了深度访谈，现将访谈情况阐述如下。

1. 家委会主任的参与与认知

家委会主任参与情况：绝大多数家委会主任为母亲，这显示出其主导角色；大部分主任学历为大专及以上，这可能影响他们对家委会的认知与参与度。担任家委会主任的动机：促进家校沟通和关注孩子成长是主要因素。

问题分析：母亲在家庭教育中占据主导，父亲等其他家庭成员的参与度不足；学历背景差异可能影响他们对家委会工作的理解和投入程度。

建议：鼓励更多家庭成员，尤其是父亲，参与到家庭教育和家委会工作中来，形成更全面的家庭教育支持体系。针对不同学历背景的家长，开展多样化的培训和宣传活动，提高他们的参与度和对家委会工作的认知。

2. 家委会主任的角色与能力

家委会主任的胜任考虑：家长们更看重时间、担当和能力，而不是学历；家委会主任的主要作用：沟通桥梁、组织者和家庭教育指导者；面临的主要困难：缺乏专业培训和家长参与度不高；提升家庭教育指导能力的需求：家长认为需要学习家庭教育方法与技巧、亲子沟通技巧和儿童心理学知识。

问题分析：家委会主任在履行职责时面临诸多挑战，尤其是缺乏专业培训和家长参与度不高。家长对家委会主任的专业能力有较高期望，但现状是这些能力普遍不足。

建议：加强家委会主任的专业培训，提供系统的家庭教育指导课程，提升他们的实际操作能力和责任感。通过家校交流群、家长会等方式，提高家长对家委会工作的认识和参与度，形成良好的家校合作氛围。

3. 学校的培训与活动组织

培训和活动组织的现状：部分家长参加过相关培训，但为其他家委会成员提供培训和组织学生活动的比例较低；部分家长曾提出可行性建议，但仍有较大提升空间。

问题分析：家长在培训和活动组织方面的参与度不高，导致家委会工作的实际效果有限。家长在学校管理和决策中的参与度不高，这影响了家校合作的深度和广度。

建议：鼓励家长积极参与培训和活动组织工作，学校提供多样化的培训内容和形式，满足不同家长的需求。建立有效的家校沟通机制，鼓励家长积极提出意见和建议，参与学校管理和决策过程，形成家校共育的良好局面。同时，学校应认真对待家长的每一条建议，及时反馈和处理，增强家长的参与感和归属感。

（三）总结与展望

随着对本区 6 个乡镇和 1 个工业区的乡村学校家委会主任调研工作的深入，我们不仅获得了宝贵的数据和见解，了解了当前家委会主任的工作现状、所面临的挑战及其未来的发展方向，而且深刻认识到乡村学校的家委会主任在家校合作中扮演着重要角色，在促进家校合作、提升家庭教育质量中具有不可替代的作用。但在能力提升、家长参与和资源支持等方面仍需加强，从而更好地促进孩子的成长。

1. 家委会主任的角色与重要性

调研结果显示，家委会主任在乡村学校中扮演着至关重要的角色。他们不仅是家校沟通的桥梁，促进着信息的畅通与理解，还是各类家校活动的策划者与组织者，增强了社区的凝聚力。此外，家委会主任还承担着家庭教育指导的任务，帮助家长提升教育能力，共同为孩子的成长营造良好的环境。这一角色的多重性，使得家委会主任的工作显得尤为重要且复杂。

2. 家委会主任队伍建设面临的挑战

尽管家委会主任的作用不可或缺，但他们在履行职责的过程中也面临着诸多困难。首先，家长参与度不高是一个显著问题，这直接影响了家校合作的深度和广度。其次，缺乏专业培训导致家委会主任在指导能力和组织协调能力上有所欠缺，难以充分发挥其潜力。再次，时间和精力有限也是制约家委会主任有效履职的重要因素。最后，地域限制、信息交流不畅以及学校支持不够等问题也在一定程度上影响了家委会主任的工作效果。

3. 家长对家委会主任工作的建议

调研中，家长们对家委会主任的工作提出了诸多期望和建议。他们普遍认为，胜任家委会主任需要时间、担当和能力，而学历的重要性相对较低。在提升家庭教育指导能力方面，家长们希望家委会主任能够掌握更多的家庭教育方法与技巧、亲子沟通技巧以及儿童心理学知识。同时，他们也希望学校能够提供更多的培训和支持，帮助家委会主任更好地履行职责。

4. 未来发展方向与建议

针对当前存在的问题和家长的需求，本书研究提出以下建议，以期推动家委会主任工作的进一步发展。

提供专业培训：针对家委会主任的实际情况，定期组织专业培训和经验分享会，提升他们的指导能力和组织能力。培训内容应涵盖家庭教育、心理学、活动策划等多个方面，以满足不同层次的需求。

优化时间管理：考虑到家委会主任的时间压力，学校应灵活安排会议和活动时间，或采用线上线下相结合培训等方式，减轻他们的负担，鼓励他们合理分配时间和精力。

发挥技术优势：利用现代信息技术，建立微信群或其他在线平台，促进家委会主任与家长、学校之间的信息沟通，确保信息的及时传递和反馈。

增强主任意识：我们鼓励家长不仅仅作为听众，更作为积极的参与者，深入学校事务中，共同为孩子的成长和教育出谋划策。家委会主任将助力形成家校共育的良好氛围，促进家校之间的紧密合作与共同发展。

丰富家校互动：鼓励学校与家庭建立更加紧密的合作关系，共同参与孩子的教育过程。学校可以邀请家长参与学校决策，听取他们的意见和建议，提高家长的参与感和责任感。

综上所述，家委会主任在乡村学校中的作用不可忽视，但这一角色也面临着诸多挑战和困难。通过调研，本书研究更加清晰地认识到了这些问题，并提出了相应的解决方案和发展方向。我们也将基于案例学校的校情特点，开创具有特色的家委会主任队伍建设模式。

三、案例学校家委会主任队伍建设问题分析

为深入了解案例学校（亭林小学）家委会的运行现状，发现问题并提出改进措施，我们进行了广泛的调研和分析。通过与学校教师的访谈，获得了大量宝贵的第一手资料。这些资料不仅反映了家委会在促进家校沟通、协助班级管理、整合家长资源等方面的积极贡献，也揭示了家委会在运行过程中存在的问题。以下针对学校家委会主任队伍建设中存在的角色认知不准确、能力发展不协调、培训体系不健全、选拔机制不完善、激励支持不全面等问题进行具体分析。

（一）角色认知不准确

家委会作为家校沟通的重要桥梁，其主任的角色至关重要。家委会主任不仅代表了家长的利益，也肩负着促进家校合作、提升教育质量的重要使命。家委会主任是引领者、组织者和示范者，但在现实中，部分家委会主任存在强化或弱化自己角色的问题，主要表现为角色偏差、角色弱化和角色混淆。

1. 角色偏差

在访谈中，我们发现有部分家委会主任对角色认知有偏差，主要表现在以下四个方面。一是在工作中以家委会主任的身份自居，将自己置于一种高高在上的位置；在工作中，过分热衷于组织各种活动，以此来彰显自己的领导力和组织能力。二是在家长会上长篇大论，强调自己对家校合作的独特见解和贡献，却忽视了倾听其他家长的声音和建议。三是在与学校教师的交流中，表现出一种权威姿态，以自己的意志代替全体家长的意愿，对学校工作指手画脚，试图说服教师、改变教师的意志，严重干扰了正常的教育教学活动。四是在家长群体中制造分裂，对不支持或质疑其决定的家长，采取冷落、排斥，甚至打压的手段。这种过度的家委会主任角色意识，既违背了家委会成立的初衷，也损害了家校之间的和谐关系，更不利于孩子们的健康成长。因此，家委会主任应当明确自己的角色定位，是服务者而非领导者，是沟通者而非主宰者。只有放下身段，才能真正发挥家委会主任的积极作用，促进家校共育的良性发展。

2. 角色弱化

在访谈中，我们发现部分家委会主任有角色弱化的现象，主要表现在以下两个方面。一是家委会主任在处理家校合作事务时，表现出一种过分谦逊的态度，将自己定位为家校合作的"旁观者"。他们不愿主动分享家校合作的进展或

困难,生怕自己的言论会引发不必要的误解或冲突。这种态度导致他们小心翼翼地执行相关决策。二是家委会主任面对家校合作的各项任务时,表现出一种被动的态度,不敢主动承担责任,生怕自己的行动会引来非议或批评。他们将家委会的会议视为一种例行公事,不提出解决问题的建议或方案,使得原本应该是集思广益、共同解决问题的平台流于形式,缺乏实质性的讨论和成果。这种过于谦逊和被动的态度,削弱了家委会主任的凝聚力和战斗力,给家委会队伍带来消极的影响,使家委会成为一个摆设,严重弱化了家校之间的桥梁作用,影响了孩子的成长环境。因此,家委会主任应当勇于担当,积极作为,才能真正发挥家委会的应有作用,促进家校共育的健康发展。

3. 角色混淆

在访谈中,我们发现部分家委会主任有角色混淆的现象,主要表现在面对学校事务或孩子相关的问题时,把自己定位为自己孩子的家长,而不是代表整个学生群体。这导致他们忘记了家委会主任是领导者和服务者的角色。这种角色混淆造成了家委会主任在处理问题时,考虑的是自己孩子的利益和需求,而不是整个学生群体;倾向于优先解决与自己孩子直接相关的问题,忽视全体学生的利益。这种行为忽视了家委会主任服务全体学生的重要职责,缺乏大局意识。这种角色混淆严重地削弱了家委会主任的公信力和影响力,引发其他家长的不满和抵触情绪,违背了学校家委会成立的初衷——为了促进家校沟通、加强教育合作,共同为所有孩子的成长创造良好的环境。

总之,针对家委会主任角色认识的偏差问题,学校应加强对家委会主任专业精神和专业素养的培育;提高家委会主任对自身角色的认同度和执行力;增强家委会主任协同育人的责任感和使命感。

(二) 能力发展不协调

一些家委会主任在组织协调、沟通表达、领导力等多方面能力素养的不足,不仅影响了家校合作的顺利进行,也阻碍了家委会职能的有效发挥。

1. 组织协调能力

在访谈中,我们发现部分家委会主任组织协调能力不足,主要表现在以下三方面。一是家委会主任难以有效地运用家长的资源,将家长的热情与智慧转化为推动家校合作的实际动力,组织起有成效的家校互动活动。这导致家校合作的效果不好,引起了家长与学校之间的误解,产生了不必要的矛盾。二是家委会主任在策划和组织家校互动活动时,由于缺乏系统的规划和周密的部署,导致活动流程混乱、效率低下。三是家委会主任没有从家长的实际需求出发,使得家长参与活动的热情不高,导致活动的效果不好。由于家委会主任在家校合作活动中,没有充分利用家长资源、没有周密地设计活动计划、没有从实际需要出发,不能及时、准确地传达学校的政策和意图,无法有效地收集和反馈家长们的意见和建议。这种组织协调能力上的欠缺,影响了家校合作的深度和广度,在一定程度上也影响了家校之间的信任,导致部分家长将对家委会的不满转移到对学校的不满上,产生抵触情绪,影响了整个教育环境的和谐与稳定。

2. 沟通表达能力

在访谈中,我们发现部分家委会主任沟通表达能力不足,主要表现在以下三方面。一是对学校政策的理解。家委会主任作为家校之间的桥梁,需要深入研读学校的各项政策文件,准确把握其精神实质和核心要求。但是,部分家委会主任不能准确、全面地理解学校的各项政策和意图,不能将学校的决策和措施以清晰、简洁的方式传达给家长。二是在信息的传达过程中,部分家委会主任缺乏有效的沟通技巧,没有用通俗易懂的语言阐述学校的决策和措施,使得家长难以理解和接受。三是部分家委会在传达过程中添加个人主观色彩,导致信息传递的失真和误解,影响了家校之间的信息传递效率,损害了家校之间的信任关系,影响了整个教育环境的和谐与稳定。

3. 领导决策能力

在访谈中,我们发现部分家委会主任领导决策能力不足,主要表现在以下三方面。一是家委会主任在推进家校合作中缺乏足够的权威和影响力,在团队中不能树立起令人信服的领导地位。二是家委会主任面对家校合作的复杂局面,不能果断地做出决策,或者决策缺乏前瞻性和科学性,导致家委会的工作陷入被动和混乱。三是家委会主任在家委会内部的团队协作上,不能凝聚团队的力量,不能激发团队的积极性和创造力,导致家委会内部工作缺乏凝聚力和向心力,成员之间沟通不畅、协作不力,影响了家委会的工作效率和质量,影响了家校合作事业的发展。因此,针对家委会主任能力欠缺的问题,学校应加强对家委会主任的培训,帮助他们提升领导决策能力。学校需要明确家委会的分工和职能,便于家委会主任统筹安排,各司其职,各尽所能,提高团队的凝聚力和工作效能;加强家校之间的沟通与理解,为学生的全面发展和健康成长创造更加良好的环境。

（三）培训体系不健全

家委会主任是家校合作的重要纽带，但在实际运作中，家委会主任培训体系不健全，成为制约其职能发挥和工作效率提升的关键因素。这不仅影响了家委会主任个人的专业成长，也影响了家校合作的深度和广度。

1. 培训体系缺乏系统性和连贯性

在访谈中，家委会主任认为学校的培训体系缺乏系统性和连贯性。主要表现在：家委会主任的培训内容涵盖了家校沟通、组织协调、活动策划等多个方面，但这些内容之间没有整体规划和设计，没有内在的逻辑联系和层次，没有形成一个连贯、全面的知识体系。这导致家委会主任在接受培训后，只能获得零散的、碎片化的信息，不能系统地掌握必要的技能和知识，影响了家委会主任专业素养的提升。

2. 培训内容与实际工作需求脱节

在访谈中，家委会主任认为学校培训的内容与实际工作需求脱节。主要表现在：一是培训内容过于理论化，缺乏针对性和实用性，难以解决家委会主任在工作中遇到的实际问题。比如，在家校沟通方面，培训中过于强调沟通的理论知识，而忽视了家委会主任在实际工作中的具体情境和问题。这导致家委会主任在接受培训后，虽然掌握了一定的沟通技巧，但面对具体问题时，仍然感到无从下手。二是培训内容缺乏实际操作性和指导性。比如，对在工作中如何组织协调和活动策划等做法，只讲基本原则和方法，没有提供具体的案例分析，也没有针对具体问题进行指导。这使得家委会主任在接受培训后，虽然对组织协调和活动策划有了一定的了解，但在实际操作中仍然感到力不从心。

3. 培训方式单一，缺乏互动和参与性

在访谈中，家委会主任认为学校的培训方式单一，以传统的讲授式为主，缺乏互动和参与性。在培训中，家委会主任处于被动接受状态，没有学习兴趣和积极性，没有主动性和创造性。缺乏结合实际工作情境的培训方式，难以提升家委会主任的工作能力和专业素养。因此，学校应制订系统和连贯的培训计划，确保培训内容的完整性和层次性；结合家委会主任的实际工作需求，提供针对性和实用性强的培训内容；丰富培训方式，增加互动和参与性，激发家委会主任的学习兴趣和积极性；为家委会主任提供更好的培训支持，推动家校共育工作的深入开展。

(四) 选拔机制不完善

近年来,学校家委会成员选拔机制的不完善,成为制约家委会功能发挥的关键因素。

1. 学校家委会成员选拔机制的现状

目前,学校家委会成员的选拔主要遵循以下几个步骤:首先,由学校发出通知,邀请家长自愿报名或者由班主任推荐报名;其次,通过简单的面试或问卷形式,了解家长的基本信息及参与意愿;最后,由学校或现有家委会成员根据报名情况进行筛选,确定最终名单。

这一流程看似简单明了,但在实际操作中却存在诸多不足。主要表现为:一是参与度低,代表性不足。由于选拔过程缺乏足够的宣传动员,许多家长对家委会的作用、成员选拔标准等了解不深,导致报名参与的积极性不高。此外,选拔标准往往侧重于家长的职务、社会地位等外在因素,而忽视了家长的教育理念、时间投入意愿等关键因素,使得家委会成员难以全面代表广大家长的利益和需求。二是选拔过程不透明。选拔过程中的面试或问卷环节往往缺乏明确的标准和透明度,学校或现有家委会成员的主观判断占比较大,容易造成"熟人效应"或"关系户"现象,损害了选拔的公平性和公正性。三是专业能力不匹配。家委会作为家校合作的桥梁,需要具备一定的组织协调能力、沟通能力以及教育知识。然而,现有的选拔机制未能有效评估家长的专业背景和能力,导致部分家委会成员在实际工作中感到力不从心,难以有效推进家校合作项目。四是缺乏有效的监督与反馈机制。选拔完成后,对于家委会成员的工作表现缺乏有效的监督和反馈机制,难以及时发现问题并进行调整。这不仅影响了家委会的工作效率,也挫伤了其他家长参与家委会工作的积极性。

2. 选拔机制不完善的负面影响

学校由于在选拔家委会成员中存在着家长参与度低、选拔过程不透明等问题,给家委会工作造成了一定的负面影响。主要表现在以下三个方面。

一是家校合作效率低下。选拔出的家委会成员如果缺乏必要的专业技能和热情,将导致家校合作项目的执行不力,影响学校教育教学活动的顺利开展。二是家长信任度下降。选拔过程的不透明和选拔结果的不公正,容易引发家长群体的不满和质疑,损害家校之间的信任关系,不利于形成良好的教育生态。三是教育资源浪费。家委会未能充分发挥其应有的作用,导致学校在教育资源的配置和使用上缺乏有效支持,造成资源的浪费和低效利用。

因此,学校在家委会选举工作中,应做到加强宣传动员、提高参与度、优化选拔机制、注重综合能力、建立监督机制等措施,确保公平公正地选出有能力、有担当、有大局的家委会成员/主任,确保家委会队伍的健康发展,为家校共育创造更加和谐、高效的环境。

(五)激励支持不全面

家委会主任作为家校合作的重要桥梁,其角色的有效发挥直接关系到家校共育的质量和效果。然而,在实际运作过程中,家委会主任普遍面临着激励支持不全面的问题,这不仅影响了他们的积极性和工作效率,也制约了家校合作的深度和广度。

1. 物质激励缺失,影响工作动力

物质激励是激发个体工作积极性的基础手段之一。然而,在学校家委会主任的激励体系中,物质激励的缺失尤为明显。家委会主任通常承担着协调家校关系、组织活动、反馈家长意见等多重职责,但这些工作往往得不到相应的物质回报。缺乏合理的津贴、奖励或补助,使得许多家委会主任在承担额外职责时感到经济上的压力,进而影响了其参与家校合作的热情和动力。

2. 精神激励不足,缺乏归属感与成就感

除了物质激励外,精神激励同样重要,它关乎个体的自我价值实现和社会认同。在家委会主任的精神激励方面也存在明显不足。一方面,学校对家委会主任的工作缺乏足够的认可和表彰,如年度优秀家委会主任评选、荣誉证书颁发等活动较少。这使得家委会主任在付出努力后,难以获得应有的社会尊重和职业荣誉感。另一方面,家委会主任之间缺乏有效的交流平台,缺乏团队合作的氛围。这导致他们在工作中感到孤立无援,难以形成强烈的归属感和集体荣誉感。

3. 培训与支持体系缺失,能力提升受限

有效的激励支持还应包括为家委会主任提供必要的培训和支持,帮助他们提升专业技能和管理能力。然而,学校培训资源有限,培训内容与实际需求脱节,培训方式单一,这些问题限制了家委会主任的专业成长。同时,学校缺乏针对家委会主任的日常指导和支持,如定期召开工作交流会、提供心理咨询服务等,使得他们在面对困难和挑战时感到无助,难以有效应对。

4. 反馈与评估机制缺失,工作成效难以衡量

一个完善的激励支持体系还应包括有效的反馈与评估机制,以便及时发现

问题、调整策略、表彰优秀。然而，学校在家委会主任的工作评估上缺乏系统的机制。一方面，学校对家委会主任的工作成效缺乏定期的评估和反馈，使得他们难以了解自己的工作表现，也无法根据反馈进行调整和优化。另一方面，缺乏公正、透明的评价标准，导致家委会主任的工作成果难以被客观衡量，进而影响了其工作的积极性和成就感。

因此，学校要建立一套多元化的激励支持机制。在激励方面，通过多种途径表彰在工作中表现突出的家委会主任和家委会团队。同时，为家委会主任提供更多参与学校重大决策的机会，增强他们的成就感与归属感。在支持方面，学校应明确家委会的工作权限与资源获取渠道，为家委会开展活动提供场地、设备、经费等方面的支持。此外，还可搭建家委会之间的交流平台，促进经验分享与共同成长。通过多维度优化，不断激发家委会主任的工作热情，提升家校合作的质量和效率。

总之，家委会作为家校沟通的桥梁，家委会主任的引领与协调作用至关重要，关系到家校合作的深度与广度，影响到学校整体教育生态的构建与优化。家委会主任应成为家校合作的倡导者、教育资源的整合者以及教育创新的推动者，通过有效沟通、密切协作，促进家校双方在教育理念、教育目标上的高度一致，共同为孩子的全面发展营造更加和谐、开放、富有活力的教育环境。只有这样，家委会主任队伍才能真正成为学校治理体系中不可或缺的一环，携手学校管理层、教师团队及广大家长，共同书写学校高质量发展的新篇章。

第二章

目标定位：让导向性的力量明确

伴随着时代的发展和教育变革，家委会建设的重要性日益受到关注。作为家委会核心领导者的家委会主任的培育，亦应得到相应的重视。本章从三个部分呈现了亭林小学对家委会主任培养的整体目标定位，具体包括"三维"发展共识、"三有"培育目标和"三者"角色定位。

一、"三维"发展共识

（一）现实背景

近年来，在国家教育战略的宏观指引下，家校合作被提升到了前所未有的重要高度。这不仅是因为家校合作对于孩子的全面发展起着决定性的作用，更是因为它是实现教育高质量发展的重要途径。

1. 国家发展的要求

"从国家层面来说，在推进教育治理现代化的过程中，对家委会特别是对中小学年级的家委会建设给予了足够的支持与帮助。"[①]2010年，《国家中长期教育改革和发展规划纲要（2010—2020）》明确提出了要"建立中小学家委会"，该政策倡导家长积极参与到学生的发展事务中来，进一步推动学校治理和监督的公开透明化。2012年2月，《教育部关于建立中小学幼儿园家长委员会的指导意见》从充分认识建立家委会的重要意义、明确家委会的基本职责、积极推进家

---

① 王岩松. 小学家委会运行现状及优化策略研究[D]. 南昌：江西师范大学，2024.

委会组建、发挥好家委会支持学校工作的积极作用、为家委会的建设提供有力保障五个方面积极推动家委会的建设。2015 年 10 月，《教育部关于加强家庭教育工作的指导意见》强调了学校在家庭教育中的关键作用，明确了学校应与家长保持紧密的沟通，以便更好地了解和反馈学生的思想状况和行为表现，从而建立和谐的家校关系，共同推进学生的成长。同时，再次强调了家委会在强化家庭教育、推进学校治理中的重要性，要求学校建立健全的家庭教育指导服务体系，完善家委会的制度。2017 年 12 月，教育部发布的《义务教育学校管理标准》进一步强调了家校合作在提升学校教育质量中的重要性，指出构建和谐的家庭、学校、社会合作关系是推动学校可持续发展的关键。2019 年，教育部在其工作要点中再次提到了家委会的作用，强调要加强家庭教育指导，密切家校合作，以进一步提升教育质量。2023 年，教育部等十三部门发布《关于健全学校家庭社会协同育人机制的意见》，再次强调学校要充分发挥协同育人主导作用，建立健全学校家庭教育指导委员会、家长学校和家委会。

自 2010 年《国家中长期教育改革和发展规划纲要（2010—2020 年）》发布以来，学校对家委会的建设随着教育改革的深入和现代学校制度的完善而不断拓展和丰富。从开始鼓励家长参与学校治理，到之后明确提出建立家委会，并规范了其职责定位，赋予了其参与学校决策、监督、评价等方面的职责。这不仅体现了国家对家委员会建设的重视，也从侧面体现出家委会在推动家庭与学校的深度合作，构建现代化的学校制度方面发挥着重要作用。

国家相继出台的一系列政策文件，从顶层设计的角度强调了家庭与学校在教育过程中协同发展的重要意义，鼓励学校积极探索家校合作模式，为学生营造更优质的教育环境。

2. 学校发展的要求

自党的十八届三中全会以来，推动教育治理体系与治理能力现代化，已经成为教育领域热门的公共政策话语①。而学校治理能力的现代化推进也成为学校发展的必然趋势。家委会作为家长参与学校治理的重要组织形式，是推动学校从传统管理迈向现代化治理的关键力量。然而，相关调查数据显示，仅 27.1% 的小学校长和 18.7% 的初中校长认为家委会在对学校的工作计划和重要决策提出意见和建议方面帮助很大，仅 29.2% 的小学校长和 20.8% 的初中

---

① 张明，石军. 学校治理能力现代化的意义、特征与路径[J]. 教学与管理，2015(31)：4-7.

校长认为家委会在为学校开展教育教学活动提供资源和支持方面帮助很大,仅44.5%的小学校长和38.5%的初中校长认为家委会在向家长传达学校近期开展的重要工作和准备采取的重要举措方面帮助很大①。这些数据表明,中小学的家委会在促进学校治理体系和治理能力现代化方面还没有发挥足够的作用。同时,不可否认的是,学校在建设家委会的过程中也存在着一定缺位问题,如家委会制度不规范、责任落实不到位、家委会工作流于形式等。从学校层面来看,各地区、各学校之间家委会建设水平也是参差不齐。

要想发挥家委会队伍在促进家校深度合作和提高学校治理效能方面的作用,就需要有素养过硬的家委会主任。因此,培养家委会主任也是进一步提升学校治理能力,构建更加和谐、高效的家校合作教育生态,为学生的成长和发展创造更优质的教育环境的必然追求。

3. 家长发展的要求

家长作为教育主体之一,参与学校治理,是实现家校协同育人的有效途径之一。而家委会是由家长代表组成的,能够代表全体家长在学校教育和管理中行使权利,是目前家长参与学校治理最重要的群体性组织形式②。在与小学家长的访谈中发现,家长都非常支持学校推行家委会,认为家委会可以帮助学校和家庭之间建立更紧密的联系,使孩子们在学校里获得更好的学习环境,促进他们的发展。但大部分家长仅把自己定位在一个支持者和学习者的角色,缺乏主动意识。也有很多家长对家委会的具体操作以及其所能提供的教育服务缺乏信心③。此外,部分家长在家庭教育的主体责任上存在缺失现象。《全国家庭教育状况调查报告(2018)》指出,一些班主任表示,在他们的学生家长中,50%以上的家长并不清楚自身在教育孩子中的重要作用,而是认为教育孩子完全是教师和学校的义务和责任。

事实上,家长对家委会有着多方面的期望与要求。他们希望家委会的活动可以真正代表他们的意愿,而不仅仅是学校的传声筒;希望家委会能保持独立性和公平性,真正代表所有家长的利益;希望家委会及时反馈问题并协助解决,助力孩子成长等。而要达成家长对家委会的期望与要求,就需要有一批有一定

---

① 边玉芳,田微微.推动家校共育走上"共赢"之路[J].中国教师,2019(8):19-21.
② 陈立永.学校家委会建设范式的转型[J].教育科学研究,2011(7):46-48.
③ 王铮.协同育人背景下保定市小学家委会满意度评价[D].保定:河北大学,2023.

能力以及良好的道德品质和社会责任感的家委会主任,有效地组织和协调家委会的工作。

(二) 我们的认识

随着时代的发展,教育的理念和模式都发生了深刻变革。如今的教育不再局限于学校内的知识传授,更注重学生综合素质的培养,包括品德修养、实践能力、创新思维等。这种全面发展的教育要求家庭和学校形成更紧密的合力。而家委会作为连接两者的重要桥梁,需要适应新的教育环境,积极协助学校开展多样化的教育活动,以满足学生成长的多元需求。

在现代教育体系中,家校沟通的质量直接影响学生的教育效果。家长越来越关注孩子在学校的日常生活,学校也需要家长在教育过程中给予更多支持。然而,由于家长个体背景差异和学校沟通资源有限,信息不对称、误解等问题时有发生。家委会在此背景下应运而生,其可以集中家长的意见,有效地与学校沟通,保障信息的畅通,促进双方理解与合作,共同为学生创造良好的教育氛围。

家长虽然拥有参与教育的热情,但也存在教育方面的困惑。现代家长虽然有参与学校教育管理的热情,但很多家长缺乏参与教育管理的专业知识和经验,不清楚如何在家校共育中发挥积极有效的作用。这就需要家委会在其中发挥引导和组织作用,将家长的热情转化为实际行动,同时提升家长参与教育的能力。

基于以上认识,我们认为,作为学校家委会主要负责人的家委会主任,既要在认知上与学校的育人理念保持一致,又要在情感上与学校建立"共生共长"的发展愿景,还要在行动上参与学校层面的制度设计,并付诸实践中,逐步形成"三维"发展的共识。

1. 认知上:统一育人理念

为更好地开展学校、家庭协同育人工作,构建一个紧密配合、相互支持的教育生态,学校将目光聚焦于家委会主任这一关键角色,致力于切实加强家委会主任工作的实效性,增强家校育人合力。学校可以主动引导全体家委会主任理解并认同学校的育人理念与文化价值。

育人理念与文化价值是学校的灵魂所在。亭林小学"人人都能成才"的办学理念是这一灵魂的核心体现。在家委会主任队伍建设初期,学校通过多种方式向家委会主任们阐释这一理念,例如,多次组织座谈会,详细解读学校的办学理念和育人目标的关系,从理论依据到实践案例,深入浅出地介绍在"人人都能成才"办学理念下学生成长的故事,进一步证明学生的成才道路是多元的、发展的,每个孩子都有其独特的闪光点和发展潜力。

此外,学校还通过"校园开放日""爸爸(妈妈)班主任"等丰富多彩的活动,让家委会主任体验学校的办学理念和办学目标的实施过程。在校园开放日,家委会主任通过参观宽阔的操场、功能齐全的创新实验室、散发着书香的图书馆等场所,目睹了学生在课堂上积极思考、踊跃发言的场景,在操场上活力奔跑、尽情欢笑的画面,在社团活动中展现才艺、发挥特长的精彩瞬间。在"爸爸(妈妈)班主任"活动中,家委会主任在与学生面对面交流沟通中,感受到学生们的纯真热情,了解到学生们在学校的喜怒哀乐。通过这些活动,家委会主任亲身体验了解了学校的教育理念和办学目标的实施过程,以及学生在学校的学习生活中自我发展、自我提升的经历。因此,在家委会主任参与"校园开放日""爸爸(妈妈)班主任"等教育教学活动之后,他们不仅认同了学校"人人都能成才"的办学理念,成为学校办学理念的传播者和践行者,也为学校与家庭之间架起了一座沟通的桥梁。通过家委会主任,学校的办学理念被传递给每一位家长,带动更多的家长与学校形成合力,为孩子创造更有利的成长环境,发现孩子的潜力和天赋,关注孩子的全面成长。

2. 情感上:绘"共生共长"愿景

"共生共长"是指两个或多个不同主体在相互依存、相互促进的基础上共同发展的过程。家庭和学校之间只有相互信赖,才能达到"1+1>2"的效果。学校和家委会主任队伍之间亦是如此,只有双方理念一致,才能形成强大的教育合力。

在教育实践中,家委会主任作为学校和家庭之间的重要桥梁,其角色的发挥直接影响到"共生共长"理念的实现。因此,学校在建设家委会主任队伍的过程中,始终坚守着这样的愿景:希望家委会主任能成为学校和家庭协调一致育人的黏合剂。

为了实现这一目标,我们的具体做法是:一是学校通过对三级家委会成员的定期培训,帮助家委会主任逐渐学会了如何更有效地与教师交流、理解学校的教育理念,并将这些信息准确传达给其他家长,促进了家校之间的相互理解和支持。同时,学校也致力于让家委会主任成为家校社"三位一体"全面育人新体系的关键链。为此,学校鼓励并指导家委会主任积极参与到社区活动中去,比如联合举办亲子阅读会、环保公益项目等,以此加强家庭与社区之间的联系,共同营造有利于孩子健康成长的社会环境。此外,学校还邀请了不同领域的专家来校开设讲座或工作坊,为家长们提供更多关于儿童心理健康、家庭教育等方面的知识,进一步增强了家委会主任的联结作用。

学校期望通过培养一支高素质的家委会主任队伍,真正发挥出其在推动教育高质量发展中的主力军作用。这意味着家委会主任不仅要关注学生的学业成绩,更要重视其品德修养和个人兴趣的发展;同时也要求家委会主任能够在遇到问题时勇于承担责任,积极寻找解决方案,而不是简单地抱怨或者推卸责任。只有这样,才能确保每一个孩子都能在一个充满爱与关怀的环境中茁壮成长,成为对社会有用的人才。

例如,2023年的寒假,为了丰富孩子们的假期生活,让孩子们更加了解春节的传统习俗,促进亲子之间的感情交流,学校家委会在唐主任的组织下,独立设计了"晒年俗,品年味"春节体验活动。活动要求孩子和家长一起诵读《忙年歌》,并且按照儿歌中的内容,结合自己家过年习俗,在"朋友圈"以视频或照片的形式打卡。这次活动不仅让孩子们了解了南北方"年文化"的差异,也让他们在丰富的打卡活动中品味到中国传统文化的魅力,体验到"团圆"是刻在每个中国人血液里的基因。这次寒假活动之所以能顺利开展,并且获得家长们的肯定,其根本原因在于家委会主任们能从学校的办学理念"人人都能成才"和育人目标"培养'文义'少年"出发,紧紧围绕学校工作总体安排,在规定动作不变的情况下进行小创新,丰富学生的活动内容,从而达成了"1+1>2"的目标。

3. 行动上:完善顶层制度设计

在建设家委会主任队伍时,学校从制度保障、组织保障、运行保障、平台保障、纲要保障五个方面着力。

(1) 形成完善的制度保障。顶层设计的完善是提升家委会主任队伍工作效率的关键。顶层设计的完善,不仅可以为家委会主任队伍提供明确的工作指导和规范,还可以为其提供必要的资源和支持。明确家委会的职责、权利和义务,让家委会主任积极且公正地参与学校的民主管理,做到有法可依、有章可循。

每个新学年,学校都会开启新一届家委会的选举工作。首先,由班主任根据"家长自愿"原则,在班级中发布选举通知,组织家长推选产生班级家委会,并从中选出一名家委会主任。随后,结合班级家委会成员自荐和教师推荐,成立年级家委会，并选出年级家委会主任，负责统筹开展工作。最后，在年级家委会中选出4名左右成员组成校级家委会，并选出校级家委会主任一名，副主任两名。至此，由班级—年级—校级逐级组成的"三级家委会主任"体系正式建立。

为了让家委会主任积极主动参与到学校教育过程中，成为学校事务中的决策者之一，学校摒弃形式主义，制定了相关的工作制度，让每位家委会主任明确自己的职责、权利和义务，鼓励主任们参与到具体的事务管理和实施中来。各级家委会主任协助老师每学期召开两次家委会全体会议，如遇重大事项，不定时开展相关会议。在家委会主任的组织下，家委会和学校共同参与了学校五年发展规划的制订、享受营养午餐人员的审核、社会实践活动的确定等诸多工作，推动了家委会深度参与学校工作。

（2）形成健全的组织保障。通过构建校内外教育网络，形成一个全方位的、多层面的家庭教育结构体系，促进家校社共同参与，为全员、全程、全方位协同育人机制提供组织保证。家委会主任工作体系的搭建，可以为家委会主任队伍提供一个完善的工作平台，使其能够更好地完成各项工作任务。

学校充分利用亭林派出所、亭林消防救援站、亭林红阳村等社区资源，以及华东师范大学、上海交通大学等高校教育资源，亭林卫生院、精卫中心等医疗资源，构建了多元化、立体化的协同育人网络。家委会主任牵头，定期组织学生和家长开展实践活动、亲子活动，将这些资源有效融入学生的日常教育和家庭教育中，极大地丰富了教育内容和形式。例如，二（2）班的高妈妈在暑期组织班里的部分学生走进亭林消防救援站，在消防员叔叔的带领下有序参观了宿舍、篮球场、队史馆、红门影院、队员俱乐部等场所，"零距离"体验了消防战士的风采。活动中，队员们不仅学习到了新的消防知识，学会了消防器材的使用，了解了三种灭火方法——冷却灭火法、隔离灭火法、窒息灭火法，更明白了提高消防意识，关注消防安全的重要性。此外，国庆假期，四（7）班的部分学生在班级家委主任李妈妈的组织下走进菜地，采摘毛豆，体验丰收的乐趣。这样的实践活动，让学生们亲身体验了农村生活，了解了农耕文化，学会了一项劳动技能，更培养了他们的劳动意识，提升了劳动能力。

（3）形成良好的运行保障。学校努力开拓家庭教育指导工作的新途径，建立"爸爸（妈妈）班主任"一日驻校运行机制，并由家委会主任担任驻校项目工作小组组长，指导班级"爸爸（妈妈）班主任"开展工作。家长到校担任类似于学校班主任的工作职责，在班级中负责一定的班级管理工作，协助班主任共同做好班级的日常管理和教育工作，关爱班级中的每一位学生；与班级学生家长进行沟通；与学校班主任相互配合、共同育人。

学校先通过开展问卷调查、遴选合适人选。成立由校长室牵头，德育室负责的校级家庭教育领导小组和工作小组，其组员除了学校老师，还有校级家委会主任、校级家委会委员、部分年级家委会主任等。在校级家庭教育领导小组和工作小组的指导下，各年级、各班级再依次成立年级组"爸爸（妈妈）班主任"工作小组和班级"爸爸（妈妈）班主任"工作小组。这两个小组的成员以两个层面的家委会成员为主，由年级组家委会主任和班级家委会主任主要负责工作小组的日常工作。

各级家委会主任通过组织家长动员大会，初步掌握有意愿参与"爸爸（妈妈）班主任"工作的家长名单，经过工作小组的讨论商量最终确定人选，并制订出学期"爸爸（妈妈）班主任"安排表，确保每周有 2 位家长到校担任"爸爸（妈妈）班主任"。

每学期初，校级家委会主任会对年级、班级家委会主任进行集中培训，帮助其明确"爸爸（妈妈）班主任"的工作职责，学会规范填写工作手册。随后，由年级、班级家委会主任互相配合，对各班参与"爸爸（妈妈）班主任"工作的家长进行岗前培训，进一步让家长明确此项工作的重要意义和相关工作要求。为了使家委会主任"爸爸（妈妈）班主任"工作开展得更有序、有效，学校还邀请金山区教育学院马美珍老师，上海交通大学刘晔萍教授，国家二级心理咨询师、北京师范大学教育部工程研究中心特聘一线专家朱宏娟老师等给他们做主题讲座。

家委会主任在参与"爸爸（妈妈）班主任"工作的过程中，真正融入学校的日常教育教学中来，不断更新教育观念，携手家长们促使家庭教育和学校教育相辅相成，拓宽家校沟通的广度、密度和深度，实现家校同步教育。

（4）形成丰富的平台保障。学校为家委会主任搭建了一个个稳定且有效的平台，为其做决策和管理提供必要的支持，从而提高其工作效率和效果。每一届新家委会选举出来以后，学校会组建家委会微信群，以便及时传递各类信息和增进家校沟通。学校在校内打造了一间"家亭小栈"，这是专门为家委会主任提供的"开放式办公"平台，家委会主任可以在这里办公。虽然小栈空间不大，却让家委会主任们有了归属感，提升了主人翁精神。每学期，学校会不定期邀请高校专家、教师、优秀家委会主任等，组织进行线上线下的培训和交流活动,提升家委会主任的工作能力和意识。学校还建立了完善的评价机制,通过多主体、多维度的综合评价,全面、客观地评估家委会主任的工作成效,促进家委会工作的持续优化与提升。

学校还编制了《亭林小学家庭教育指导手册》(以下简称《家庭教育指导手册》)作为家委会主任对家长进行家庭教育指导的有力工具。这本《家庭教育指导手册》根据不同年龄阶段学生的身心发展规律,立足校情,充分开发镇域文化资源,设置了品德培养、学习指导、身心健康和安全意识四类主题,建立了生活指导、学习指导和实践指导三大生活课程群,课程实施根据学段特点,从低、中、高三个年段循序渐进、螺旋上升,呈现出主题化和序列化。同时,手册为家长制订了详细的、操作性强的家庭教育指导方法,以知促行,以行促知,不断提升家长的家庭教育能力,也为家委会主任更好地开展工作提供了有力的支持。家委会主任可以以手册为蓝本,策划各类活动,共同打造家校共育的良好生态,为孩子营造更优质的成长环境,真正实现家庭教育与学校教育的无缝对接,全方位助力孩子的全面发展。

◆ 案例

动手制作月饼

在中秋佳节来临之际,三年级某班的班级家委会主任李妈妈根据《家庭教育指导手册》中参观食品公司的活动目的"动手制作月饼,掌握制作月饼的方法,体会工人工作的辛苦,提高动手操作能力",组织了一次劳动实践活动。她在跟讲解老师联系时提前说清了活动的目的,以便保证活动效果。

活动当天,学生们来到三和德文创园。讲解老师先用通俗易懂的话语为孩子们讲解月饼的悠久历史。接着同学们边参观,边了解月饼的制作工艺。当看到小小的月饼背后制作师傅们辛勤的付出时,大家的眼中满是钦佩。之后,学生们兴致勃勃地开始了月饼制作之旅。大家分工合作,有序制作,有的认真地揉面,有的将面团搓成了一个个圆滚滚的小球,有的负责在模具里放入馅料,然后将月饼按压成型。小萱在负责月饼模具时不小心把馅料弄洒了,旁边的学生纷纷帮忙一起收拾,小刘同学还温柔地鼓励她慢慢来,不着急。在大家互相帮助下,一个个月饼逐渐成形。活动尾声,学生们围坐在一起分享活动感受,大家纷纷表示要珍惜食物,尊重他人的劳动成果。连平时内向的小晨在大家的鼓励下,也勇敢地说出了自己的感受,收获了一片掌声。

本次实践活动的内容聚焦活动目标，引导学生在活动中深切感受食物背后所蕴含的劳动价值，并通过自己制作月饼切实体会到劳动的艰辛，从而从内心深处萌生出对劳动成果的敬畏与珍惜之情，最终让热爱劳动的种子在学生心中生根发芽、茁壮成长。

育人是开展实践活动的最终目标。为使学生在实践活动中培育优秀品德、实现健康成长，充分发挥活动的教育价值，实践活动的开展务必做到目标明确、规划周详。然而，对于家长们来说，要达成这些并非易事。而《家庭教育指导手册》则帮助家长解决了这一难题。案例中的家委会主任根据手册中的实践目标和建议，组织了活动，并有效指导学生完成了实践任务，提高了家长在实践教育方面的能力。

（5）编制鲜明的纲要保障。2023 年 12 月，"全国家委会主任工作与发展研究联盟"发布了《新时代中小学幼儿园家长委员会主任工作与发展纲要》，内容涉及家委会主任的角色、职责、工作、素养与发展等方面，这对家委会主任的研究工作具有里程碑式的意义。学校以这份纲要为重要指导蓝本，通过问卷调查、座谈会、意见征集等多种方式，深入剖析本校家委会主任工作开展的实际状况。同时，基于学校对家委会主任研究工作的认识和对家委会主任的培育目标、角色定位，组织团队编制了具有学校特色的《亭林小学家委会主任工作与发展纲要》（简称《纲要》）。

亭林小学家委会主任工作与发展纲要

在当今教育多元发展的趋势下，家校合作已成为提升教育质量、促进学生全面发展的重要力量。家委会作为家校沟通的关键纽带，在家校合作中发挥着不可或缺的作用。而家委会主任作为家委会的核心领导者，其工作成效直接影响到家校合作的深度与广度。为了更好地明确家委会主任的工作职责，促进其专业发展，特制定本纲要。本纲要旨在为家委会主任提供清晰的工作指引和发展路径，充分发挥家委会主任在学校教育中的积极作用，共同营造有利于学生成长的良好环境。

1. 家委会主任的角色

班级、年级、校级家委会主任由家长自荐或推荐，经过班主任、年级组长、学校同意，三级家委会分别选举而成。班级、年级各有一名家委会主任，校级有一名家委会主任，两名家委会副主任。三级家委会主任分别享有班级、年级和学校认可的相关权益，承担相关责任和义务，是家长群体的代表。

2. 家委会主任的角色——关系

家委会主任是教育的主动合作者，与校长、教师是同盟者，相互配合，相互支持，共同开展家校社协同育人工作。家委会主任与家长是亲密的伙伴，始终代表家长群体的心声、始终代表家长群体的合理诉求、始终代表家长群体的根本利益。

3. 家委会主任的角色——引领者

家委会主任在家庭教育和家校合作中起引领作用。①树立科学家庭教育观念的引领者：深入学习科学家庭教育理念，通过组织培训、分享会等活动，向家长传递科学教育方法，引导家长摒弃错误观念，树立科学的家庭教育观。②增进家校沟通的引领者：搭建家校沟通桥梁，定期组织会议，及时传达学校信息，收集家长意见并反馈给学校，促进双方理解与信任。③主动参与学校治理的引领者：关注学校发展规划、教学改革等重大事项，参与学校管理组织，为学校决策提供家长视角的建议，推动学校治理科学化、民主化。

4. 家委会主任的角色——组织者

家委会主任在家委会工作、学生活动开展及教育资源整合方面发挥统筹协调作用。①组织家委会相关事务的开展：制订家委会工作计划与活动安排，组织成员会议，明确主题议程，分配工作任务，协调各方资源。②组织学生社会实践活动的开展：策划学生社会实践活动，确定活动关键要素，联系场地、安排指导人员并组织学生参与。③整合家长的教育资源：挖掘家长职业特长等资源，邀请家长进校园开展讲座等活动，组织家长志愿者参与学校工作。

5. 家委会主任的角色——示范者

家委会主任的行为对家长有示范导向作用。①重视家庭教育的示范者：以身作则，重视家庭教育，参与孩子成长过程，为家长展示科学教育方式。②参与学校志愿服务的示范者：积极参与学校志愿服务，带动更多家长参与。

6. 家委会主任的职责

家委会主任是家委会的主要负责人，全面负责家委会的组织与协调工作，协助学校策划、筹备、组织各种活动，并处理家校、家长之间产生的矛盾纠纷等，具体可分为：桥梁的作用，准确地向家长传达学校的教育教学工作，及时地向学校反馈家长的意见、建议和诉求；组织的作用，融合校内外资源，协助学校有序开展各类活动；评议的作用，参与学校重要决策的讨论，密切关注学校管理工作，提出建设性的改进意见，为学校发展出谋划策。

7. 家委会主任的素养与发展——有格局

家委会主任有格局的素养利于推动家校合作。①拥有全局的视野：站在学校、学生及教育事业全局高度看待问题，结合学校发展与社会人才需求，为学校长远发展提有价值建议。②坚守公正公平的工作原则：处理家校事务时，公正对待各方，保障合法权益，维护合作秩序。③具备服务意识：牢记服务角色，为学校、家长和学生提供支持与帮助。

8. 家委会主任的素养与发展——有能力

家委会主任具备多种能力是推动家校合作的保障。①讲好学校教育故事的宣传员：挖掘学校亮点成果，通过多种渠道宣传学校教育理念、特色等，提升学校知名度。②学校文化的研究员：研究学校文化内涵，参与文化建设讨论策划，为传承创新提建议。③家庭教育的示范员：分享家庭教育经验，组织交流活动，帮助家长解决教育问题。④家校矛盾的协调员：及时了解家校矛盾原因与诉求，公正解决矛盾，促进家校和谐。⑤家校合作的教导员：宣传家校合作意义，指导家长参与合作。⑥多元课程的组织员：参与学校多元课程组织，协助整合资源，丰富课程内容形式。

9. 家委会主任的素养与发展——有担当

家委会主任有担当是解决家校问题的关键。①具备强烈的责任心：对学校、家长和学生负责，认真完成各项工作任务。②具备无私的奉献精神：不计个人得失，以学校和学生利益为重，主动提供帮助。③勇挑重担：面对家校问题不退缩，积极寻找解决办法，带领大家克服困难。

10. 家委会主任的培育

不定期组织家委会主任在线上线下参与学习培训。①院校专家的引领：定期邀请院校教育专家为家委会主任举办专题讲座，了解教育动态，获取理论支持。②学校教师的指导：通过专题式指导，帮助家委会主任提升工作专业性。③优秀家长的示范：聆听优秀家委会主任或家长代表分享工作经验。

11. 家委会主任的工作评价

学校、家长、学生和家委会每学期末对家委会主任进行系统化、规范化的评价，家委会主任依据自评表对一学期的工作开展情况进行自评。

《纲要》的制订为家委会主任的工作提供了清晰的指引和有力的支持，将有效推动家校共育工作，充分发挥家委会主任在学校教育中的积极作用，助力家校合作迈向新的高度。

二、"三有"培育目标

教育部于 2012 年 2 月出台了《教育部关于建立中小学幼儿园家长委员会的指导意见》，指出"建立家长委员会，要发挥学校主导作用"。其中的"主导"指的是学校应在对家委会的正确定位方面发挥主导作用。2020 年，亭林小学成为金山区融合育人项目种子学校，在华东师范大学专家团队的引领下，将家长队伍建设纳入学校治理体系之中，以课题"学校提升家庭教育指导能力的实践研究：以家委会主任队伍建设为重点"为抓手，坚持"抓住少数关键、加强队伍建设、带动整体共进"的治理思维，聚焦家委会主任队伍，高度重视家委会主任队伍的建设，确定了"有格局、有能力、有担当"的"三有"家委会主任培育目标。学校致力于打造一支既有力度又有影响力的家委会主任队伍，期望通过家委会主任力量的引领，鼓励更多的家长积极参与到家校合作的教育活动中。这样做不仅有助于家长在积极向上的教育环境中提升自身的家庭教育素养，还能够促进亲子关系的和谐发展。更为重要的是，学校期待通过家校合作活动，为学生的身心健康和快乐成长提供强大的支持合力。

1. 有格局

"格局"一词，本义指的是一个特定社会、社区、企业、组织或个人的整体状态或构架。这里特指家委会主任的全局观念。

首先，"有格局"的家委会主任，拥有全局的视野。他们需要能从宏观的角度看待问题，遵循学生的身心发展规律，尊重学生的兴趣爱好，着眼于孩子的长远发展。同时，他们的眼中还应看到全体孩子，而不仅仅关心自己孩子的成长。

其次，"有格局"的家委会主任，必须坚守公正公平的工作原则。他们在分配任务或处理各类矛盾时，要能做到公正无私。例如，在组织学校运动会的志愿者选举时，他们应根据家长的时间、特长等因素合理分配工作，而不是偏袒某些家长。如果家长之间因为孩子之间的小摩擦产生矛盾，他们应站在公正的立场，引导双方换位思考，理性解决问题，从而维护家校之间、家长之间的和谐氛围，使大家都能在一个积极向上的环境中为孩子的教育共同努力。

最后，"有格局"的家委会主任，必须具备服务意识。他们关注学生在学习和生活中的需求，关注家长在教育孩子过程中的困惑和问题，以及对班级或学校的诉求，并将这些信息及时反馈给学校，使学校能够更好地满足家长和学生的需求。他们还会积极为学校的发展出谋划策，如提供教学改进的建议，参与学校活动的策划等。

下面，我们以"是否让儿子退出足球队"为例，来理解家委会主任的"有格局"。

◆ 案例

是否让儿子退出足球队

小庄从很小的时候起，就对足球展现出了浓厚的兴趣。这种热情随着年龄的增长而愈发强烈。自从他加入了学校的足球队之后，每天放学后的时间几乎都被安排得满满当当——参加球队的常规训练。如果遇到即将到来的比赛，那么为了提高竞技水平，还会不定期地增加额外的加练课程。然而，这样高强度、频繁的训练活动不可避免地对他的学业造成了一定影响。随着成绩逐渐下滑，小庄的父母开始担忧起来，并最终决定向班主任提出让孩子退出足球队的要求。

面对这一情况，班主任并没有轻易答应，而是多次尝试与小庄家长沟通，希望能够找到一个既能满足孩子兴趣爱好又能兼顾学习成绩的解决方案。但遗憾的是，尽管经过了几轮深入交流，家长依然坚持己见，认为当前阶段最重要的是保证孩子的学业。

无奈之下，考虑到班级家委会主任和年级家委会主任在家长群体中有着一定的影响力，而且更了解家长们的想法，班主任主动联系他们，把情况详细地和两位家委会主任说了一遍，他们毫不犹豫地答应帮忙。

在班主任的积极协调下，一场关于小庄未来的家庭会议被安排在一个周末的下午。班级家委会主任和年级家委会主任也特意抽出时间参加，他们希望通过这次面对面的交流，能够更好地理解小庄的兴趣所在，并探讨如何帮他在学业与兴趣之间找到一个平衡点。

会上，小庄的父母首先表达了自己的担忧，他们并不是不支持孩子的兴趣，但作为家长，他们更担心的是孩子将来的发展。如果因为足球而影响了学习成绩，那么可能会对他的未来造成不可逆转的影响。他们的话语中充满了对孩子深深的爱意以及对未来的忧虑。

接着，班主任分享了自己的看法，他完全理解家长的心情，但是从教育的角度来说，培养孩子的兴趣爱好同样重要。它不仅能帮助孩子们释放压力、增强自信心，还能促进其全面发展。对于像小庄这样对某项活动有着极高热情的学生来说，学校和家庭都需要给予适当引导和支持。

随后，两位家委会主任也发表了意见。他们认为，在基本学习任务完成的前提下，鼓励孩子追求个人爱好是非常有益的。他们建议家长可以设立一些规则或者目标，比如每周至少保证多少小时用于复习功课；同时也可以设定奖励机制，当达到一定成绩时给予额外时间去参加自己喜欢的活动。经过一番讨论后，大家达成了共识：既要重视学业成绩，也不能忽视个性发展。最终家长决定给小庄一个机会——在接下来的一个月内试行新的安排方案。如果他能够按照计划执行并且成绩没有明显下滑的话，则继续保留他在足球队的位置；反之，则需要重新考虑是否应该暂时退出以专注于学习。

总之，"有格局"的家委会主任能为家校共育注入源源不断的正能量。他们的全局视野、公正公平的工作原则和服务意识，不仅能提升家校共育的效率，也能提升家长的教育满意度，从而推动学校的发展。

2. 有能力

"能力"一词在《现代汉语词典》中被解释为"能胜任某项任务的主观条件"。这里特指家委会主任围绕学校工作做好相关工作的才能或办事的本领。2024届家委会主任唐婷婷认为，家委会主任除了要具备传递信息和协调工作的能力外，还应该具备做好家校之间的"经纪人""带头人""助理人"和"合伙人"的能力。亭林小学是一所农村学校，学生中66%是外来务工人员子女，结合学校的实际情况，我们认为有能力的家委会主任应该是学校教育发展的推动者和实践者。

第一，家委会主任应当是讲好学校教育故事的宣传员。在校园这片充满活力的天地里，每天都上演着精彩纷呈的教育故事。课堂之上，学生们积极思考、踊跃发言，思维的火花不断碰撞；校园活动中，他们朝气蓬勃，尽情展现青春风采。这些故事如同璀璨的珍珠，串起了学校教育的理念与文化。家委会主任需要怀揣着敏锐的洞察力，去挖掘这些珍贵的故事，并巧妙地借助家长会、班级群以及各种社交媒体等，向家长和社区宣传学校的教育理念、课程设置、教学成果等，让大家更直观、深入地了解学校的教育动态，进而增强对学校教育的认同感与信任度，共同营造出积极向上、充满活力的家校共育氛围，提升学校的知名度和影响力。

第二，家委会主任应当是学校文化的研究员。每一所学校都宛如一部独特的史书，其深厚的历史底蕴、源远流长的文化传统以及别具一格的办学特色，共同铸就了学校独一无二的灵魂。学校文化是学校的灵魂,是学校发展的基石。家委会主任应积极主动地投身于学校文化的研究之中,深入探寻学校的发展脉络,深刻领会校训校风背后的精神内涵,精准把握学校的办学理念。在这一过程中,家委会主任应积极主动地与学校领导、教师展开深入交流与探讨,共同挖掘学校文化的深层价值。与此同时,凭借自身作为家长的独特视角,结合社会发展的需求,为学校文化的传承与创新建言献策,助力学校文化与时俱进,为学生的成长提供源源不断的精神滋养。

◆ **案例**

祖孙共读贺宜童话

贺宜是亭林小学的著名校友,被誉为"中国的安徒生",在儿童文学领域建树卓越,其作品中蕴含着丰富且深邃的教育理念,犹如熠熠生辉的灯塔,照亮着孩子们的成长之路。

学校一直致力于挖掘和传承优秀文化资源,十分重视贺宜作品在学生教育中的价值,不仅精心组织学生阅读贺宜的经典作品,还鼓励老师们深入研究贺宜作品中的育人思想,力求将这些宝贵的精神财富融入日常教学之中。更为重要的是,学校积极邀请家委会主任参与到这一文化探索之旅中,共同为学生的成长助力。

二(1)班的家委会主任陈爷爷便是一位积极的参与者。在家庭生活中,陈爷爷十分注重对孙子的文化熏陶和品德培养。他经常带着孙子一起朗读贺宜的童话作品。在温馨的亲子时光里,那些充满奇幻色彩的文字仿佛拥有了生命,将爷孙俩带入一个又一个充满爱与美好的世界。陈爷爷更是善于借童话中的内容对孙子进行品德教育,让孙子在阅读的过程中,潜移默化地汲取善良、勇敢、诚实等美好品质。

2025年1月9日,在贺宜文学思想和教育思想研讨会上,陈爷爷带着孙子以别出心裁的课本剧形式,生动地展示了他们日常研读贺宜作品的场景。这为大家提供了一个家庭与学校共同研究和传承优秀文化的典范。陈爷爷以实际行动诠释了家委会主任作为学校文化研究员的担当,积极推动着学校文化的研究与传承,为营造浓厚的校园文化氛围贡献了自己的力量。

第三,家委会主任应当是家庭教育的示范员。家庭教育是孩子成长的第一课堂,对孩子的成长起着至关重要的作用。家委会主任在家庭教育方面的理念与方法,犹如一面旗帜,会对其他家长产生深远的影响。因此,家委会主任必须高度重视自身家庭教育素养的提升,积极学习科学的教育方法,时刻关注孩子的身心健康与全面发展;在日常生活中,以身作则,用自己的言行举止为孩子树立起良好的榜样,营造出温馨和谐、积极向上的家庭氛围。并且,家委会主任还应毫不吝啬地分享自己的家庭教育经验,通过组织家庭教育讲座、开展交流活动等方式,分享育人经验,带动更多家长重视家庭教育,共同提升家庭教育的质量与水平,为孩子的健康成长提供良好的家庭教育环境。

第四,家委会主任应当是家校的协调员。在日常的家校沟通中,由于沟通渠道不畅、教育观念存在差异等因素,家校之间难免会出现一些矛盾和冲突,家委会主任作为连接家长与学校的关键桥梁,需要时刻保持敏锐的感知,及时察觉这些矛盾,并积极主动地进行协调。一方面,要耐心倾听家长的心声,将他们的意见与诉求准确无误地传达给学校;另一方面,要站在学校的立场,向家长详细解释学校的政策与工作安排,增进双方的理解与信任。在处理矛盾时,要秉持公正、客观的原则,以解决问题为根本出发点,积极探寻双方都能接受的解决方案,全力维护良好的家校关系。

◇ 案例

一场家校风波的平息

一天放学后,黄妈妈像往常一样来到学校门口等待孩子放学。不远处,传来同班几位家长的激烈讨论声。

"这作业也太多了,我家孩子每天都做到很晚,眼睛都快受不了了。"一位家长满脸愁容地抱怨道。另一位家长也附和着:"是啊,我看再这样下去,孩子对学习的兴趣都要没了,要不我们打12345反映反映情况?"

听到这些话,黄妈妈心里一紧,她深知家长们的焦虑,但直接向相关部门反映可能会让问题变得更加复杂,不利于家校之间的良好沟通,而且也会变相地给学校增加很多工作。于是,她走过去微笑着和家长们打招呼。

黄妈妈先是耐心地倾听家长们的抱怨,让他们把心里的不满都倾诉出来。等家长们情绪稍微平复一些后,她开始轻声细语地为家长们分析情况。"咱们孩子刚从二年级升到三年级,学习内容确实有了很大的变化。"黄妈妈认真地说,"三年级的知识深度和广度都增加了,作业量和作业难度自然也提高了。"接着,黄妈妈又提到了孩子的作业习惯问题:"咱们不妨观察一下孩子做作业的时候,是不是注意力不够集中？有时候孩子写作业拖拉,一会儿玩玩这个,一会儿摸摸那个,这也会大大延长做作业的时间。"说完这些,黄妈妈又分享了自己孩子的经历:"我家孩子刚开学的时候,也出现过作业做到很晚的情况。我就专门花时间陪着他,观察他做作业的状态。发现他总是容易被周围的小玩意儿吸引,我就帮他清理了书桌上无关的东西,让他在一个安静、整洁的环境里做作业,慢慢地他的效率就提高了。"黄妈妈还提醒家长们要多关心孩子:"我们做家长的,不能只看孩子的学习结果,学习过程中适当的陪伴和引导更重要。"

家长们听了黄妈妈的话,若有所思。刚才还情绪激动地说要打12345的家长也不好意思地笑了:"听你这么一说,好像还真是这么回事,看来我们也有做得不对的地方。"

经过黄妈妈一番耐心的沟通和解释,家长们的情绪逐渐平复,也理解了老师的工作。一场家校风波就这样平息了。

在这个案例中,班级家委会主任黄妈妈充分发挥了家校协调员的作用。当家校矛盾隐患出现时,她能及时发现并介入,通过耐心倾听、理性分析和有效引导,成功化解了家长们对作业量的不满,缓解了家校之间的矛盾,充分体现了家委会主任作为家校协调员的重要作用和价值。只有家委会主任积极履行协调员的职责,才能更好地促进家校合作,共同为孩子的成长创造良好的环境。

第五,家委会主任应当是家校合作的教导员。家校合作是提高教育教学质量的重要途径,然而,许多家长可能对如何有效参与其中感到迷茫。家委会主任此时便要充分发挥教导员的作用,向家长大力宣传家校合作的重要意义,悉心普及家校合作的方式与方法。通过组织家长参与学校开放日、亲子活动、志愿服务等丰富多彩的活动,让家长亲身体验学校的教育教学活动,切实增强家长与学校、教师之间的互动与合作。同时,家委会主任还要积极引导家长树立正确的教育观念,鼓励他们积极配合学校的教育工作,凝聚家校教育的强大合力,共同为学生的成长创造优良的环境。总之,家委会主任应积极推动家校合作的深入发展,加强家校的互动和合作,提高教育效果。

第六,家委会主任应当是多元课程的组织员。随着教育的发展,学校的课程也在不断地丰富和多元化。家委会主任可以在学校的主导下参与学校课程的开发,也可以利用家长的社会资源,组织学生开展校外的实践活动,丰富他们的学习生活。亭林小学会邀请家委会主任共同开发校外课程基地——"快乐成长小基地",丰富学校的课程体系。每个小基地还聘请有能力的家长担任课程导师,学校和村居分别选派教师、工作人员担任志愿者,小基地成员各司其职。课前,家委会主任和学校一起做好调研、选择课程、培训导师;课中,家长导师与教师志愿者双师合作,共同上好基地课程,村居工作人员做好服务保障工作。课后,参与课程的学生和家长对课程老师、基地服务进行评价。"快乐成长小基地"这个充满活力与创新的平台为家委会主任提供了更多与孩子和家长亲密互动的机会,让他们能在实践指导的过程中不断反思和改进,完善自己的教育理念与方法体系。不仅如此,家委会主任还共同参与设计并实施了"亭林小囡 i 亭林"课程。

◆ 案例

一堂生动的校外实践课

2023 学年的暑期,三(7)班的学生在班级家委会主任李妈妈的组织下,来到红阳村村史馆,上了一节主题为"传播红色文化,发扬红色精神"的实践课。

走进村史展示区,学生们认真听着讲解员的讲解,那些文字和图片不仅记录着红阳村的历史变迁与新型城镇化历程,也让村民们记住了乡愁、留住了乡情。在参观的过程中,大家了解了创建村史馆的意义、创造佳绩的红阳施姓家族以及村里的其他名人,还认识了许多老物件,如织布机、土布等,好似回到了那个年代,身临其境。村史馆虽然面积不大,但展现了红阳村特有的乡土文化,里面不仅理顺了村域发展轨迹,还记载了村里人的突出事迹、党的领导、国的发展、家的富裕……脉络清晰可见。

这节校外实践课让亭林"小囡"们了解了红阳村的发展历史,感受到了乡村振兴,也激发了他们对家乡的荣誉感与归属感。大家纷纷表示要从小立志,长大后为建设美好的家园而奋斗!

总的来说,"有能力"的家委会主任在学校教育发展中扮演着重要的角色,他们同时也在家校共育中发挥着不可替代的作用。

3. 有担当

"担当"一词指的是接受并担负责任。这里更侧重于家委会主任在精神层面能担负起相应的责任。

第一,"有担当"的家委会主任,需要具备强烈的责任心。这也是家委会主任应具备的核心品质,它能促使家委会主任牢记自己的角色和使命,认真对待每一次工作。例如五年级的钟妈妈,从班级家委会委员到校家委会副主任,再到担任家委会护校安全总调度，每天早上风雨无阻组织护校，即使自家孩子生病不到校，她也坚持上岗。正是一份责任心，才让她在护校的岗位上坚持了这么多年。她在卸任时曾深情地说道："我深知，身为校级家委会副主任，'担当'二字重如泰山。校门口看似方寸之地，实则承载着孩子们每日的平安出行，关乎每一个家庭，因此我不敢有丝毫懈怠。几年来，最让我高兴的是，通过我的坚守，带动了更多家长投入护校行列。大家护校的身影让我看到了爱的传递与凝聚。"

第二，"有担当"的家委会主任，需要具备无私的奉献精神。这也是家委会主任能成为学校发展有力推动者的根本原因之一。家委会的工作是琐碎的，因此家委会主任需要奉献自己的闲暇时间。除此之外，家委会主任还需要奉献自己可以调动的资源。例如，家委会主任罗爸爸，作为红阳村的一名村干部，他为学校和坐落于红阳村的九枫堂铁皮石斛基地、黑陶文化园牵线搭桥，使这两个蕴含我国优秀传统文化的基地成为学校校外劳动基地。不仅如此，节假日期间，罗爸爸还会组织部分学生在这两个基地中开展研学活动。

◇ 案例

有担当的家委会主任

2024年6月15日上午，联合国教科文组织终身学习研究所优质学习生态系统团队，在华东师范大学上海终身教育研究院执行副院长李家成教授团队的陪同下，来到亭林小学调研"代际学习"项目。为了让调研团队真切感受到学校代际学习项目的开展成果，我们决定将调研地点定在红阳村村史馆和铁皮石斛基地。

时任学校家委会副主任的罗爸爸，听闻此事后，没有丝毫犹豫，主动请缨参与到这次意义重大的活动之中。他深知此次调研对学校发展的重要性，不顾自己平日工作繁忙，对活动流程的每一个细微环节都反复斟酌、认真确认。

罗爸爸不仅利用自己在村里的深厚人脉资源，为活动的顺利开展铺平道路，还凭借多年的工作经验，全身心地协助学校精心策划活动流程。他仔细考量每一个可能出现的问题，提出了许多建设性的意见。在他的努力下，当日的调研活动进展得十分顺利。研究团队对学校的代际学习研究给予了高度评价，活动也画上了圆满的句号。罗爸爸用自己的实际行动，生动诠释了无私奉献的精神，成为学校发展道路上的坚实助力。

最后，"有担当"的家委会主任，一定是勇挑重担的。在面对紧急或有一定难度的工作时，当其他家长畏难退缩时，家委会主任应挺身而出，以无畏的勇气和坚定的信念扛起责任。例如，节假日期间学校开展大型活动需要家长志愿者时，家委会主任们往往会率先在群里报名。又如，当学校发布区"家校社协同共育时代新人"家庭教育宣传月"我的养育智慧"评选活动后，也是家委会主任积极地主动参与撰写，将自己的养育智慧毫无保留地分享给更多的家长。

总之，"有担当"的家委会主任能在家校共育中成为推动教育发展的关键力量。

三、"三者"角色定位

家委会作为学校治理体系中重要的组成部分，它的建设有利于提高学校的治理能力。其中，家委会主任作为这一组织机构的重要负责人，担任着引领家委会成员，并代表全体家长参与、监督、评议学校治理，开展家校社协同育人工作的重担。因此，家委会主任除了自身要"有格局、有能力、有担当"之外，还需要对自己的角色定位有准确的认识，能在家委会会议、家长学校活动、校园活动等工作中，做好引领者、组织者和示范者，从而推动家长群体积极参与学校的教育教学活动，共同为学生的成长提供更多的支持和帮助。

1. 家委会主任的角色定位——引领者

家委会主任是家委会工作的中坚力量，是科学家庭教育观念的引领者，也是家校沟通的引领者，更是主动参与学校治理的引领者。家委会主任在家长群体中发挥着引领作用，他们引领家长理解学校的办学理念，带领家长参与学校的教育教学活动，协助教师完成教育教学任务。

1）树立科学家庭教育观念的引领者

自 2022 年 1 月 1 日起施行的《中华人民共和国家庭教育促进法》明确提出："父母或者其他监护人应当树立家庭是第一个课堂、家长是第一任老师的责任意识，承担对未成年人实施家庭教育的主体责任，用正确思想、方法和行为教育未成年人养成良好思想、品行和习惯。"未成年人的父母或者其他监护人应当针对不同年龄段未成年人的身心发展特点，开展家庭教育。2023 年，教育部等十三部门联合印发的《关于健全学校家庭社会协同育人机制的意见》中也进一步指出：家长要强化家庭是第一个课堂、家长是第一任老师的责任意识，注重家庭建设；要树立科学家庭教育观念，掌握正确家庭教育方法，遵循素质教育理念和未成年人身心发展规律；尊重个体差异，注重培养子女良好思想品德、行为习惯和健康身心，促进其全面发展。国家将家庭教育提升到国家事务层面，足以证明家庭教育作为教育的初始阶段，其基础性和终身性的特点决定了其对孩子的影响深远且独特。这些政策和文件的颁布也对家长提出了新要求，使他们面临着新挑战。

虽然学校的大部分家长的教育观念受时代影响有了一定的进步，能够认识到家庭教育在未成年人成长过程中的价值，思想上也比较认同家庭教育的重要性。但是通过班主任与家长的日常沟通以及家长调查可知，家长的家庭教育理念离文件中提到的"科学性"仍存在一定差距。大部分家长的教育方式仍较为简单粗暴，在亲子沟通方面也存在一定问题，总而言之其教育能力有待提高。此时，就需要家委会主任在这些方面成为家长们的引领者，引领他们共同学习科学的家庭教育理念。班级家委会主任黄妈妈就是这样一位出色的引领者。

◆ 案例

家庭教育理念变了

黄妈妈是一位非常热心且极具责任感的班级家委会主任，班里大部分家长遇到教育难题都喜欢找她倾诉，而她也很乐意分享自己的育儿心得。在与班级家长的接触中，她发现班级里的家长们在家庭教育理念方面存在不少问题。例如，小吴同学是一个非常机灵的孩子，做作业速度非常快，家庭作业几乎都能在学校完成，所以回家后的活动就是看电视。黄妈妈知道后曾建议小吴妈妈可以带着孩子一起阅读、运动，提升亲子陪伴质量，但是小吴妈妈却不以为意，她认为孩子只要能按时完成学校的作业，剩下的时间就应该让她自由支配，家长不用过多约束；又如小周同学随着年级的升高，对学习的热情越来越低，作业常常不能按时完成。当老师将情况反馈给小周爸爸时，他只会用武力解决，揍孩子一顿，却没有其他实质性的措施，于是就陷入了恶性循环。

家长们在家庭教育方面存在的问题正无形地影响着孩子们的成长。不仅如此，随着孩子步入四年级，亲子之间的矛盾也频繁出现，不少家长抱怨孩子不听自己的话，家里的气氛总是剑拔弩张。

黄妈妈深知，要改变这种状况，必须让家长们学习科学的家庭教育理念。于是，她找到班主任，一起精心策划了家庭教育指导活动。

恰逢学校组织家长参加区"家长慧"家校共育大课堂。平时家长们对这样的活动参与热情都不太高，但那次，在讲座开始前，黄妈妈就先在班级家委会成员中间宣传，并鼓励家委会成员线上线下齐发力，一起向全体家长详细介绍讲座的内容和重要性，鼓励大家参加。讲座那晚，班级群里不断上传家长聆听讲座的照片，其中还时不时夹杂着家长们观看的感受、自己的困惑等，群里讨论得热火朝天。在黄妈妈的引领下，这次讲座在家长们的心中种下了一颗改变的种子。在讲座后，黄妈妈趁热打铁，在班级家委会群里提议开展家庭教育读书活动，得到了全体家委的支持。她推荐了《正面管教》《好妈妈胜过好老师》两本经典的家庭教育书籍，之后自己带头，不定时在群里分享自己的读书心得。在她的带领下，家委们的阅读积极性也逐渐被调动起来，一位家委在阅读《正面管教》后分享道："以前我总是用惩罚的方式来纠正孩子的错误，读了这本书我才明白，这样只会让孩子更叛逆。现在我尝试用书中的方法，先和孩子一起分析问题，然后让他自己思考解决办法，效果真的很神奇，孩子变得更愿意配合了。"

有了家委的支持，黄妈妈又向全体家长推荐了几本家庭教育类书籍，并在班级群里将自己和家委们的阅读心得与大家分享。随着时间的推移，从零星几个家长的互动到如今越来越多家长参与进来，大家渐渐认识到通过阅读可以学到很多有效的育儿方法。

为了让家长们更好地学习彼此的经验，黄妈妈借助家长学校这一平台，组织了家长教育经验分享会。在分享会上，几位在家庭教育方面表现出色的家长作了分享。其中，张妈妈分享了自己如何培养孩子的阅读习惯。王爸爸则分享了自己如何引导孩子发展兴趣爱好。这些身边的案例让家长们深受启发，他们意识到，原来科学的家庭教育就在身边的点滴之中。

随着时间的推移，班级里的氛围发生了明显的变化。家长们不再愁眉苦脸，也不再对孩子的成绩感到焦虑，而是更多地关注孩子的身心健康和全面发展。亲子之间的关系也变得更加融洽，孩子们脸上的笑容更多了。

案例中，当黄妈妈发现班里的部分家长在家庭教育理念上有所偏差时，她深知，要改变这种现状，必须从根源入手，引领家长学习科学的家庭教育理念。于是，她通过整合资源、推动学习和组织经验分享等一系列行动，成功引领家长更新家庭教育观念，为孩子营造了更有利于成长的家庭环境。这种努力深刻体现了家委会主任在家庭教育领域作为引领者的重要价值和作用。只有家委会主任积极发挥引领作用，才能凝聚家校合力，促进孩子全面健康成长。可以说，家长们在教育孩子的道路上，从盲目走向了科学，而这一切都离不开家委会主任黄妈妈的努力和引领。

2）增进家校沟通的引领者

家庭教育与学校教育的分离是教育中最大的"浪费"。通过对班主任的调查得知,大多数家长很少主动找班主任沟通孩子在家里的表现,甚至还有部分家长几乎没有主动联系过班主任。在那些会与老师主动沟通的家长中,多数也是因为孩子在学习上遇到问题了才会主动与学科老师联系,而沟通内容也仅限于学习方面;还有一部分家长是因为一些事务性问题,如孩子和同学发生了矛盾、孩子被老师批评了、孩子想换同桌等会去联系老师;只有极少部分家长是从促进孩子更好成长的角度与班主任、学科老师沟通的。总之,家长和老师之间的沟通在促进家校协作育人的实质方面起到的作用并不大。

因此,作为家委会主任应发挥引领作用,引导家长认识到在家校沟通的过程中,家长也是主要发起者,是沟通的主体,要不断强化家长主动与班主任、学科老师沟通的意识。同时,家委会主任还要引导家长们从协同学校共同促进孩子德智体美劳全面发展的角度主动与学校增进沟通,丰富家校沟通的内容,帮助老师全面了解学生,提高沟通质量。除此之外,家委会主任更要提醒家长,在与老师沟通时秉持"多包容,少指责"的原则,在双方相互理解、相互合作、相互支持的基础上展开沟通。总之,家校沟通的最终目的是达成家校共育的最优结果。

◆ 案例

家校联系更密切了

班级家委会主任之一的赵妈妈深知,要让孩子们在学校和家庭的双重呵护下茁壮成长,家长和老师之间必须建立起紧密、全面的沟通机制。于是在新学期正式开始前,她在班级群里发了这样一条信息:"各位家长,我们不能把教育孩子的责任只交给老师,家长们也需要积极参与,而和老师保持密切沟通就是关键。我建议在新学期里,各位家长能积极主动地与各位老师交流孩子在家里的状况,及时了解孩子在学校的表现,只有家校紧密携手,才能发挥最大的育人价值。"她的提议得到了许多家长的认同,但也有家长提出不知道该从哪些方面和老师沟通。

之后,赵妈妈首先行动起来,她把孩子记录回家作业的本子当成"家校沟通日志",不定时把孩子在家的学习状态、生活趣事、情绪波动等反馈给班主任,并把与老师沟通的具体做法分享给其他家长。而老师在掌握学生在家里的表现后也会通过微信、电话、放学时的面谈等机会与家长沟通孩子在校的表现。随着时间的推移,家长们越来越积极地与老师沟通。在此过程中,家校间的良好沟通解决了部分孩子在学业上遇到的困惑,调和了有些孩子之间的矛盾,也拉近了老师和家长之间的距离。

家长们也纷纷表示,通过和老师的全方位沟通,他们更加了解孩子在学校的情况,教育孩子也变得更加有针对性。而这一切,都要归功于家委会主任赵妈妈的积极引领。她用自己的行动,在家长和老师之间架起了一座坚固的沟通桥梁,让教育的力量在家校之间完美融合,为孩子们创造了一个更有利于成长的环境。

3) 主动参与学校治理的引领者

学校治理是一个复杂而多元的过程,需要学校、家庭、社区等多方力量共同参与,这是一个多元主体协同共治的活动过程。在这个过程中,家委会有着不可或缺的作用,它就像一座坚实且通畅的桥梁,紧紧连接起学校和家庭这两大教育主体。它的存在,让家长能够充分知晓学校的各类活动、管理举措等各类信息,也为家长提供了对学校工作进行评价和提出建议的渠道。通过家委会,家长们的知情权、评议权、参与权和监督权得以有效落实,家长能够深入了解学校的教育教学情况、对学校相关事务发表意见、积极参与学校活动并监督学校的各项工作,从而促进学校治理朝着更加科学、民主的方向发展。

但是在实际情况中,学校大部分家长主动参与学校治理的意识和能力都比较薄弱。究其原因,除了家长自身的主体意识和权利意识比较淡薄之外,学校许多教育活动的专业知识和技能含量比较高,一些家长缺乏相关的知识技能,也是他们不愿意参与其中的原因,甚至有的家长认为自己无权参与学校管理。但是家长参与学校治理是自身的权利和义务之一,因此,家委会主任就要成为主动参与学校治理的引领者之一。

早在亭林小学精心制定"十四五"规划之际,一场意义重大的意见征求恳谈会便应时召开,校级家委会副主任罗爸爸备受瞩目。作为家长群体的代表,他深知自己肩上的责任与使命。在会上,他条理清晰地阐述了自己的想法,每一条意见都饱含着他对孩子们成长环境的深度考量,展现出家长对学校发展的殷切关注。发言最后,罗爸爸真挚地表达了对学校规划蓝图的满心期待。除此之外,2024 年学校准备重新修订章程时,章程修订意见征求会应运而生。原校级家委会主任唐妈妈在会上积极发言。她先是对章程修订建议稿给予了充分肯定，称赞其既考虑到了学校教育的核心使命，又兼顾了现代教育理念下的多元需求。随后，唐妈妈结合自己丰富的教育参与经验和深入思考，提出了一系列宝贵意见和建议。她的发言体现了其高度的责任感，对学校的章程修订起到了重要的参考作用，也为学校将来的工作提供了新的思考和方向。两位家委会主任在主动参与学校治理方面发挥了良好示范作用，也彰显出家长在学校建设中不可或缺的积极力量。

希望在家委会主任的引领下，越来越多的家长能主动依托家委会这一平台，参与学校治理，为推动学校高质量发展积极出谋划策。

2. 家委会主任的角色定位——组织者

家委会主任是家长群体中的组织者，负责组织和协调家长们有序、有效地参与学校的教育教学活动。以下是家委会主任如何组织开展家委会相关事务工作、组织开展学生社会实践活动、组织开展整合家长教育资源等工作的具体做法。

1）组织开展家委会相关事务工作

各级家委会的工作内容可谓是千头万绪、纷繁复杂。其涵盖的范围极为广泛，涉及学校教育与学生发展的方方面面，从协助学校开展教学活动、保障学生安全，到关注学生心理健康、促进家校文化融合，再到参与后勤事务监督等，每一项工作都需要家委会成员付出大量的时间和精力，如同细密的丝线交织成一张庞大而复杂的教育支持网络。

在家委会的组织架构里，主任这一角色的重要性更是不言而喻。家委会主任就像是一艘航船的掌舵人，是整个家委会工作的引领者，肩负着为家长们指引方向的重任。无论是制订工作计划、安排活动流程，还是协调各方关系，家委会主任都需要以高瞻远瞩的目光和有条不紊的策略来确保一切事务顺利开展。

作为家委会的负责人和相关事务工作的组织者，家委会主任需要充分调动每一位家长的积极性和资源，将大家团结在一起，形成一个有力的团体。无论是组织家长参与学校的安全工作、协助学校举办运动会，还是筹备各类文化艺术活动，家委会主任都要精心策划、妥善安排，让每一位家长在合适的位置上发挥出自己的作用。

每个学期期初和期末的家委会会议对家委主任来说，是一个学期中最重要的工作之一，需要每个家委主任全力以赴。家委会主任作为会议的组织者，其角色至关重要，他们的工作质量直接影响会议的顺利进行以及其产生的积极影响。

在会议筹备阶段，家委会主任需要根据学校的工作安排、学生的发展需求以及家长关注的问题来确定会议的主题。例如，在新学期，主题可能涉及教学计划的调整、规章制度的解读；在考试阶段，主题可能包括备考协助和心理辅导等。同时，他们还需要制订详细且合理的议程，明确每个环节的时间和内容。

在通知参会人员的过程中，家委会主任需要采用多种方式，确保每位成员都能收到通知并及时安排好自己的时间。对于重要会议，他们还需要提醒成员准备相关事宜。此外，他们还需要准备充足的资料，如学校工作报告、学生成绩的数据统计、上次会议决议执行情况的报告等，以便成员了解当前的学校情况，从而做出合理的决策。

在会议进行过程中，家委会主任需要热情地开场，营造积极的会议氛围，介绍参会人员，阐述会议的主题和目的，引导讨论的方向，避免话题的分散。在出现冷场的情况下，他们需要巧妙地提出问题或观点，激发参与者的热情。同时，他们还需要保证各方都有发言的机会，安排学校领导介绍规划的重点、教师代表分享教学情况和需求、家长代表表达意见和建议，并且合理控制时间，保证每个环节的长度适中。对于临时出现的重要问题，他们需要记录下来，稍后再安排时间进行研究。

在会议的最后，家委会主任需要全面地总结讨论的内容，梳理学校的计划、家长的意见和建议，明确共识和分歧，进而引导成员形成具体可行的决议，确定责任人和执行的时间。在会议结束后，他们需要持续跟进决议的执行情况，定期检查工作的进展，向成员和家长反馈结果，并及时协调解决出现的问题。只有这样，家委会会议才能真正成为推动家校合作的有力工具，因为这关系到家校合作的深度和广度，影响着学生的成长环境。

2）组织开展学生社会实践活动

家委会主任作为学生、家长与学校之间的桥梁，其存在的价值不仅仅在于协助处理日常事务，更体现在其在学生社会实践活动中所扮演的"组织者"角色上。家委会主任应当充分发挥其职能，以提高学生社会责任感、创新精神和实践能力为目的，广泛发掘社区、镇域教育资源，设计一系列生活化、场景化、主题化的活动，培育具有亭林气质的"文义"好少年，助力学生的全面发展。

第一，家委会主任作为学生社会实践活动的组织者，可以充分借助家长的力量，有效地连接社会资源，丰富学生的实践内容。例如，暑期中，班级家委会主任吴爸爸了解到班里一位学生家长在银行工作，于是他找到这位家长，表明想组织学生到银行开展一次实践活动。在得到该家长的支持后，吴爸爸带领小蚂蚁中队部分代表，开展了"我是小小银行家"的岗位体验活动。在银行工作人员生动有趣的讲解下，队员们了解了一些简单的金融常识，初步掌握了一些辨别真假人民币的技巧。小吴同学在活动结束后写下了这样一段话：

"整整一个下午的体验活动让我体会和感受到，任何岗位的工作人员看似简单的工作、操作，其实都来自学生时代的学习以及参加工作后的积累。这种体验让我也更加明确了在学生时代的目标，为了将来成为一个对国家和社会的有用之人，我一定珍惜当下宝贵的学习时间，努力为以后打下坚实的文化基础，为实现中华民族伟大复兴贡献自己的力量！"

第二，家委会主任作为学生社会实践活动的组织者，可以引导学生进行深入的社会观察和独立思考。作为上海市摄影教学特色学校，我们把摄影教学纳入课程。我们的学生摄影社团有着四十多年的历史，在国际、国内摄影比赛中荣获多项奖励。假期中，家委会主任们协助学校精心策划并顺利开展了亲子摄影实践活动，让家长和孩子们走进城市沙滩、科技新农村、枫泾古镇、金山红色爱国主义教育基地等，让"亭小人"的足迹遍布金山的每一寸土地。学生们在走遍家门口美景的过程中，用镜头记录下家乡的美好，感受着家乡的发展，收获了满满的爱乡之情。

第三，家委会主任作为学生社会实践活动的组织者，可以为学生提供一个提升自我的平台，成就更好的自己。阅读是学校特色工作之一，近年来，学校的阅读活动辐射到了家庭。家委会主任牵头组织了丰富多彩的阅读活动，使家庭阅读常态化，更是充分利用村居图书馆资源，聚焦十五分钟阅读圈的打造，打通家门口最后一公里的阅读距离，夯实阅读圈的阵地建设。他们还鼓励家长带领孩子们积极加入阅读活动中来，每天利用十五分钟的时间与孩子共同阅读、吟诵，营造浓厚的家庭阅读氛围。

第四，家委会主任作为学生社会实践活动的组织者，可以带领学生感受优秀中华传统文化的魅力，坚定文化自信。亭林镇历史悠久，文化底蕴深厚，教育资源十分丰富。家委会主任曾先后组织各层面的学生走入职业体验实践基地，开展亲子职业体验活动，让学生走进家长从事的职业，更早地了解社会。比如亭林东林食品有限公司在中秋节前夕，开展了制作亭林月饼的实践体验活动；

在重阳节前夕，开展了制作亭林方糕的实践体验活动。学生们在职业体验活动中，了解了亭林月饼、亭林方糕的制作工艺，并亲手制作了这些传统美食。学生们品尝着美味的亭林月饼、亭林方糕，感受到了亭林本土文化的魅力。

3) 整合家长的教育资源

家长们来自不同的行业，每个人都有着独特的社会经验和丰富的阅历。若能深入挖掘并有效整合这些家长资源，积极引导家长借助家委会这一平台参与学校的教育工作，充分发挥家长们的优势，同时赋予家委会更多自主参与学校教育的权利，无疑是拓展家委会职能范围的有力之举。因此，家委会主任要主动把各类家长所拥有的教育资源整合起来。

家委会主任可以建立一个完善的家长资源数据库，详细记录每个家长的工作领域、技能特长和可参与教育活动的时间等信息。根据学校的教育计划和学生的发展需求，精准匹配家长资源，确保教育资源的利用达到最优化。而且，在整合过程中要注意沟通协调，尊重每个家长的意愿和时间安排，让家长们能够愉快且高效地参与到学校教育工作中来。通过这种方式，形成一个以家委会为核心、家长广泛参与、学校教育与家庭教育深度融合的良好教育生态。

3. 家委会主任的角色定位——示范者

在当今社会，教育不仅仅是学校的责任，更是家庭、社会共同参与的过程。家委会作为连接家庭与学校的桥梁，其主任的角色尤为重要。家委会主任不仅是引领者和组织者，更应该是家长群体中的示范者，通过自身的言行举止，影响和激励家长们积极参与学校的教育教学活动。

1) 重视家庭教育的示范者

家委会主任的示范作用首先体现在其对教育的高度重视上。一个优秀的家委会主任应该深刻理解教育的重要性，认识到自己在孩子教育过程中的作用。他们不仅要关注孩子的学业成绩，更要关注孩子的品德教育和全面发展。通过自己的实际行动，如定期参加家长会、积极与教师沟通、关注学校教育活动等，家委会主任能够传递出一种积极向上的教育理念，激励其他家长也更加重视和参与到孩子的教育中来。

◇ 案例

和孩子一起成长

年级家委会主任李妈妈的儿子小李聪明伶俐，正在上三年级。和其他家长一样,李妈妈对孩子的成长充满期待。但与一些家长不同的是,她深知教育并非只是学校的责任,家庭教育更是起着关键作用。从孩子踏入校园的那一刻起,李妈妈就开始深入思考自己在孩子教育过程中的角色和使命。

李妈妈自己就是一个热爱学习的人,在她的家中书房里摆满了各种各样的书籍。每天晚上,在孩子完成作业后,她都会抽出至少一个小时的时间和孩子一起阅读。她并不是简单地坐在孩子旁边监督,而是和孩子一起沉浸在书的世界里。他们会分享书中有趣的故事,讨论故事里的道理。有时候,遇到一本特别有意义的书,比如关于勇敢和友谊的故事,李妈妈会引导孩子思考在生活中如何展现勇敢,如何珍惜友谊。这种阅读习惯的培养,不仅仅是为了提高孩子的知识储备,更是在塑造孩子的品格和价值观。

小李有段时间因为贪玩而学习下滑。面对儿子的变化,李妈妈没有选择严厉的训斥,而是决定从自身做起,改变家庭教育的方式。她认为,家庭教育不仅仅是对孩子的学业指导,更是对孩子品格、习惯的培养。

于是,李妈妈开始了她的"家庭教育改革"。每天下班回家,无论多忙,她都会抽出时间陪小李阅读、讨论书中的故事,引导小李学会思考和表达。周末,她会带着小李在实践中学习知识,激发她的好奇心和探索欲。她还鼓励小李参加学校的社团活动,培养他的团队合作能力和社交技巧。

李妈妈的这些做法,很快就在家委会中引起了共鸣。作为家委会主任,她倡导家长们重视家庭教育,不仅关注孩子的学习成绩,更要关心孩子的兴趣发展和心理健康。

在李妈妈的带领下,家委会成为学校与家庭之间的桥梁,家长们的教育观念发生了显著的变化。他们开始意识到,家庭教育不是简单的监督和辅导作业,而是要成为孩子成长道路上的引路人。家长们纷纷效仿李妈妈的做法,用更多的时间和精力陪伴孩子,关注孩子的内心世界,帮助孩子建立正确的价值观和人生观。

像李妈妈这样重视家庭教育、乐于分享家庭教育智慧的家委主任还有许多,他们不仅口头传授"经验",还会积极参与各类优秀育儿故事征文活动、家庭教育指导案例征集活动等,梳理家庭教育过程中的点滴心得,并将这些心得总结成具有操作性、指导性的教育经验,并以故事的形式将优秀经验辐射给更多家长。其中家长们的《逃离 iPad》《只要"多一点"》《宝贝的"宝贝"》《因为爱……》《"陪"与"不陪"》等文章曾荣获区一等奖、三等奖,《只要"多一点"》一文还发表于《家庭教育时报》。

2）参与学校志愿服务的示范者

随着教育改革的推进，学校的育人活动数量增多，活动形式也越来越多元化。学校急切需要家长的支持和协助。但是部分家长还未深刻认识到这一转变对学生的影响，认为参加学校组织的志愿服务是一种负担，从而产生了一些负面情绪。基于此，家委会主任的示范作用还要体现在自身对学校组织的各类志愿服务工作的积极参与，从正面引导这些家长转变观念，让他们明白家长不仅要关心自己孩子的教育，还应关心整个学生群体的成长环境上。家委会主任可通过组织志愿服务活动、参与学校管理、协助解决学校实际问题等方式，展现家长在教育事业中的社会责任感。这种积极参与的态度能够鼓励更多的家长走出家门，为孩子创造一个更加良好的学习和成长环境。

随着学生入学数的不断增长，亭林小学开启了"一个学校两个校区"的办学模式。这种新的办学格局为学校发展带来机遇的同时也让学校面临了诸多挑战，其中之一便是护校志愿工作的开展。为了确保学生能安全上下学，家委会主任们以身示范，积极投入护校志愿工作。每天 7:20，护校队准时到岗，首先在门卫室签到，再披上志愿者马甲，戴好口罩，站在校门外的主干道两旁。有的负责为接送孩子的车辆开门，确保孩子安全下车；有的负责引导交通，疏通进校入口；还有的则在斑马线上护卫孩子们顺利过马路。到了 7:40 至 8:00 左右，上学高峰时段，护校队从家长手中接过孩子，引导车辆快速驶离，陪护孩子们安全进校。

除了每天早上的志愿护校能看到家委会主任的身影，学校的各类大型活动中也常常能见到他们忙碌地、尽心地协助老师完成各类工作的背影。当学校的锡剧小演员们去各地比赛或进行展演时，家委会主任会主动向领队老师"请缨"，积极帮助老师管理纪律、协助化妆；当一、二年级的学生开展期末闯关乐园活动时，家委会主任会和学科老师一起设计闯关游戏，协助班主任指导学生完成闯关。当学校开展元宵游园会时，家委会主任就化身为学生的指导者，手把手地教学生们制作元宵。

在这些志愿服务的过程中，家委会主任们不仅为学校和孩子们提供了帮助，也让其他家长看到了他们的积极态度和奉献精神。他们用自己的行动感染着每一个人，让更多的家长意识到，参与学校的活动，能为孩子们创造更好的成长环境。他们就像一颗温暖的太阳，在学校和家庭之间，散发着无尽的光和热，守护着孩子们的成长之路。

◆ 案例

一支特殊的护校队伍

新学年开学第一天，"秋老虎"高温持续，酷暑难耐。放学时段，家委会主任发现南校区校门外马路狭窄、场地有限，一些一年级新生家长急着接孩子，把放学出口通道堵住了。虽然在护校队耐心劝说之后情况有所好转，但是过一会儿又把出口堵住了。甚至有家长跨越蛇形通道的护栏，直接抱过孩子"抄近路"。在总结了第一天的护校经验之后，护校队改进工作方法，发现问题、及时反馈、及时解决，把服务工作做到了"最前线"。家委会主任及时和班主任一起在班级微信群中温馨告知每位家长接孩子不要着急，千万不能把出口通道堵住了，提醒他们遵守校纪校规、维护安全有序的校园环境也是每一位家长应尽的责任。同时，他们和学校一起，充分利用现有空间，不断完善学生进出通道。经过一周的努力，志愿护校队得到了众多家长的认可。现在，只要看到身穿志愿者马甲的护校队员，家长们都能非常放心地把孩子交到志愿者手上，安心地快速驶离繁忙的校门区域。虽然上下学的校门口依旧车水马龙，但是比之前更加井然有序了！

总之，家委会主任作为家长群体的示范者，其作用不容忽视。通过自身的言行举止，家委会主任不仅能够影响和激励家长们积极参与学校的教育教学活动，还能够促进家校合作，提升家庭教育水平，为孩子们营造一个更加和谐的成长环境。因此，我们应该充分认识到家委会主任的重要性，支持他们的工作，共同为孩子的教育努力。

第三章

科学引领：让专业性的力量凸显

在乡村学校发展背景下，专业引领成为推动社会协同、增强家庭教育指导的重要力量。本章从院校专家的引领、学校教师团队的指导以及家委会主任的示范三个层面，提出了一系列切实可行的策略；以搭建涵盖多主体、多维度的指导体系为目标，明确了一条全方位、系统性提升乡村学校家庭教育指导能力，乃至家校社合作能力的有效路径。

一、院校专家的引领

近几年来，亭林小学积极探索跨界合作，全力对接各类优质资源，致力于为构建多元、高效的家庭教育指导体系引入专业力量，推动学校家委会朝着"三有主任"的方向科学发展。

在提升家庭教育指导服务水平的诸多举措中，专家引领发挥着关键作用。学校主导建立起一个融合社区、社会组织、企业以及高校专家等社会力量与家庭的协同服务网络，通过多主体协同合作，整合各方优势资源，充分发挥不同主体的专业特长，有效突破了传统单一主体驱动模式下视域狭窄、服务与实际需求脱节的弊端。

尤其值得强调的是，院校专家凭借其精湛的专业知识和先进的教育理念，为家庭教育指导服务赋予了科学的内涵。他们的加入，不仅提升了指导服务的专业水准，更为培育家委会主任提供了有力支持。院校专家带来的先进教育理念和丰富实践经验，能够帮助家委会主任拓宽视野、打开格局，使其在工作中更具前瞻性和战略性思维，朝着"有格局"的家委会主任目标大步迈进，有力推动家校共育工作迈向新高度。

（一）明晰专家引领价值

院校专家往往在教育学、心理学、社会学等诸多领域深耕多年，拥有深厚的理论功底。他们能够将前沿的学术研究成果转化为通俗易懂的家庭教育知识，在专业知识、方法指导、教育视野等方面具有不可替代的价值，为构建优质家委会主任队伍以及家庭教育生态奠定了坚实基础。

第一，提供理论指导与前沿分享。院校专家拥有深厚的学术背景和丰富的理论研究资源，他们能够为乡村学校提供最新的教育理念、家庭教育理论及实践案例。通过专题讲座、研讨会等形式，专家们可以深入浅出地解析家庭教育的重要性、科学方法以及面临的挑战，为乡村教师及家长打开视野，引领他们紧跟教育发展的步伐。

第二，加强课题研究与协同合作。院校专家还可与乡村学校合作开展家庭教育相关的课题研究，针对乡村地区特有的教育环境、家庭结构等问题，提出切实可行的解决方案。这种合作模式不仅有助于解决实际问题，还能促进研究成果的转化与应用，为乡村家庭教育提供强有力的智力支持。

第三，提供师资培训与促进专业发展。院校专家还承担着培训师资队伍的重任。通过定期的培训课程、工作坊和在线学习平台，专家可以传授先进的教学方法、家庭教育指导技巧以及心理咨询等专业知识，帮助乡村教师、家委会主任提升专业素养，使其成为家庭教育的有效指导者。

（二）制定协作共建模式

目前，亭林小学为家委会主任提供的家庭教育指导服务多数遵循单一主体驱动逻辑，难以形成有效的教育合力，导致学校面临负担过重、质量参差不齐、回应性弱的执行困境。学校主要通过家长会、集体讲座、线上讲座等方式开展服务，形式较为单一，活动频率较低，服务内容系统规划不足，无法满足家委会主任对"系统的、持续的、连贯的"指导的需求，更无法就家委会主任个别化需求给予回应，导致家委会主任参与积极性并不高。对此，专家的"问诊把脉"显得尤为迫切。为此，我们主动与院校对接，初步形成了在院校专家引领下的合作共建模式。

第一，主动沟通联系。一是明确需求。学校首先要明确自身的教育需求和发展目标，如提高家委会主任水平、开展家长学校特色课程、进行协同育人科研项目等,以便有针对性地寻求院校专家的帮助。二是主动沟通。学校要通过电子邮件、电话、会议等多种方式,主动与院校相关部门或专家取得联系,表达合作意愿和具体需求。例如,我们相继参与和主持了家委会主任培养课题和代际学习研究等。三是定期反馈。建立定期的交流机制,如每学期或每学年举行一次交流会议,以便及时沟通合作进展、分享经验,并解决遇到的问题。

第二,建立合作机制。一是签订合作协议。在双方达成共识的基础上,签订正式的合作协议,明确合作内容、期限、双方的权利与义务等,为后续的深入合作提供法律保障。二是设立联合机构。学校提供条件为家委会主任建立专家指导工作室、课题研究中心组、联合工作室等,为小学与院校专家提供共同研究、教学和交流的平台。三是搭建信息共享平台。我们利用现代信息技术,建立信息共享平台,方便双方随时了解对方的最新研究成果、教学资源等信息。

第三,开展多元培训与实践活动。一是定制培训课程。院校专家根据家委会主任的实际需求和学校家庭教育指导的现状,量身定制培训课程,涵盖家庭教育理论、沟通技巧、活动策划等多方面内容,采用线上线下相结合的混合式教学模式,确保家委会主任能灵活安排学习时间。二是实践指导。安排家委会主任参与院校组织的相关实践活动,如家庭教育案例研讨、实地调研等,专家在实践过程中给予现场指导,帮助家委会主任将理论知识转化为实际工作能力。同时,学校也可以邀请专家进校,针对家委会组织的各类活动进行现场点评和指导,提升活动质量。三是成果展示与激励。学校定期举办家委会工作成果展示活动,鼓励家委会主任分享在专家指导下的工作经验和成果,对表现优秀的家委会主任给予表彰和奖励,激发他们的参与热情和积极性。

(三)拓展共享互动形式

共享互动形式是指通过互动和共享的方式促进人与人之间的交流和合作。在家委会主任建设中,学校为家委会主任搭建了由院校专家引领的共享互动平台,通过讲座式、论坛式、现场式、点评式等多种方式,培养家委会主任在家庭教育中的工作能力。

第一,讲座式。拓展学校与院校专家间的活动形式,促进知识传递、思维碰撞与教育资源共享。邀请院校专家前往小学举办讲座或工作坊,分享最新教育理念、教学方法与科研成果。例如,利用远程教育技术,专家可在线上为校级家委会及班级家委会主任开展家庭教育指导讲座,实现高校专家与小学之间的实时在线交流与指导。例如,2022年7月的一个晚上,华东师范大学的李家成教授在线举办了主题为"共学互学，一起成长"的讲座。李教授从"家庭学习，每个家庭成员都参与""家校合作，为家庭学习和学校学习助力""家社融合，面向更开放、更复杂的世界"三个方面，通过大量生动案例为家长提供了兼具理论高度与可操作性的指导。

第二，论坛式。组织学校与院校专家共同参与教育论坛，围绕特定主题展开深入的讨论。设置圆桌讨论环节，让家委会主任与专家围坐一起，针对共同关心的问题进行对话。根据讨论主题，将参与者分组，每组由一位专家引导，展开更深入的探讨。论坛结束后，可组织成果展示或报告会，让家委会主任和专家分享各自的见解与收获。例如，2021 年 3 月，华东师范大学基础教育所游韵副教授在区融合育人家校社协同育人项目研讨及培训活动中，指导近 130 名首批"种子家长（家委会主任）"参与论坛活动设计。通过分组互动、大组交流的方式，帮助家长在"确定项目、参与情况、交流分享"中领悟"种子家长"角色的独特内涵。在分组互动环节，游韵教授首先引导各组围绕本校计划开展的协同育人重点项目展开讨论，随后鼓励家长积极参与和反思，最后邀请四个小组进行交流分享。家长们通过直接体验，对家长的主体性和家校的协同性有了更深刻的理解与感受。此环节中，家长们参与热情高涨，现场气氛异常热烈。

第三，点评式。院校专家对学校家校协同育人项目或学习成果进行点评与指导。设立专家咨询时段，便于老师与专家进行一对一交流，获取更具体的建议；组织作品展示会，邀请专家现场点评，同时鼓励参与者互相学习；搭建在线点评平台，学校上传作品后，专家可在线点评，方便学校随时查看与反思。例如，在"你好，寒假"总结会上，学校家委会主任唐婷婷作了"当亭小初遇'你好，寒假'"的主题报告。她从学校家委会的角度，围绕"相遇'你好，寒假'""初想'你好，寒假'""启动'你好，寒假'""所获'你好，寒假'"四个方面，分享了自己对该项目的思考、行动与收获。三(7)中队李同学妈妈则从班级家委会主任的角度，分享了寒假特色班级活动的开展情况。华东师范大学李家成教授从如何理解寒假、如何从寒假过渡到开学、家委会如何更好发挥作用这三个方面进行了点评。在专家的指导下，亭林小学家委会主任不断成长，影响力逐渐扩大。通过"你好，寒假"项目的实践，学生、家长与教师实现了互学、共学，在家校社协同过程中落实了"五育并举"，为学生的幸福成长赋能。

第四，现场式。院校专家莅临学校，对实践教学、项目推进等活动进行现场指导，助力家委会主任在实践中学习与成长。在学校承办的以"代际学习，让教育更美好"为主题的全国代际学习研究联盟 2024 年第一届会员会议暨区域性推进代际学习研究现场研讨会中,我们充分挖掘专家资源,借助主题论坛及圆桌点评等环节,请高校专家结合学校的经验与做法,从不同专业角度给予引领(见图 3-1)。例如,华东师范大学教育学系王保星教授从"大教育"与"大学习观"的教育视角出发,针对课程保障机制、主题保障机制、文化保障机制等方面提出合理化建议。通过现场研讨,我们直面问题,进一步明确了"机制要打通、理念要贯通、家庭要参与"的组织形式,提升了从典型案例中探寻普遍规律的能力,为代际学习领域的研究发展指明方向,也为与会者提供了极具价值的思考与实践建议。

通过多种方式构建共享互动平台,实现了资源共享,既丰富了家委会主任的实践体验,又激发了专家和家委会主任之间的思维碰撞。同时,家委会主任也在与专家的互动中不断提升自身的育人能力。

图 3-1　区域性推进代际学习现场研讨会

(四) 推进多维主体融合

多维主体融合是指在多个主体之间进行深度融合和协同合作的过程。这种融合不仅涉及不同主体之间的互动和合作,还强调在多个维度上进行整合和优化,以实现共同的目标或提升整体效能。学校为了撬动社会各方协同合作、切实增强家庭教育指导力量的关键支点,从资源整合、团队建设、协同创新、社区参与四个维度深入推进,达成融合主体力量的提升。

第一,资源整合。整合学校与院校的教育资源,如师资力量、教学设施、科研项目等,实现资源共享和优化配置。一方面,积极整合小学与高校之间的教育资源,实现联动合作。小学扎根乡村基层,熟悉当地学生及家庭的实际情况,有着丰富的一线教学实践经验;院校则汇聚了众多高学历、高素养的专业人才,掌握前沿的教育理念与学术成果。将双方的师资力量进行有机融合:院校教师定期到乡村小学开展专题讲座、培训活动,为小学教师带去前沿的家庭教育指导理论知识;小学教师则为院校教师提供真实的教学案例,辅助理论研究落地实践。同时,双方共享教学设施,院校的实验室、图书馆等资源以线上线下结合的方式向乡村小学开放,拓宽学生视野;在科研项目上,联合申报与乡村家庭教育相关的课题,让理论研究扎根乡村土壤,实现资源的最大化共享与优化配置。

第二,团队建设。鼓励学校与院校的教师、研究人员等组建跨学科、跨领域的专业团队,共同开展教育研究和实践活动。打破学科界限,汇聚教育学、心理学、社会学等多学科人才,从不同视角剖析乡村家庭教育面临的问题。例如,在应对隔代教育引发的亲子沟通障碍时,心理学专家负责剖析家长与孩子的心理状态,教育学专家据此设计针对性的沟通引导方案,社会学专家则深入研究当地的社会文化因素对家庭教育的影响,各方协同发力,共同开展深入的教育研究和形式多样的实践活动,如亲子互动工作坊、祖辈家长课堂等,切实提升家庭教育指导的实效性。

◆ **案例**

家庭教育宣传月系列活动

亭林小学地处农村地区,在教育发展的征程中面临着诸多挑战,尤其是在家庭教育领域,隔代教育现象极为普遍,亲子之间的沟通障碍日益凸显,成为横亘在孩子健康成长道路上的一大难题。为有效破解困局,学校深入学习贯彻习近平总书记关于家庭教育的重要论述,以坚定的决心和切实的行动,致力于推动家庭教育工作以及家校社协同育人的深入发展。学校紧紧抓住家庭教育宣传月这一有利契机,与区域内的心理专家携手组建教联体,开展深度合作,成功构建起一支跨学科、跨领域的专业团队,为乡村家庭教育的革新注入了强大动力。

在合作推进过程中,学校积极整合各方资源,精心策划并组织开展了一系列精彩纷呈且极具针对性的家庭教育讲座。学校盛情邀请金山区家庭教育讲师团的胡卫东老师,为低年级学生家长带来了一场主题为"亲子活动中家长的角色与功能"的精彩讲座。胡老师凭借深厚的专业知识和丰富的实践经验,深入浅出地剖析了家长在亲子互动中的关键角色和重要功能,为家长们指明了正确的方向。同时,学校还邀请了金山区精神卫生中心心理健康促进科的国家二级心理咨询师李琳医生,为高年级家长开展了以"情绪调节,表达小能手"为主题的讲座。李医生通过生动的案例和专业的讲解,帮助家长们掌握了情绪调节的有效方法,提升了亲子沟通中的表达能力。此外,学校积极组织家长参加金山区"家长慧"家校共育大课堂,共同聆听于音老师带来的《和谐亲子 幸福金山——亲子有效沟通与家庭教育》讲座。这些讲座犹如一场场"及时雨",为家长们提供了宝贵的教育智慧和实用的沟通技巧。

这一系列讲座对家长们产生了深远的影响,让他们在家庭教育观念和方法上有了全新的认知和改变。四(6)班田同学的妈妈对此深有感触,她深刻认识到过去自己在家庭教育中,在心理健康和情绪管理方面存在着诸多不足与误区。这些讲座不仅传授给她许多实用的情绪表达和调节方法,更重要的是让她清晰地意识到,作为家长,不仅要学会管理好自己的情绪和心理状态,还要时刻关注孩子的心理动态。一旦发现孩子存在心理健康问题,家长应及时调整教育方式和策略,给予孩子更多的关心和爱护,为孩子们营造一个充满温暖与关爱的成长环境。

五(4)班顾同学的妈妈也收获颇丰,她谈道:"我深切体会到了夸奖孩子的重要性。夸奖并非简单的赞美之词,而是对孩子努力的高度认可和真诚鼓励。在夸奖孩子时,我们要做到真诚而具体,比如'你今天的作业写得非常认真,字迹工整又美观,真棒'!这样具体的夸奖能让孩子清楚地认识到自己的优点。同时,要注重夸奖孩子在过程中所付出的努力,让他们明白,即便结果不尽如人意,努力本身也是值得肯定和赞扬的。此外,我们还应善于发现并夸奖孩子的独特性和创造力,像'你的这幅画创意十足,颜色搭配更是别具一格!'这样的夸奖能够极大地激发孩子的想象力和创造力。总之,夸奖孩子要把握好度,做到真诚自然,让孩子真切感受到我们的爱和关注。如此,夸奖才能成为孩子前进道路上的强大动力,让他们更加自信从容地迎接生活中的各种挑战。"

经过一段时间的不懈努力,学校的亲子沟通状况得到了显著改善。孩子与父母之间的关系愈发亲密融洽。在学校里,孩子们的表现也更加积极主动,学习热情高涨,综合素质得到了全面提升。与此同时,学校的教育质量也实现了明显提高,乡村家庭教育与学校教育呈现出协同发展的良好态势。

这一成功实践案例充分彰显了跨学科、跨领域团队在解决乡村教育问题,尤其是家庭教育问题方面所蕴含的强大力量和发挥的积极作用,为乡村教育的持续发展提供了宝贵的经验。

第三,协同创新。推动小学与院校在科研项目、课程开发、教学方法等方面的协同创新,提升双方的教育水平和科研能力。我们着力推动小学与院校在多个关键层面的协同创新。在科研项目方面,围绕乡村家庭教育的痛点、难点问题,如家长教育观念陈旧、家校合作不畅等,联合组建科研攻关小组,院校提供理论支撑与研究方法,小学提供一手调研数据,合力探索解决方案;在课程开发方面,依据乡村学生的成长特点与家庭需求,共同开发具有乡土特色的家庭教育校本课程。这些课程融入乡村文化、农耕知识等元素,让课程既接地气又富有内涵;在教学方法方面,双方互相借鉴,院校将先进的线上教学、混合式教学模式引入乡村小学,小学则将情境教学、体验式教学等实践经验分享给院校,以此提升双方的教育水平和科研能力,为乡村家庭教育注入创新活力。

第四,社区参与。鼓励小学与院校的合作项目融入社区,邀请家长、社区成员等参与教育活动,增强教育的社会影响力。积极鼓励小学与院校的合作项目深度融入社区,搭建社区教育平台,邀请家长、社区成员广泛参与各类教育活动。例如,举办社区家庭教育文化节,设置亲子才艺展示、家庭教育经验分享会等环节,让家长在轻松愉悦的氛围中学习家庭教育知识;开展社区家长志愿者培训活动,院校与小学联合为家长赋能,使其具备协助学校开展家庭教育指导的能力,进而增强教育在乡村社会的影响力,形成家校社共育的良好生态,全方位助力乡村家庭教育指导能力的提升。

(五) 激发内在力量变革

内在力量,是一种积极的情绪状态以及相应的积极思维习惯。家委会主任要唤醒自己的内在力量,就需要不断地修正自己,提升自我掌控力量;不断地分享,提升自我榜样力量;不断地实践,提升自我示范力量。在乡村学校家庭教育指导能力提升的进程中,专家引领对于家委会主任改变起着至关重要的作用,它影响着家委会主任内在力量的变革。

第一,提升自我掌控力量。一是明确改变的目标。设定具体、可衡量、可实现、相关性强和时限明确的目标,有助于家委会主任更好地理解和执行改变。二是建立信任与尊重。尊重家委会主任的意见和决策,通过积极参与家委会活动、表达支持和认可家委会主任的努力,建立更牢固的信任关系。三是提供资源与培训。家委会主任可能缺乏某些特定的技能或知识,如项目管理、沟通技巧或冲突解决等。通过专家提供相关的培训资源，如在线课程、研讨会或专业书籍，帮助家委会主任提升自我，更好地履行职责。四是鼓励创新思维。鼓励家委会主任勇于尝试新方法、新思路，以应对家校合作中的挑战，激发家委会主任的灵感和动力。

第二，提升自我榜样力量。专家鼓励家委会主任树立家庭教育的榜样，把自身在教育自家孩子时行之有效的方法、经验分享给其他家长，让其他家长看到成功家庭教育的可能性，从而激发起他们积极改变、提升家庭教育质量的决心。例如，作为一名二孩爸爸，亭林小学校级家委会副主任罗爸爸在多年与孩子的相处过程中，认为"恰到好处"的养育能帮助孩子在自由与规则的边界中，找到自己想要的人生。通过《"恰到好处"的帮助》《"恰到好处"的陪伴》《"恰到好处"的榜样》《"恰到好处"的规则》四个小故事讲述了"恰到好处"的养育理论。此文在上海市"我的养育智慧"征集评选中被评为市优秀征文。

其中，在《"恰到好处"的榜样》中，罗爸爸这样写道：

我们家是四代同堂，我妈妈对家里的老人一直照顾有加。老人腿脚不好，行动不便，每天，我妈妈会不厌其烦地把饭端到老人房间里给她吃，也会打好水给老人擦身体，去年冬天感染新冠病毒后，每天会给老人拍拍背……这些行为都被两个孩子看在眼里，他们有时也会去效仿。当老人想要从房间移到客厅时，两个孩子只要有空，就会去搀扶。女儿每次出去春游，都会给老人带一些礼物，儿子每次有好吃的零食，都会分给老人一些，他们都在用自己的方式来表达对老人的"照顾"。我想，这不正是中华民族尊敬老人的优良传统吗？相比学校里《道德与法治》书本上的事例，发生在孩子身边的榜样事例正"恰到好处"。

作为家委会主任，应充分思考作为父母的养育之路，放下焦虑，给孩子试错的机会，不做事无巨细的"超人父母"，在恰当的时间给他们"恰到好处"的养育。在整理、撰写、思考和研究过程中，专家型的家委会主任已然成型，不但形成典型案例的做法，而且在引导孩子体验责任感和胜任感的过程中，悄然发挥着育人的潜移默化作用，从而让他们积淀了未来闯荡世界的能力。

第三，提升自我示范力量。专家的资源是无限的，他们是乡村学校发展和家委会主任成长的一个关键角色，不仅是知识传授的桥梁，还在学校的教育活动策划中发挥着不可或缺的作用。他们通过组织各种活动和提供必要的支持，帮助学校更好地实现教育目标，同时也促进了家委会主任与学校之间的沟通与合作，增强了学校的凝聚力和家委会主任的动力。例如，联合国教科文组织终身学习研究所优质学习生态系统团队在华东师范大学上海终身教育研究院的带领下,参加了由亭林小学校级家委会副主任罗爸爸策划组织的红阳村代际学习活动。在活动中,参与者参观村史馆、体验搓草绳、做绢花、剪纸、制作艾香……让外国友人和专家直观感受到了中华优秀传统文化的魅力以及中国劳动人民的智慧(见图 3-2)。

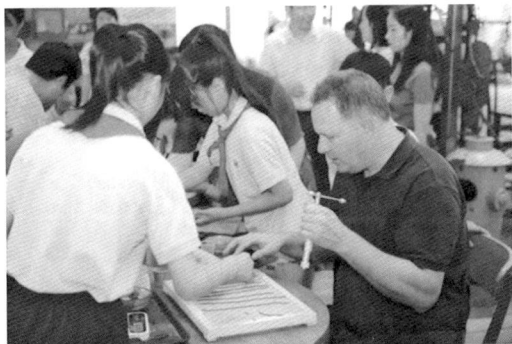

图 3-2 联合国教科文组织终身学习研究所优质学习生态系统团队来校外基地考察

拉哈特·兹霍尔多沙利耶娃(Rakhat Zholdoshalieva)女士表示:"这是一次非常难忘的体验,不仅让我们看到了中小学生、社区中的老年人作为终身学习者,也让我感受到了他们作为文化传承者的使命担当。并且这样的体验,也让我们更清楚地看到了这样生动的实践是如何组织、运行与保障的。"道格拉斯·安德鲁斯(Douglas Andrews)先生表示:"我们从这样的实践样态中看到了诸多与众不同的闪光点:不仅仅教师是教育实践的主体,学生以及他们的家长、家庭成员都是终身教育、终身学习的主体;不仅仅是同辈之间的交往、学习,而且是生动、多样的代际之间的互学共学,这些都让我印象深刻且深受启发。"

以社区资源为载体,开发相应的学习项目,激发生动的家校社协同育人,家委会主任在专家引领和平台帮助下,自主策划的协同育人活动在联合国平台上大放异彩,三代同台展示,充分彰显了家委会主任的力量,更凸显了基于中国文化情境下家校社协同育人的独特性与价值性。

二、学校教师团队的指导

在培育"三有"家委会主任的过程中,学校教师的指导起着至关重要的作用,尤其是小学校长、德育主任及班主任,他们各自肩负着独特且不可替代的职责。

（一）校长领导力的引领

《中华人民共和国家庭教育促进法》的实行及"双减"的落实，考验着校长的人格魅力、职业智慧和教育情怀，也考验着校长家校合作的领导力。校长作为学校的领导者，在培育家委会主任的工作中发挥着引领航向的作用。校长能够为家庭教育指导工作高瞻远瞩地指明方向，有效统筹协调学校内外的各方资源，营造出浓厚且适宜的家校合作氛围。在这样的氛围中，家委会主任能够接触到更多优质的教育资源和先进的教育理念。在校长的引领下，学校在家庭教育领域不断开拓创新，这不仅推动了教育理念的更新迭代，也促使家委会主任在实践中不断深化对家庭教育的理解与认知，从而更好地发挥自身在家庭与学校之间的桥梁纽带作用。

1. 校长要具备对家庭教育的整体规划力

校长在引领和指导家庭教育以及家委会主任方面发挥着领导力作用，需要解决家庭教育中存在的共性与个性问题。他们应着眼于提升家长，特别是家委会主任的教育素质，为学生的全面发展与健康成长奠定坚实的基础。

一是建章立制，统筹规划。校长要始终把家庭教育指导工作作为重要内容列入学校规划及学校年度工作计划、德育工作计划，每学期至少召开两次专项会议，构建全员参与的家庭教育指导工作体系。要形成较完善的制度保障，明确各级家委会主任职责、权利和义务，让他们参与学校民主管理有章可循。例如，亭林小学校级家委会每学期召开两次会议，家委会主任参与制定和修改学校章程、协助制订学校的发展规划、教育活动计划，参与学生评价，参与学校涉及学生利益的重大事项协商，决定其他重大事项等。

二是组织健全，机制驱动。校长要成立由本人任组长的组织领导机构，将家庭教育工作纳入日常管理，构建好班级、年级、校级三级家委会管理网络。例如，亭林小学校家委会主任和副主任由学校颁发聘书，三级家委会主任率先驻校参加项目管理，及时反馈家长对学校工作的意见和建议，以及家庭教育过程中遇到的痛点、难点、堵点，增进了家校间的相互理解和支持。为更好地凝聚家委会力量，协调社会资源参与学校教育管理，学校还成立了以校长为组长，党支部监督，由工会主席、德育副校长、德育主任、教导主任、总务主任、团队干部、年级组长、家委会主任、社区代表等组成的学校家庭教育工作领导小组，进行监督、反馈、指导，定期召开会议，加强对家庭教育的调研、决策和管理。

图 3-3　张蓓蕾校长在 2024 年 7 月首届"家委会主任工作与发展"全国研讨会上发言

三是资源引入，协同育人。校长要充分利用各类育人空间，寻求镇政府、镇文旅及社会单位的支持，构建并形成家校社一体的协同育人机制；整合各界育人资源，联动家长、教师、社区、公安、消防、高校资源、医疗和心理健康等专业机构，完善协同育人的教育服务体系，为家庭教育的发展提供有力的支持。通过构建校内、校外教育网络，内部与外部形成合力，构建一个全方位、多层面的家庭教育结构体系，提供更多资源，达到社区共同参与，齐抓共管，为全员、全程、全方位育人提供组织保证。

2. 校长要具备对家庭教育的科学指导力

校长作为学校的领航者，应确保家校合作有方向、有目标，要能敏锐洞察家庭教育痛点，用专业知识为家长拨开迷雾，以精心搭建的平台为家校共育架桥铺路。校长应主导建立家校合作的有效机制和平台，为家长提供学习交流的机会，同时也为家委会主任提供展示和成长的舞台。此外，应重视家委会主任及成员的工作贡献，通过表彰、奖励等方式给予肯定和激励，激发他们参与学校管理和家庭教育指导的热情和动力。

一是家委会会议赋能。校长肩负着为家庭教育提供科学指导的重任，是家校合作的关键推动者。搭建家校合作平台是首要任务，一方面，定期召开家委会会议意义非凡，它能让家长代表齐聚一堂，共同商讨学校发展、学生成长等诸多事宜。校长应在此过程中精准传达教育理念与办学方针，确保家校目标一致。比如，每月固定时间举行全校家委会大会，聚焦当下教育热点，商讨在"双减"政策落实下如何在家校协同中助力学生综合素质提升，通过面对面交流，碰撞出智慧火花。

二是家长学校开课。校长组织校内骨干教师以及校外专家担任讲师，精心设计涵盖亲子沟通技巧、学生心理发展规律解读等丰富课程，以线上线下结合的灵活方式供家长随时学习。线上利用专属 APP 推送短视频课程，方便家长利用碎片化时间提升育儿知识；线下则开展周末专题讲座，邀请家长沉浸式学习。例如，亭林小学成立了"文义"家长学校以及"五心"家长工作室，以确保工作的稳定和持续开展。学校紧紧依托"爸爸（妈妈）班主任"一日驻校运行机制，创新家校合作模式，实现协同育人。家委会主任担任驻校项目工作小组组长，指导班级爸爸（妈妈）班主任开展工作，如制订学期爸爸（妈妈）班主任驻校安排表、制订工作手册、做好岗前培训（包括理论培训、操作培训和实践培训）、召开动员大会、建立评价体系等，让家长切实参与到学校育人过程当中，实现家校同步教育。

三是专属平台搭建。校长要打造专属的家校合作线上交流平台，集信息发布、问题反馈、经验分享于一体。要安排专人运营，保障信息及时更新，让家长随时可在上面交流孩子学习、生活问题，如分享孩子青春期叛逆的应对策略，让家长们在互助中前行，为家校合作的顺畅运行筑牢根基，全方位保障家校共育稳步推进。

3. 校长要具备领导家长学校的课程领导力

当前，我国经济、社会和人口发展正处于重要转型期，许多深刻的变化在重新塑造农村中小学生的生存环境。特别是家庭结构的变化，给农村中小学生的教育和成长带来许多新的问题。

校长要具备教育理念传播能力，要能够清晰、准确地向家长传达学校的教育理念。这包括学校的办学宗旨、培养目标、课程设置理念等。例如，在家长学校的开学典礼或者专题讲座上，校长可以通过生动的案例、通俗易懂的语言向家长解释素质教育的重要性，以及学校如何在日常教学中落实素质教育理念，让家长理解并认同学校的教育方向。

校长要具备课程设计与组织能力。对于家长学校的课程，校长需要参与设计和组织。课程内容可以包括家庭教育方法、学生心理发展规律、教育政策解读等多个方面。校长要根据家长的需求和学生的实际情况，合理安排课程的顺序、内容深度和教学方式。例如，对于低年级学生的家长，可以重点设计亲子阅读、习惯养成等课程；对于高年级学生的家长，可以安排升学指导、青春期教育等课程。如亭林小学依据国家及本市家庭教育指导大纲，以问题和需求为导向，积极建设家长学校三类课程：基础课程、专题课程和个性化课程。同时，根据学校实际情况建设了学校特色课程，并科学设计教学内容。

4. 校长要具备促进家校合育的协调整合力

只有让学校教育和家庭教育两条腿真正协调统一起来，形成家校育人合力，才能让孩子在生命成长中迈开双脚、快乐飞翔。对此，校长还要有协调和整合能力。

一是要具备沟通协调能力。校长要和家长进行有效的沟通。这不仅包括在家长学校活动中的面对面交流，还包括日常的线上沟通渠道的维护。比如，定期组织家长会，分享学生在品德修养、社会实践、兴趣特长发展等方面的综合表现，让家长全面了解孩子在校情况；同时，设置专门的家长意见反馈环节，认真倾听家长对学校管理、教学安排等方面的看法与建议。此外，校长还要协调学校教师团队与家长之间的关系。例如，当教师和家长在学生教育问题上出现分歧时，校长要能够及时介入，听取双方的意见，找到解决问题的最佳方案，维护良好的家校关系。

二是要具备资源整合能力。对内整合学校的师资力量，挑选有经验、沟通能力强的教师组成家校合作工作小组，专门负责策划和实施家校合育活动，如亲子教育讲座、家长志愿者活动培训等；对外积极联系社会资源，与教育专家、心理咨询师、社区工作人员等建立合作关系，邀请他们为家长和学生提供专业的教育指导与社会服务体验。例如，在学校第14届教学节中，校长组织了主题为"以家校社合作建设命运共同体"的专题讲座以及研讨，以线上线下相结合的形式，组织"四地八校"的教师与家委会主任共同学习。案例中的"人人都是终身学习者、人与人之间形成共学互学、学校家庭社会协同育人"三个观点，强化了学校和家长协同育人的共识，帮助家长树立了协同育人的新理念。

许多家委会主任在这样的联动活动中迅速成长起来。二(2)班徐同学妈妈这样说道："今天有幸参加了这样的研讨活动，让我受益匪浅。作为家长，在教育孩子方面有着许多困惑和疑问，我逐渐明白了成人主要在家庭教育，成长主要在学校教育，成事主要在社会教育！家校合作的目的是促进家庭教育和学校教育一致，形成合力，促进学生在品德、学业和身心各方面良好的发展。因此，我们家长与学校要经常保持沟通、配合，在教育方面尽可能保持同步和一致。

让我们的孩子成长为——好身体、好品德、好习惯、好性格、好学习的'文义'少年。"

5. 校长要具备对家庭教育的科学评价力

校长需要制定科学合理的评价指标，对家校合作的活动效果、家长参与度、学生成长变化等进行定期评估。例如，通过问卷调查家长对家校活动的满意度、观察学生在家庭和学校表现的前后对比等，总结经验教训，及时调整家校合育的策略与方法，确保家校合育工作持续有效地开展，为学生的健康成长和全面发展提供坚实有力的保障。

校长凭借自身的领导力，为家庭教育指导工作指明方向，统筹协调各方资源，营造有利于家校合作的良好氛围，引领学校在家庭教育领域不断探索创新，推动教育理念的更新与实践的深化。

（二）德育主任指导力的支撑

德育主任肩负着向家委会主任传递学校德育理念的重任，通过定期的培训、交流会议等形式，确保家委会主任能够深入理解并准确向家长传达学校的德育目标、原则和方法。同时，德育主任也会引导家委会主任去了解家长的教育期望，鼓励家委会主任积极与家长沟通，收集反馈信息。在这个过程中，德育主任会帮助家委会主任分析学校德育理念与家长教育期望之间的关系，共同寻找两者的契合点。通过这种方式，德育主任不仅提升了家委会主任的家庭教育指导服务能力，也促进了家庭与学校在德育工作上的协同合作，为学生营造出更加良好的德育环境，助力学生在品德和学业上全面发展。

1. 提升家庭教育指导的专业性

德育主任需要透彻理解国家关于家庭教育的相关政策法规，如《中华人民共和国家庭教育促进法》等。这些政策法规明确了家庭教育的方向、家长的责任等内容，为指导家庭教育提供了依据。德育主任作为家委会与学校之间的桥梁，能够更有效地传达学校的教育理念、政策和活动安排，同时也能将家长的需求和反馈及时反映给学校。通过与家委会主任的紧密合作，德育主任能够更深入地了解家庭教育的现状和需求，从而制订更具针对性的家庭教育指导计划。

一是专业培训与指导。德育主任作为学校德育工作的专业引领者，深知自身肩负的提升家委会主任专业素养的重任。为了不断充实自己并更好地指导他人，德育主任积极踊跃地参加各级各类专业培训，持续汲取先进的教育理念和方法。在培训结束后，德育主任会迅速将所学知识转化为对家委会主任及成员的培训内容。培训内容丰富多样，涵盖了家庭教育理念的更新、沟通技巧的提升、活动策划与执行的要点等多个关键方面。通过这些专业培训，全方位提升家委会主任的专业素养和工作能力，使其能够在家庭教育和家校合作中发挥更大的作用。

以学校德育主任参加家校社共育研究联盟 2023 年"你好，寒假！"项目进展交流会为例。在交流会上，德育主任聚焦学生假期实践，不仅认真学习了其他优秀案例和经验，还积极分享了本校在相关工作中的实践成果。会议结束后，德育主任立即组织学校家委会主任开展学习研讨活动。在研讨过程中，德育主任详细介绍了"神秘的发现之旅"、一年级小学生第一个寒假中的"学会学习"项目、"月月思读"、"五点故事会"、"阅读分享上年夜饭桌"等活动以及"你好，寒假！"学生玩伴团跨学科项目的实施情况和学习成果，毫无保留地与家委会主任进行了深入交流。通过对这些案例的剖析和讨论，极大地提升了培训的针对性和实效性。

德育主任凭借自身的专业知识和丰富经验，为家委会主任提供了精准的教育知识和专业指导。在交流中，德育主任帮助家委会主任深入理解先进的教育理念和科学的教育方法，让家委会主任能够将这些理念和方法更好地运用到实际的家委会工作中。例如，在活动策划方面，德育主任指导家委会主任如何根据学生的年龄特点和兴趣爱好设计活动主题，如何合理安排活动流程以确保活动的顺利进行；在与家长沟通时，教导家委会主任如何倾听家长的意见和需求，如何用恰当的语言表达自己的观点和建议。

志同道合，方能同频共振。无论是老师之间、学生之间、家长之间，还是师生之间、老师与家长之间、学生与家长之间，抑或是空间层面的家校社之间，彼此的志同道合都是一个项目长期有效发展的重要基石。只有各方形成合力，才能让老师、学生、家长一起享受美好而又充实的假期，最终实现各自的自我成长。而德育主任对家委会主任的专业培训和指导，正是在不断凝聚这种志同道合的力量，推动家庭教育和家校合作工作不断向前发展。

二是项目合作与驱动。德育主任充分认识到通过项目合作来提升家委会主任能力的重要性，因此积极推动并主导了一系列需要与家委会主任长期协作的项目，如校园文化建设项目、学生寒暑假关怀项目等。这些项目成为家委会主任成长的重要实践平台。

在校园文化建设项目中,德育主任凭借自身的专业知识和经验,从学校历史文化挖掘、校园环境布置、文化活动开展等多个维度,为家委会主任提供全面且深入的指导。德育主任会带领家委会主任深入了解学校的历史底蕴和文化特色,引导他们思考如何将这些元素融入校园环境的布置和文化活动的策划。例如,在设计校园文化长廊时,德育主任会与家委会主任一起探讨展示内容和形式,让家委会主任明白如何通过校园环境的营造来潜移默化地影响学生的价值观和审美情趣。

在学生寒暑假关怀项目方面,德育主任更是发挥了关键的引领作用。以亭林小学为例,德育主任组织校级家委会主任共同制订"'龙'浓亲情,拍出幸福"寒假活动实施方案。在方案制订过程中,德育主任结合学校摄影特色,对不同年级的活动内容进行了精心规划,确定了在一、二年级拍年"画",三年级拍年"俗",四年级拍年"味",五年级拍年"祝福"系列活动,旨在让学生用最传统最热烈的新年庆祝方式,体验浓浓的年味儿。

在整个项目实施过程中,德育主任不断给予家委会主任具体的指导和建议。从活动前期的准备工作,如物资采购、场地安排,到活动中的组织协调,再到活动后的总结反思,德育主任都会与家委会主任一起分析每个环节的要点和可能出现的问题,引导他们学习有效的家庭教育指导方法和策略。例如,在活动中如何引导家长和孩子更好地互动,如何通过活动培养孩子的观察力、创造力和团队合作精神等。

此外,德育主任还会经常组织家委会主任之间、家校之间的经验分享会。在分享会上,家委会主任们可以交流在项目实施过程中的成功经验和遇到的问题,互相学习,共同进步。德育主任会对大家的分享进行点评和总结,进一步强化家委会主任对家庭教育指导方法和策略的理解与应用。通过这些项目合作与经验分享,家委会主任在实践中不断提升自己的能力,为更好地开展家庭教育和家校合作工作奠定了坚实的基础。

三是资源整合与利用。德育主任要善于整合校内外资源,做好家长专业知识引入,并建立家长资源库,全面了解家长的职业与专长。可以邀请专家学者、家长等开设讲座或指导,为家委会主任提供更多学习资源和支持。例如,校级家委会主任是幼儿园老师,学校充分发挥其特长和职业特点,充实学校的寒暑假计划制订和活动的组织和推动。校级家委会副主任是村居的主要负责人之一,暑期可以为孩子们提供校外教育资源,根据地缘特色组织相关活动,让孩子们对家乡有更多的了解，增强文化自信。

德育主任要做实家庭教育环境协同，与家委会主任密切合作，引导家长营造良好的家庭教育环境。家委会主任在接受培训后，能够掌握更多的家庭教育知识和技巧，这对于提升他们的家庭教育水平具有直接作用。德育主任通过与受过培训的家委会主任合作，可以借鉴和吸收他们的家庭教育经验，进而提升自己的家庭教育指导能力。

家校间因为有家委会的链接而紧密无间，只有德育主任和家委会主任发挥纽带作用，才能畅通家校沟通渠道，为学校发声、为家长发声，为构建家校育人共同体作出贡献。教育，是家庭和学校双向奔赴；共育，是家庭和学校并肩同行。

2. 促进教育资源共享的融合力

德育主任往往能够接触到更多的家庭教育资源和信息，如优秀的家庭教育书籍、讲座、课程等。通过德育主任的分享和推荐，家长可以获取更多的教育资源，丰富自己的家庭教育指导内容和方法。

一是研发课程，丰富形式。德育主任是学校家长课程研发的主要负责人，利用多方资源（如企业专家、专业人士等区域资源）共同开发课程，并担任授课教师；为了促进更多家委会主任深入学习课程内容，亭林小学依托《家庭教育指导手册》与《我能行，争五星，做'文义'好少年》校本手册，为家委会主任搭建了平台和载体。德育主任通过全校家长会指导家长如何更好地履行职责，并充分利用这些生活手册，引导家长将知识转化为实践行动；采取多元化的教学方式，遵循线上与线下相结合的原则，以集体授课为主要形式，同时融入互动式、案例式、体验式教学以及个别咨询等方法，为家庭教育提供指导服务；学校每年开展家庭教育指导和家庭教育实践活动不少于4次。

（1）基础课程，注重全面覆盖和普及。教学内容涵盖了党的教育方针、相关法律法规和政策，以及幼儿和中小学生身心发展规律、亲子关系与家风建设等方面的理念、知识和方法，旨在帮助家长建立正确的教育观念，满足家长多元化的育儿需求，提高育儿技巧，提升家校互动效益和家庭教育效能；以讲座、全校家长会、学校公众号、校本手册、给家长的一封信等方式向全体家长传递信息和知识。

（2）专题课程，注重针对性和实效性。通过家长问卷调查，学校收集到各年段育儿难题，并据此开发出一系列专业性强、操作性强的课程模块。在课程模块设计上，紧扣不同年级、不同家庭在关键时段面临的家庭教育指导重点和难点，组织专门的讲座或研讨会，邀请相关领域内的专家或资深教育工作者与家长面对面交流，现场解答他们在育儿过程中的困惑和问题，帮助家长深入理解孩子成长阶段的特点，掌握有效的问题解决策略，为家长提供更精准的帮助。

（3）个性化课程，注重独特需求和量身定制。学校通过一对一的咨询或辅导，深入了解每个家庭的具体情况，包括孩子的性格、兴趣、学习习惯以及家长的教育方式和期望等，然后，根据这些信息，为家长提供个性化的家庭教育指导方案，实现一对一精准指导与教学。这些方案注重针对性和个性化，旨在帮助家长更好地理解和引导孩子，促进孩子的全面发展。

（4）特色课程，注重育人困难和瓶颈问题。学校依托华师大团队的指导和引领，开展了代际学习实践与研究，挖掘学校中的隔代教育资源，并将部分优秀的祖辈列入"文义"家长学校的队伍。在参与家长学校活动中，学校通过调查，遴选出一批有劳动经验、有传统劳动技艺、有其他特长的祖辈，参与学校代际课程的研究。学校派遣老师指导有能力的祖辈担任家长学校课程的学习者、教学者和培训者，让隔代教育变成学校协同育人的助力。学校开设了如魅力吴语、搓稻草绳、做香囊等代际特色课程，并向联合国教科文组织终身学习研究所优质学习生态系统团队进行了展示。2024年7月4日，学校还举办了全国代际学习研究联盟第一届会员会议暨金山区区域性推进代际学习研究现场研讨会。

二是建档跟踪，研究指导。入学建档：全校每个学生都建立了电子个人档案，学校会对特殊学生进行排摸；量身定制：针对特殊学生，学校组织心理老师或特教老师，区教研员或精卫中心医生等专业人士开展个别辅导和面对面指导，精确提供家庭指导建议，并进行个案研究，做好个性化指导方案；导师跟踪：依托学校"全员导师制"活动，由导师对学生进行长期跟踪辅导，并做好相关记录。

三是落实评价，优化课程。为了使课程更加优化，真正满足家长们的需求，每次课程结束后，德育主任会让家长从课程目标、课程内容、课程组织、课程过程、课程效果等五个方面进行评价，便于及时调整和优化课程。此外，家长还可以通过写下感受的方式，帮助学校更好地掌握家长的收获与反馈。

四是表彰优秀,示范引领。学校对每次能够参加家长学校培训的家长进行积分制奖励。每年学校开展优秀"爸爸(妈妈)班主任"、"种子"家长、快乐祖孙幸福奖等评比活动,并进行表彰宣传;积极组织家长参加优秀育儿故事征文活动,优秀文章送区里参加比赛;依托学校"亭林小囡ⅰ亭林"综合实践活动组织亲子实践,促进家长的参与性,增强影响力,带动更多家长参与到家长学校建设工作中。

3. 增强家长参与度的号召力

德育主任在家长群体中具有较高的影响力和号召力,能够动员更多的家长参与到学校的教育活动中来。德育主任通过与家委会主任的合作,可以更有效地组织家庭教育相关的讲座、研讨会等活动,提高家长的参与度和满意度。

一是夯实队伍结构。德育主任是领导和挖掘家委会主任队伍建设的"伯乐"。学校除了有一支家校社成员组成的家长学校领导小组之外,还有一支由持有家庭教育指导师证书、心理咨询师证书的教师,市、区家庭教育骨干班成员,法治校长、学校心理教师、德育中心组成员等组成的骨干队伍,也是核心团队;另外,还有一支由家庭教育方面专家、金山区家庭教育讲师团成员,共建单位、社区、校外辅导员、学校法律顾问、家委会主任、家长中有专业特长的人员等成员组成的家庭教育指导兼职队伍。最后,就是全体教师(导师)队伍。这种专兼职相结合的模式,能够稳定家长学校的师资队伍。

二是引领队伍研修。德育主任通过研修提升家委会主任队伍的整体素质,使其能更好地协助学校开展德育工作,深度参与家校共育进程。

(1)学校课题的引领者。学校注重以课题研究为抓手,推动家委会主任从理论到实践的提升,先后开展了"农村小学指导家长参与学校管理的实践研究""农村小学主干家庭教育引导力的实践研究""'爸爸(妈妈)班主任'家校合作创新机制的研究""农村小学隔代教育指导的实践与研究""五育融合视域下的代际学习实践研究"等课题的研究。

(2)核心团队的主讲师。重视家庭教育指导工作,加强家庭教育指导人员的培训。特别是在"全员导师制"背景下,秉承"每个教师都是家庭教育的指导者"的理念,将家庭教育指导纳入校本培训,每学期至少开展一次面向全体教师的家庭教育指导培训(见表3-1)。

表3-1　学年家庭教育指导培训

时间	主题	主讲
2021学年	润泽心灵，智慧研讨	高瑛（区教研员）
	做学生成长路上的"大先生"	
	爱的方向，导师护航	马美珍（区教研员）
	未成年人保护法	陆艳（法律顾问）
	家校协同，合力育人	李家成（专家）
	"察觉沟通帮助"之危机干预	朱宏娟（专家）
2022学年	全员导师制的重难点	李敏（专家）
	"你好，寒假！"项目研讨	李家成（专家）
	让赏识教育照进孩子星空	施文忠（本校教师，区十佳班主任）
	关爱自己，呵护学生	李玲（本校心理老师）
	后疫情背景下学生心理健康状况的关注与跟进	
2023学年	全员导师制背景下的家校沟通	倪玉美（区教研员）
	以家校社合作建设命运共同体	李家成（专家）
	"你好，暑假！"项目研究	
	民法典点亮美好新生活	陆艳（法律顾问）
	治理校园欺凌，共建平安校园	张蓓蕾（校长）

（3）兼职团队的"经理人"。兼职团队虽然专业性非常强，但作为讲授教师，他们并非教育专业出身，因此在教学方法、课堂管理以及与学生家长互动等方面可能缺乏一定的经验。课前明确课程目标、教学内容以及期望达到的教学效果至关重要。此时，德育主任要发挥作用，如指导如何更好地将专业知识转化为家长易于理解的语言，如何设计互动环节以增强家长的参与感和体验感，以及如何处理课堂上可能出现的突发情况等；课后进行及时反馈，指出存在的问题并提出改进意见。这种合作模式也促进了兼职团队之间的交流与互动，共同推动了家长学校的不断发展。

三是规范队伍激励。学校重视家庭教育指导工作的绩效与贡献，以确保教师队伍的积极性和专业成长，明确将参与家长学校家庭教育指导情况纳入教师年终考核体系，作为评价教师工作成效的重要指标之一。德育主任在负责考核机制建设和实施中发挥纽带作用，既要提升相关人员对家庭教育指导工作的重视程度，也要确保每一位家委会主任都能积极投身于家校共育的实践中。对于在家长学校建设中表现突出、有显著贡献的优秀家委会主任，不仅要在校内进行广泛宣传，还要在市、区级评优中优先考虑，促进家庭教育指导工作的不断深入和发展。

此外，学校还注重为家委会主任提供展示自我、分享经验的平台。通过组织家庭教育指导经验交流会、优秀案例评选等活动，创造机会展示成果，这些举措不仅增强了凝聚力和向心力，也为学校的家庭教育指导工作注入了新的活力和动力。德育主任在其中发挥着关键的指导作用。他们凭借专业的知识和丰富的经验，为家委会主任提供系统的培训和指导，帮助其掌握科学的家庭教育方法和理念。同时，德育主任积极搭建家校沟通的桥梁，组织各类家校活动，促进家长与学校之间的信息交流与互动，提升家庭教育的实效性。

（三）班主任行动力的支持

班主任作为与学生和家长接触最为密切的教育工作者，他们的行动力直接影响着家庭教育指导工作的成效。

在乡村教育场景中，家长的不配合常常成为家校合作难以跨越的现实阻碍，而班级家委会主任则犹如一座坚固的桥梁连接起家庭与学校，成为推动家校合作顺利开展的关键纽带。一个班级的高效管理，离不开高质量的家校合作，这就凸显出班主任队伍在其中的关键作用。班主任作为家庭教育指导的中坚力量，更是指导和培养班级家委会主任行动落实的直接执行者，其行动力的支持在培育家委会主任方面有着不可估量的意义与价值。

班主任与家长、家委会主任有着最为直接且频繁的接触，他们的行动力直接影响着家委会主任的成长与发展。面对家长不配合的难题，班主任凭借积极主动的行动，定期与家长沟通交流，了解家长的顾虑与需求，用真诚和专业赢得家长的信任与支持。在此过程中，班主任引导家委会主任参与沟通工作，传授沟通技巧和方法，让家委会主任学会如何与不同类型的家长有效交流，从而更好地发挥桥梁作用。

同时，班主任在班级管理中组织各类活动时，通过自身的行动力为家委会主任提供实践锻炼的机会。例如，在亲子活动、家长会等活动的策划与组织过程中，班主任带领家委会主任一起参与，从前期的准备工作到活动的具体实施，一步步指导家委会主任如何协调各方资源、安排活动流程、处理突发情况等。

在这个实践过程中，家委会主任的组织能力、协调能力和问题解决能力得到了极大的提升。

此外，班主任在日常工作中通过及时反馈和积极鼓励，给予家委会主任持续的动力。当发现家委会主任在工作中取得进步或成绩时，班主任及时给予肯定和表扬，增强家委会主任的自信心和责任感；当遇到困难和问题时，班主任与家委会主任共同分析原因，寻找解决办法，帮助他们积累经验，不断成长。

1. 加强日常沟通与反馈

班主任作为家校联系的桥梁，不仅要关注学生在校的表现，还要积极了解学生在家的生活和学习情况，与家长建立良好的沟通机制。

一是定期组织家校活动。依据教学进度与学生成长节点，规划丰富多元的家校活动。除常规家长会外，可开展"家长进课堂"活动，邀请各行各业家长分享职业经历，拓宽学生视野，如医生家长讲解急救知识、厨师家长传授美食制作，让家长成为教育资源的贡献者；举办亲子阅读分享会，定期选定主题书籍，家长与孩子共读并到校交流心得，增进亲子关系同时提升学生阅读素养；组织户外拓展亲子营，设计团队合作项目，培养学生与家长默契，强化家庭凝聚力，助力学生综合素质发展。

二是建立家校联系手册。教师可以促进家校之间的信息共享与协同合作，共同为孩子的成长创造良好环境。应加强与家长的日常沟通，及时了解学生家庭情况，反馈学生在校表现，为家委会主任提供第一手资料，便于其更有针对性地开展家庭教育指导。例如，一位班主任谈道："我们班的寒暑假班级活动，第一次我会带着家长一起完成。后面我都放手交给家长，一位家长带动其他家长一起组织完成任务。家长们有时间陪伴孩子完成活动，也从中体会到了成就感。班主任轻松，家长们也开心，还促进了班集体的发展。"

三是学会换位思考。一位班主任谈道，"我们班的孩子都是外来务工人员子女，家长比较忙，基本都是孩子自己在家，有时候学校布置的任务，家长不完成，我们又要催促，很容易引发家长和老师之间的战火"。因此，他们在家长会的时候就提出要学会换位思考，家长每天要抽出一点时间看看群消息，老师也不要因为一次活动未完成而火急火燎地责骂。家长和老师是一个战线，互相尊重、互相理解，才能更好地促进家校沟通。家长的力量是强大的，我们要学会运用家长的优势，共促家校沟通。家长和老师沟通好了，才能更好地促进孩子的成长。

2. 制订个性化指导方案

针对不同学生的特点和需求，班主任应协助家委会主任制订个性化的家庭教育指导方案，提供具体可行的建议，帮助孩子克服困难、发挥潜力，帮助家长更好地理解和支持孩子。此处以亭林小学班主任施老师分享的"家班共育，助力成长"班级家委会建设中的一个案例进行说明。

◆ 案例

小马同学成长记

【背景】三年级刚开始时，小马尚能上课认真听讲，学习积极主动，学习兴趣浓厚，学习习惯较好。或许是课余时间参加了许多补习班，小马掌握了别的同学没有的"技能"，这使得他对学校学习有些不屑。上课时，他难以长时间端坐，时不时会翘凳子，喜欢插嘴，作业马虎，成绩下降。在集体活动中，小马有时会充当"扰乱者"的角色，偶尔甚至会违反班级纪律。比如，早操活动时，他会自说自话，影响他人，也影响班集体；午饭用餐时，他比较拖拉；打扫卫生时，他喜欢追逐打闹，难以完成自己的任务。随着时间的流逝，小马的不良行为习惯与学习习惯逐渐凸显。而且一旦"脾气"上来，他软硬不吃，受到批评后会狂哭不止。这一系列现象，就像一颗"定时炸弹"，困扰着老师与周围的同学们。

【过程】教师单方面的作用是有限的，应当引导家长意识到自身的"教育者"身份，共同投入学生的教育中来。

第一，联合沟通。为了想出有针对性的措施，班主任开始寻求班级家委会主任的帮助，共同参与对该生家长的沟通。既肯定了家长花钱让孩子多学本领的行为，也让家长认识到引导孩子养成良好的习惯比让孩子学会好多本领更重要。通过共同策划，家长利用暑假带孩子去了四川大凉山，进行了为期一周的体验生活，让小马亲身感受贫困山区孩子的不易，这种方法很有成效。

第二，制订措施。针对小马身上存在的不良行为，班主任与家长共同制订以下日常教育措施：家长平时留意观察他的日常言行举止，投其所好，寻找与其沟通的切入点，为接下来的有效沟通做准备；沟通时要做到耐心、细心，同时也别忘了及时鼓励他，肯定其身上的闪光点，可以交付一些任务，发挥其长处。如小马同学古筝弹得非常好，每当班级有活动时，班主任尽量为他提供表演机会；发现他对电脑很有研究，班级电脑出现故障时，就让他来解决；发现他编程学得不错，就及时表扬。他还特喜欢摄影，课外也跟着摄影老师在学，因此班级学校有活动让他做摄影师,使他感觉自己很优秀,提高自信心。在家长和教师的共同努力下,小马将课外所学的本领展现出来,慢慢地融入班集体,并在为集体服务过程中一点一点地改掉了自己的不足之处。在不懈努力下,他的编程达到初中专业水准,测评成绩达到一级,古筝考到八级,摄影获得了全国铜奖。

【反思】对孩子的教育是一项长期而艰巨的任务,家长和学校缺一不可。班主任要善于利用家委会主任和家长资源,遇到问题及时与家长进行线上或者线下,如微信或电话沟通。要定期进行家访,特别是对一些特殊学生,需要尽可能地了解他的具体情况,保证遇到问题时可以具体问题具体分析,采取个性化的处理方法来解决。同时,还要获得家长的支持,帮助家长明确教育的任务,共同培育。

3. 建立家校合作组织

班主任长期扎根于教学一线,积累了丰富的实践经验。他们可以通过家长会、家访等形式,与家长分享教育心得、成功案例以及应对孩子成长中常见问题的策略,为家长提供具体可行的指导建议。同时,可以组织亲子阅读、家庭教育沙龙等,为家委会主任提供实践机会,增强其组织能力和协调能力。

一是建立班级家委会。班级家委会从"选员成立"到"分工协作"再到"良性运作",在整个过程中班主任倾注了大量的时间和精力。为确保家委会有质有量,胜任各项工作,班主任进行了全面调查。在掌握一手材料的基础上,将那些具备"三有"能力的家长,分阶段逐步选入家委会,助力班级更好地健康发展。经过一段时间的磨合,每位家委会成员分工明确、各司其职,辅助整个班级做好各项工作,共同陪伴队员们茁壮成长。

二是形成家班共育模式。利用家委会的有利条件,发挥其在家庭教育中的自我教育功能,引导做好家庭教育工作。加强组织制度建设,规范管理,坚持目标管理。发挥家委会的作用,共同管理班级,形成具有特色的"家班共育"模式。在班主任的指导下,家委会主任一起创作班歌、制作班徽、提出班级口号等。班级形成"家委会工作会议制度",家委会主任和班主任一起定期参与商讨关于班级建设的重要事项,比如阶段性学习情况汇总、学校重要赛事评比与参与情况、课外实践活动的组织与收获等。

三是开展家班合作项目。家班合作项目以班主任与家委会主任携手为核心驱动力,全方位促进学生成长、深化家校共育成效。项目多元联动,构建起家校共育立体网络,为学生全面发展保驾护航。以亭林小学班主任施文忠所带的

"阳光中队"的"家班合作项目"为例：

在家班共育的合力下，施老师和班级家委会主任一起发挥团队管理的作用，帮助学生们从低年级开始打基础，培养学习好习惯，积极参与各类社会实践；定期组织开展"快乐阅读"项目，不仅培养阅读兴趣，还提升理解水平，并对童话世界中的"真善美"有了初步的感性认识；"国家宪法日"宣传项目，顺利完成了《我与宪法》3分钟微视频的录制，既学习和弘扬了宪法精神，又礼赞和讴歌了祖国母亲；"孝亲传承"项目，在重阳节、春节期间，多次来到敬老院开展慰问演出活动，既锻炼了胆识和勇气，又传承了敬老爱老的中华美德；"红色印记"项目，庆祝中国共产党建党日，来到嘉兴南湖，开展"学党史、知党恩、跟党走"的社会实践活动，传承红色基因，厚植家国情怀；"全民健身日"项目，奥运会期间，为运动健儿们加油助威，通过"大手牵小手，亲子齐锻炼"的健康跑活动，懂得了"树立目标、迎难而上"的重要性和可贵性；"96110公益创意小视频"的拍摄项目，自编自导自演，反复训练和磨合，顺利完成了这项小任务，为宣传反诈骗出了一份绵薄之力（见图3-4）。

图3-4 学校阳光中队拍摄"96110"公益创意小视频画面

班主任深入了解每一位学生的家庭情况，针对性地为家长提供个性化的教育建议，关注学生的心理健康和成长需求，及时与家长沟通学生的学习和生活情况。在家庭与学校之间建立起紧密的联系，共同为学生的成长保驾护航。

综上所述，在乡村学校家委会主任培养和家庭教育指导工作中，校长的领导力、德育主任的指导力、班主任的行动力，三者相辅相成，共同提升了乡村学校家庭教育指导能力，不仅有效构建了更加和谐的家校关系与强大的社会协同力量，还极大地提升了家委会主任的综合能力，为实现高质量的家校合作、推动班级良好管理以及学生的全面发展筑牢了坚实根基。

三、家委会主任的示范

明确"育人"为核心，"协同"是关键，"机制"是保障，成为校家社协同育人工作的重要指引。而优秀家委会主任的示范作用，能引领学校家庭教育工作的实效性。以下从家委会主任的影响力、引领力、互助力三个不同维度，阐述其示范性。

（一）家委会主任的影响力

优秀家委会主任在本校家长和外校家长两个层面的示范引领，不仅能够促进家校之间的有效合作，还能不断提升家委会主任的整体能力，为构建更加完善的校家社协同育人机制奠定坚实基础，进而推动学生的全面发展和健康成长。

第一，提升家校合作质量的需要。本校家长对学校情况相对熟悉，能够帮助家委会主任更好地理解学校的规章制度、教育理念和工作流程。在校内，本校家长能够协助家委会主任充分利用学校资源，如场地、设备等组织开展丰富多彩的校园活动。外校家长则能带来不同学校的沟通模式和成功经验，拓宽沟通渠道和思路。他们可以分享不同学校在组织活动方面的创意和流程，如一些外校举办的科技节、文化节等活动形式新颖，本校家委会主任借鉴后可以提升本校活动的吸引力和教育价值，提高学生和家长的参与度，进一步加强家校之间的紧密联系。

第二，促进家委会主任成长与发展的需要。外校可能已建立了一套成熟的家委会运行制度，本校家委会主任可以学习这种科学的管理方法，完善自己的管理模式，提升自身的组织管理能力，更好地引领家委会的工作。其他学校非常注重学生的社会实践能力培养，会组织家长带领学生参与社区服务、企业参观等活动。本校家委会主任了解这些理念和案例后，可以结合本校实际情况，推动学校开展类似的教育活动，拓宽自己在教育领域的视野，为学生提供更全面的教育支持。

第三，构建良好的教育生态环境。家委会主任在多方支持下可以更好地整合家庭和学校的教育资源，形成教育合力。例如，在学习资源方面，家委会可以组织家长收集各类学习资料，为学生提供更丰富的学习素材。同时，在品德教育、素质教育等方面，通过家校联合开展主题活动，如感恩教育、环保行动等，让学生在学校和家庭两个环境中都能接收一致的教育引导。当本校和外校家长积极参与家委会建设时，家委会的工作便能逐步辐射到社区。例如，家委会组织的亲子活动可以邀请社区内其他家庭参与，传播先进的教育理念和方法。此外，家委会还可以与社区合作开展一些公益教育活动，如安全教育讲座等，提升整个社区的教育氛围，构建一个涵盖学校、家庭和社区的良好教育生态环境。

（二）家委会主任的引领力

学校家长在家委会主任队伍建设中的引领具有重要的意义和作用。家长对学校工作的积极参与和引领，可以增强家校合作，提升教育质量，促进学生的全面发展。同时，也可以推动学校的民主管理，营造良好的教育氛围，促进社会和谐发展。学校应充分认识到家长引领家委会主任队伍建设的重要性，积极采取措施，加强家委会的建设和管理，为学生的成长和发展创造更好的环境。

1. 经验分享与传承

本校那些曾经担任过家委会主任且表现出色的家长，可以定期组织经验分享会。他们可以向现任家委会主任详细讲述自己在家校沟通、组织活动、协调各方关系等方面的成功经验。例如，如何与学校管理层高效沟通，如何根据家长们的不同需求合理安排志愿服务活动等。以亭林小学家委会副主任罗爸爸分享的关于资源整合的做法为例。

一是引进家庭资源，融合教育充分联动。家长要充分利用老师每学期进行的上门家访、电话家访以及约访等形式的沟通交流，积极参加学校开展的家长进课堂活动，鼓励家长为孩子们授课。同时，鼓励家长走进校园，参与到校园的管理中来，让校园活动、校园管理有家长的参与，实现相互融合和充分联动。

二是利用社会资源，协同校园助力成长。社会资源的丰富多样为孩子打开了认识社会的大门，因此充分利用这些资源有助于孩子的成长。在课程改革的背景下，不再是教师要给孩子什么，而是孩子需要什么，家长可以给孩子什么。做到这一点，对于社会资源的挖掘和融合必不可少。社区资源：可以带领孩子认识我们生活的小区、高楼建筑等；特殊职业如消防员、警察等资源：可以开展安全教育，帮助孩子认识职业特点，并引发孩子对自己未来的憧憬；特殊场地如超市、菜场、卫生院等：可以让孩子了解生活圈等。

三是建立评价体系，构建成长共同体。家庭、学校、社会三方要形成合力，在育儿成长上达成共识。此时如何验证三方共同体的协同成长呢？我们要建立评价体系来有效验证。关于家校评价机制，家委会要定期会向家长发放调查问卷，了解家长对于工作开展情况的意见，并及时进行调整，从而更好地落实协同育人。关于校社评价机制，定期召开会议了解家长开展工作的情况。当然，社会对于家庭、家庭对于社会评价体系的建立也是三者相互促进的有效途径。学生对于各方资源活动综合开展的评价也应有所体现，让学生自发记录自己的活动故事、总结日常生活中的经验等，都是学生对于学习情况的展示，也是很好的成长评价。

2. 建立"老带新"帮扶机制

让有经验的家长在一段时间内与新上任的家委会主任密切配合，在实际工作场景中给予指导，帮助其快速熟悉各项事务流程。例如，亭林小学家委会唐主任在家委会工作方面经验丰富，还参加了全国家委会主任线上研讨会分享发言。他以实践活动赋能家委会多重身份，如爱国精神的引领人、快乐阅读的陪伴人、农耕文化的传承人等，对家委会在实践活动中的多元角色呈现有深刻的理解和挖掘。这种经验和指导，对于带好新的家委会主任具有重要的实践和指导意义。

一是做爱国精神的引领人。家委会要紧密结合当地资源，精心策划实践活动。如以村史样本为教育契机，让学生直面乡村发展历史与新型城镇化历程，那些承载历史记忆的老物件成为生动教材，激发了学生对家乡的深厚情感，引导学生从家乡发展感知国家进步，为学生树立正确价值观奠定基础。

二是做快乐阅读的陪伴人。家委会要策划读书交流会等活动，营造"阅读'阅'快乐"的精神内涵，强调环境对阅读兴趣养成的重要性。通过组织集体阅读，鼓励学生分享读书心得，让阅读成为学生课余生活中的一道亮丽风景线。家委会作为陪伴者，让阅读从个体行为转变为群体互动，助力学生提升阅读素养。

三是做农耕文化的传承人。校家委会要充分发挥家长资源优势，组织农耕文化等劳动教育活动。利用家长在农业领域的知识与土地资源，将课堂搬到田地，从播种到收获，全程让学生参与。家委会成员负责协调各方，确保活动有序开展，为学生提供亲身体验农耕的机会，不仅传授农业知识与劳动技能，更让学生懂得珍惜劳动成果，理解生活不易。家委会通过传承农耕文化，在学生品德教育方面发挥独特作用，促进了学生全面成长。

3. 家委会在学校育人体系中的功能担当

家委会在学校育人体系中已超越传统辅助角色，成为集多元角色与关键功能于一身的重要力量。特别在寒暑假实践活动及日常教育中的深度参与，让家委会与学校、家庭形成紧密协同的育人网络。例如，唐主任从育人合力的角度出发，提出了家委会的定位，明确家委会主任要当好"经纪人""带头人""助理人""合伙人"。她如是说："如果说，学校是一艘载着学生们到达理想彼岸的大船，那么家长和老师就是这艘船上最得力的双桨。我们家委会愿意和学校共同担当，做好辅导员老师的得力助手，把我们的孩子培养成才。让爱成为我们家校合作的主旋律，让学校和家庭携起手来，共同努力，让家委会工作绽放更多精彩！"

一是当好"经纪人"，联通学校与社会。家委会凭借广泛的社会联系，积极为学校引入校外资源。无论是与当地博物馆、文化机构合作开展文化活动，还是联系企业为学生提供社会实践基地，家委会都充当桥梁角色。以红阳村史馆参观为例，家委会协调沟通，促成参观学习活动，拓宽学校教育边界，让学生接触真实社会场景，丰富学习体验。在联通学校与社会的过程中，家委会及时将社会需求、家长期望反馈给学校，同时向社会宣传学校教育理念与成果。例如，在寒暑假实践项目推广中，家委会通过社交媒体、社区宣传等渠道，吸引更多社会关注，助力学校教育品牌建设。

二是当好"带头人"，创新家教模式。家委会成员作为家长代表，积极学习先进家教理念，并在家长群体中传播。组织线上线下家教讲座、经验分享会，邀请专家或优秀家长传授育儿经。例如，在培养学生自主阅读习惯方面，家委会带头实践并分享方法，带动全体家长重视家庭教育氛围营造，推动家教模式与时俱进。关注到每个学生的独特性，家委会鼓励家长因材施教。在农耕文化传承活动中，针对不同学生的兴趣与能力差异，家委会建议家长引导孩子从不同角度参与，或专注农事记录，或擅长手工创作，挖掘学生潜能，为个性化教育开辟路径。

三是当好"助理人"，弥补学校不足。在学校日常管理与大型活动组织中，家委会提供人力支持。例如，食堂膳食监督、校园安全巡逻等工作，家委会发动家长志愿者参与，缓解学校人力紧张局面。家长志愿者凭借专业知识与责任心，为校园生活保驾护航，确保学生在校安全健康。在班级图书角建设、实践活动道具准备等方面，家委会组织家长捐赠物资。在"阅读'阅'快乐"活动中，家长捐赠书籍丰富图书角的藏书量；在农耕活动中，提供种子、农具等物资，保障活动顺利开展，弥补学校物资短板。

四是当好"合伙人"，献计学校发展。家委会所有工作紧密围绕学校教学安排，在班级活动策划中，充分征求老师意见，经集体商议后开展。例如，寒暑假实践项目的具体活动形式、时间安排等，家委会与学校教师团队共同研讨，确保活动既符合育人目标又贴合学生实际，为学校教育决策提供家长视角。在活动实施过程中，家委会关注活动效果，收集学生、家长反馈，及时向学校建言献策。若发现某类阅读活动参与度不高，家委会分析原因，与学校协商调整活动方案，推动学校教育质量持续提升。

4. 案例学习与分析

收集并整理外校家委会在校园文化建设、家长志愿者管理、家校矛盾处理等方面的成功案例，提供给本校家委会主任进行深入学习和分析。通过剖析这些案例中的优点和可借鉴之处，帮助本校家委会主任提升工作能力。针对这些案例，我们可以组织专题讨论活动，让本校家委会主任与其他家长一起探讨如何将外校的优秀经验"本土化"，使其更好地适应本校的校情、学情和家长群体特点。

例如，上海市金山区家委会主任组织的"宅基课堂""酱园小传人""家校社企""三耕"等项目，勾画了联动路径新范式；浙江省武义县熟溪小学介绍挖掘本校的隔代资源，打造"银芽互学"共同体的实践；合肥市六安路小学介绍在劳动技能方面开展的主题式隔代互学模式以及取得的成效；常州市新北区龙虎塘实验小学介绍了多学科、多主体的跨学科实践成效；常州市新北区护航青少年劳动实践指导中心介绍了社会团体在推进校家社协同育人中发挥的作用等。这些鲜活实践案例，不仅为学校提供了丰富的学习素材，也进一步开阔了学校家委会工作的视野。

5. 校内资源整合

本校家长可以协助家委会主任充分挖掘校内的各种资源。例如，介绍学校各学科优秀教师的专长和教学风格，通过组织家长听课、课后交流反馈等形式，让家委会主任们更好地配合教师开展教学相关活动；帮助家委会主任了解学校的各类场地、设施设备情况，使其在策划校园活动时能够合理利用这些资源，既丰富了学生课余生活，又能融洽学校整体氛围。

本校家长可以通过自身积极参与家委会组织的活动，来带动其他家长的积极性，从而为家委会主任开展工作营造良好的校内氛围。当家长们踊跃响应活动号召时，家委会主任的工作也能更加顺利地推进。在学校内部的家长群等沟通渠道中，多给予家委会主任正面的反馈和鼓励，肯定其付出的努力和取得的成果，增强其工作的信心和动力。

（三）外校家委会主任的互助力

外校家长的引领可以为家委会主任的建设带来新的思路和方法。学校可以通过举办经验分享会、建立交流平台、开展合作项目等方式，通过参加外校活动或邀请外校家长参与家委会工作，促进不同学校之间的交流与合作，提升家委会的影响力。

第一，组织外校的跨校交流。组织跨校交流活动是外校家长助力家委会主任建设的重要途径之一。学校可定期举办跨校家委会经验分享会，邀请外校校长、家长中的佼佼者以及其所在学校家委会的核心成员前来分享成功案例。例如，"隔代互学"主题研修活动在腾讯会议上举行时，龙虎塘实验小学丁小明副校长受邀担任主讲人，全程参与了本次活动，并与金山区的老师、家长们相聚云端，就"隔代教育"问题进行了一场互动式的学习与探讨。在20分钟的互动环节中，亭林小学家委会赵主任觉得这样的活动拓展了他的视野，对学校代际学习的开展产生了积极的指导意义。他认为，隔代互学活动是一个非常崭新的领域，老人老有所乐，发挥余热，孩子从老一辈那里增长了见识，了解了许多家乡的历史，也更加深刻地认识到爷爷奶奶也是非常努力、多才多艺的。同时，他想进一步了解孩子们从"隔代互学"活动中究竟获得了哪些方面的发展。丁副校长耐心地从家庭自理能力、传统文化的学习和传承、"活到老学到老"的学习态度和孩子"在多样的学习机会中找到了自己的兴趣爱好"等四个方面进行了解答。

第二，组织外校优秀家委会主任的跨校交流。通过面对面座谈会的形式，让外校家委会主任分享他们在管理家委会、推动家校合作等方面的独特理念和创新做法。例如，有的外校家委会通过设立专项基金来支持学校特色课程建设，这类经验为本校家委会工作提供了有益启示。同时，也可开展线上的经验分享会或论坛，邀请多所外校的家委会代表参与互动交流，拓宽本校家委会主任的视野，使其了解到不同学校的家委会运作模式和成功案例，进而思考如何结合本校的实际情况进行借鉴和应用。

如，一位家委会主任参与活动后留下感言：

我非常有幸代表家委会参加了"校家社携手'童'行，共创五一幸福假期"的线上论坛，近90分钟的学习让我受益匪浅、感想颇多。尤其是明强小学的家庭教育中,"如何做不缺席的好爸爸"让我记忆深刻。确实,在孩子的眼中,"爸爸"是力量和智慧的象征。父亲积极参与养育,不但能让孩子受益,父亲自己也将获得思考和成长。因为在这条彼此扶持的路上,孩子总让父亲有一些重要的人生感悟和体会,那些在团体活动和体育运动中给孩子以指导的父亲们,常常也会唤醒自己儿时的记忆,回想自己的初衷[一(10)班陆同学妈妈在2024年4月30日全国家委会主任线上论坛的感受]。

家委会主任们从中学习到创新的活动形式、精细的组织流程以及高效的资源整合方式,这些经验启发本校家委会主任优化活动策划与组织能力。

第三,充实外校资源引入本校资源库。外校家长可以利用自身的人脉等资源,为本校家委会主任引入一些外校的优质资源。例如,介绍外校在家长培训方面的专家或机构,以便本校家委会主任能够邀请他们来为本校家长开展相关培训,提升家长整体素质和参与家校合作的能力。同时,协助本校家委会主任与外校建立合作关系,共同实施一些大型活动或项目的联合开展,如联合组织校际亲子运动会、文化节等。通过这种合作,让本校家委会主任在实践中学习外校的组织协调等方法。

全面贯彻党的教育方针,落实立德树人根本任务,促进校家社三方在育人过程中目标一致、关系协调、资源共享、责任共担、功能互补,只有这样,才能更好地培养德智体美劳全面发展的社会主义建设者和接班人。校家社齐发力,打造一个具有感召力、向心力和凝聚力的共同体,努力做到"1+1+1>3"。通过这种协同努力,我们才能更好地为孩子的幸福成长奠基护航,促进孩子全面健康发展。

通过本校和外校家长的共同引领和支持,家委会主任不断成长和提升,从而更好地履行职责,推动家校合作迈向新的高度。

本章通过院校专家的理论引领、教师团队的方法创新与家委会主任的实践示范三维驱动,系统构建了"专业引领—校本转化—区域辐射"的协同育人模式。这种模式不仅提出了具有操作性的分层指导策略,更从机制建设层面设计了包含主体协同、资源共享、效能评估等要素在内的联动框架,为家校共育提供了可复制的实践路径。

—第四章—

实践为本：让发展性的力量爆发

如何充分发挥家委会主任的核心作用，确保教育的影响力扎根于实践之中，是学校要面对的重要课题。本章从学校家委会的组织架构与赋能、活动策划与执行、人际沟通与协作、资源整合与管理、终身学习与发展五个方面，详细阐述学校在家校协同工作中的实践与经验。

一、组织架构与赋能

学校家委会的组织架构由校级家委会、年级家委会和班级家委会组成，每一层级家委会通常由主任、副主任、秘书长、财务负责人、宣传委员等人员组成。家委会主任承担着家校沟通、参与学校的教育教学活动、关注学生的发展、组织开展家庭教育活动、协助学校处理涉及学生权益的问题等职能。因此，学校应加强家委会主任的队伍建设工作，成立由校长、副校长、工会主席、德育主任、教务主任、年级主任、校外辅导员和家长代表等成员组成的家庭教育工作领导小组，以加强对学校家委会的领导，指导学校家委会开展工作。

（一）家校合作的基石：职责分明的三级家委会主任队伍

学校在实践探索过程中，逐步建立了"校级—年级—班级"三级家委会主任队伍，明确了相关组织的职责和分工（见图4-1）。

1. 校级家委会主任，负责顶层设计与战略规划

校级家委会主任是整个家委会系统的领导者，负责制订全校性的家长工作计划和政策。校级家委会由各年级家委会组成，确保家长工作的一致性和协调

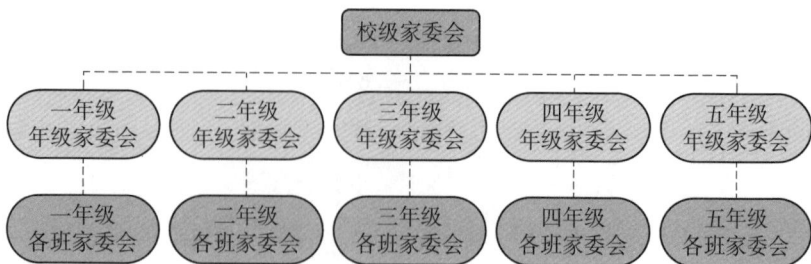

图 4-1　学校三级家委会

性。在日常的家校活动参与度上，家委会主任作为家委会的核心负责人，主要负责家校沟通、活动组织及参与学校决策，促进家校合作与学校发展。校级家委会主任的主要职责包括以下四个方面。一是战略规划。制订家校合作的长远规划和年度工作计划，确保家校合作的目标与学校教育目标相一致。二是政策制定。参与学校重大政策的讨论和制定，代表家长群体提出意见和建议。三是资源整合。整合校内外资源，为学校提供更多的支持和帮助，如筹措教育资金、提供志愿服务等。四是监督评估。监督年级和班级家委会主任的工作，评估家校合作的效果，及时调整工作策略。

2. 年级家委会主任，发挥桥梁与纽带作用

年级家委会主任作为连接校级家委会主任和班级家委会主任的中间层，承担着上传下达的重要角色。他们的主要职责包括以下四个方面。一是信息传递。将校级家委会主任的政策和计划传达给班级家委会主任，同时将班级家委会主任的反馈和建议上报给校级家委会主任。二是活动组织。组织年级层面的活动和会议，加强年级内各班级之间的交流和合作。三是需求反馈。收集和反馈年级内家长的意见和需求，作为学校和家长之间的桥梁。四是协调沟通。协调年级内各班级家委会主任的工作，解决可能出现的问题和冲突。

3. 班级家委会主任，负责基层实施与日常管理

班级家委会主任是最基层的家委会组织领导者，直接参与班级的日常管理和活动。他们的主要职责包括以下四个方面。一是日常沟通。与班主任和教师保持密切沟通，了解班级情况，传达学校和年级的通知。二是活动支持。协助班主任和教师开展班级活动，如家长会、课外活动等。三是意见收集。收集家长对班级教育和管理的意见和建议，及时反馈给班主任和学校。四是家庭教育。为家长提供教育指导和支持，帮助他们更好地理解和参与孩子的教育。

三级家委会主任队伍是构建家校合作的重要桥梁。通过明确各级家委会主任的职责和作用,可以有效促进家校之间的沟通和合作,提升教育质量,促进学生全面发展。

(二)家校合作的引擎:赋能卓越的家委会协同机制

合作意味着主体的平等和双向的互动,家委会作为学校和家长之间的桥梁,不仅促进了家校沟通与合作,还通过其独特的组织架构和职能,为家校共育赋予了新的活力。下面,从队伍协同机制、活动协同机制、资源协同机制三个方面进行说明,阐述在家校合作中,如何赋能卓越的家委会协同机制。

1. 队伍协同机制

三级家委会主任队伍构建了一个多层次、立体化的网络组织,确保信息的畅通和资源的整合。通过这种网络组织,不同层级的家委会主任可以更有效地收集和反馈家长的意见,促进家校之间的理解和信任。学校除了在学期初的全局规划和学期末的工作总结与展示评价外,学校管理团队还会定期召集三级家委会主任,围绕家校合作的整体或阶段性工作展开研讨。在研讨中,各级家委会组织除了达成明确的工作共识以外,还要遵循以下原则:一是方向性原则。各级家委会的设置与管理工作要与国家的教育方针和全面推进素质教育的方向一致,与学校的教育教学目标相符合,促进学生健康成长、推动学校科学发展。二是服务性原则。各级家委会要以服务家长、服务学校为宗旨,代表家长心声,反映家长意见和建议,同时积极配合学校,加强沟通协调,促进家长参与学校管理、支持学校发展。三是互动性原则。学校和各级家委会要充分发挥各自资源优势,通过各种形式和活动,促进学校、家长、学生之间的相互理解、有效沟通,形成育人合力。四是合法性原则。各级家委会开展工作应遵守法律法规及政策规定,不得进行各种法律法规明令禁止的活动。只有与国家教育方针保持一致,服务家长与学校,促进家校沟通理解,形成育人合力,同时确保所有活动合法合规,才能共同推动学生健康成长和学校科学发展。

2. 活动协同机制

针对家校工作中遇到的疑难点问题,学校依托"家长学校"平台,组织专题性研讨活动,并邀请校内外专家进行线上、线下讲座,为家长参与家校合作提供专业指导和支持。在家委会内部,学校鼓励自主管理,注重开发主动增强的合作力,帮助校级家委会组织配备了宣传部、秘书处、策划部等岗位建制细化职责,从校级到年级、班级一岗贯通,确保家校合作工作的标准化和规范化,提升工作质量。在这样的家委会协同机制下,各个层面的家长都被调动起来,积极参与到学校建设的工作之中。他们可以了解到学校的最新动态、教育理念以及发展规划,从而更加明确自己在孩子教育过程中的角色和定位。同时,他们也可以将自己的意见和建议通过家委会反馈给学校,为学校的发展出谋划策,有效提高家长对学校事务的参与度和责任感。这种活动协同机制不仅增强了家校之间的沟通和合作,还为学生营造了更加和谐、积极的学习环境。家长的参与和支持让学生感受到了来自家庭的关爱和期望,也激发了他们更加努力地学习和成长的动力。

3. 资源协同机制

在家委会主任的精心统筹规划之下,学校的教育资源得到了更加合理的优化配置,同时,家长的丰富资源也得到了充分的整合与利用。具体来说,家委会主任通过深入了解学校的教育教学需求和家长们的期望,能够准确地把握资源分配的重点和方向。他们根据学校的实际情况,对教育资源进行科学合理的规划和调整,确保资源能够最大限度地满足教育教学的需要。比如,家委会主任可以协调学校各部门之间的资源分配,确保教学设施、师资力量等关键资源能够得到充分利用;同时,他们还可以根据学校的发展规划,提前预判未来可能需要的资源,并提前做好筹备工作。此外,家委会主任还充分整合了家长们的丰富资源。家长来自各行各业,拥有各自的专业知识和独特经验,这些资源对于学校的教育教学工作来说是一笔宝贵的财富。家委会主任通过积极与家长沟通交流,了解他们的特长和意愿,然后,有针对性地组织家长参与到学校的各项活动中来。例如,邀请具有专业背景的家长来校开设讲座或工作坊,为学生提供更加丰富多样的学习体验;组织家长志愿者参与到学校的日常管理、活动组织等工作中来,为学校的发展贡献自己的力量。

总之,家委会主任作为家校合作的桥梁和纽带,发挥着至关重要的作用。通过有效的组织和协调,家委会主任不仅促进了学校教育教学工作的顺利开展,还增强了家长的参与感和归属感,汇聚了家长的智慧和力量来助力学生的成长与发展。这不仅提升了学校的教育教学质量,也为家校共育工作的深入开展奠定了坚实基础。

二、活动策划与执行

家委会活动策划是促进家校合作与沟通的重要途径之一。家委会主任通过组织多样化的家委活动，可以增进家校沟通与联系，提高学生的综合素质，促进学生的成长和发展。家委会主任在实施家委活动策划时，需要明确活动目标、充分考虑家长意见、注重活动的多样性、加强宣传与推广以及完善活动评价机制。只有这样，才能确保家委活动发挥其应有的作用，为学生的成长和发展助力。下面从活动目的的意义、活动主题的选择、活动方案的制订、活动方案的执行、活动成果的评估、活动成果的宣传等方面来详细说明我们的具体做法。

（一）活动的目标和意义

在策划家委活动时，应明确活动的目标和意义，确保活动对于增进家校沟通、提高学生综合素质有实质性的帮助。家委会主任在策划家委活动时，应根据校园活动的需要进行设计。校园活动是由学校组织举办的、面向全校师生，涉及文化、娱乐、体育、户外素质的拓展活动及其他相关活动，能在全校范围内产生重大影响。校园活动的主题多样，类型丰富，主要依据学校的教育目标、学生需求、资源条件、学科特点以及社会需求策划。

对活动意义的理解，可以参照以下几个方面。一是增进家校沟通与联系。家委会活动为家长和学校提供了一个交流的平台，有助于双方了解学生在家庭和学校的表现，及时发现并解决潜在问题。二是提高学生综合素质。通过家委会活动，学生可以参与集体活动、社会实践等，培养学生的团队合作能力、社交技能和社会责任感。三是促进家校合作。家委会活动有助于家长和学校共同关注学生的成长和发展，形成教育合力，提高教育质量。

（二）活动的主题选择

家委会主任在选择活动主题内容时，应从活动类型、活动主题、活动层级三个方面着手，选择并确立家委会活动的类型、内容和方式。

1. 家委会活动类型

家委会主任作为家委会的领导者，他们来自家长群体，了解家长的关注和需求，在呵护孩子成长上有共同的话语。因此，家委会主任应根据实际需要，选择适合家委会活动的类型。例如，亲子运动会：通过组织有趣的体育活动，促进亲子之间的互动与合作，同时提高学生的身体健康；手工艺活动：组织如烘焙、绘画、手工艺品制作等活动，既可以让学生学习新技能，也能增进亲子间的情感联系；公益活动：组织社区清洁、植树节、爱心义卖等活动，培养学生的公益意识和团队合作精神;亲子读书会:通过阅读分享和讨论,提升亲子间的交流和理解,同时也能促进学生的阅读兴趣。

2. 家委会活动主题

家委会主任作为家校社协调者,应主动与学校、社区沟通,了解社区重要资源,根据学生成长的需要,主动与学校共同策划,选择并确立家委活动的主题。可参考的活动主题包括:其一,志向与梦想主题班会。通过班团队课、班会让学生分享自己的梦想和未来志向,激发他们的内在动力,树立远大志向。其二,学习竞赛。组织各学科知识竞赛,鼓励学生爱学习,提高学习积极性。其三,劳动实践。定期开展校园清洁、植树绿化、清理街道等劳动实践活动,让学生体会劳动的乐趣和价值。其四,感恩教育。通过制作感恩卡片、举办感恩主题演讲等活动,培养学生的感恩之心。其五,友善交往。开展友好班级、互助伙伴等互动活动,教育学生懂友善,学会相互尊重和帮助。其六,创新小发明。鼓励学生参与科技创新小制作、小发明,培养他们的创新精神和实践能力。其七,体育赛事。举办校内外体育比赛,如田径、球类等,让学生在竞技中锻炼身体,培养奋斗精神。其八,美育活动。组织绘画、音乐、舞蹈等艺术活动,提升学生的审美能力和创造力。

3. 家委会活动的层级

家委会组织分为校级、年级和班级三级,因此策划的活动也可以分为校级、年级和班级三个层面。针对全体学生,校级、年级和班级三个层面的家委会可以策划不同类型的活动,以满足不同年龄段学生的需求和兴趣,同时促进家校合作,增强学生的归属感和集体荣誉感。

策划校级活动时,校级家委会主任可以依据学校的独特风貌、学生的广泛兴趣及教育发展的宏伟目标,从众多精选主题中匠心独运,设计出既蕴含深厚教育意义又广受学生喜爱的活动。例如,校园文化节(如"贺宜读书节""书香满园,润泽心灵")、体育运动会(如趣味运动会或田径赛,"活力四射,展现风采")、科普知识讲座或展览(如"大脑科学,探索未知,启迪智慧")、公益慈善活动(如环保清洁行动,"绿色行动,传递爱心")、国际文化交流日("文化交融,拓宽视野,增进友谊")、校园科技节(机器人大赛,"科技创新,引领未来")、心理健康教育月("心灵呵护,健康成长,快乐同行")等丰富主题,致力于丰富学生的通识教育,拓宽他们的世界视野。

策划年级活动时,年级家委会主任通常会围绕以下几个主题开展:年级主题日(如一年级开放日):让孩子们初识校园,感受年级的温暖与活力;少先队仪式教育:通过庄严的入队仪式,增强孩子们的荣誉感和责任感;知识竞赛:激发孩子们的学习兴趣,拓宽知识视野;户外拓展:锻炼孩子们的团队协作能力,挑战自我,勇攀高峰。通过这一系列庄重、有意义且充满趣味的仪式和活动,旨在强化孩子们的集体意识,增进彼此间的友谊,同时培养他们对社会的认同感和归属感。

策划班级活动时,班级家委会主任可结合班级的特色氛围、学生的个性化需求及班级发展的实际目标,从多样化的活动主题中精心挑选,设计出既贴近学生生活又富有教育价值的活动。例如,班级主题班会("凝聚人心,共绘蓝图")、亲子互动游戏("增进亲情,共享欢乐")、学习/兴趣小组("互帮互助,共同进步")、才艺展示活动("展现自我,绽放光彩")、户外探险活动("亲近自然,挑战自我")、志愿服务项目("奉献爱心,服务社会")、班级文化建设("团队合作,班级荣誉")等丰富多彩的主题活动。这些活动旨在促进学生的全面发展,增强班级凝聚力,营造和谐向上的班级文化。例如,三年级家委会主任策划了一次特别的集体生日庆典,满足了学生的多元化需求,又富有教育价值,为学生的成长和发展提供了丰富多彩的舞台,为进一步加深家校合作创造了更加有利的条件。

在2023年三年级十岁生日之际,校级家委会主任唐妈妈在与校领导沟通之后,联合三年级家委会主任策划了一次特别的集体生日庆典,希冀三年级少先队员们能牢记这个特殊的成长仪式,回忆过去,珍惜现在,展望未来,学会感恩。在本次活动中,家委会主任的引领作用得到全面凸显。首先,学校向三年级家委会主任发出活动策划邀请,然后,校级家委会主任联合各年级家委会主任讨论如何在凸显活动主题之余,将家委会主任的作用发挥得更加淋漓尽致,并在学校的组织下共同策划一次难忘的集体生日活动。唐妈妈迅速拟出了活动草案,在与校领导商讨后,完善了细节,最后敲定了活动方案,并在家委会内部一致通过。在活动准备期间,她联合三年级家委会主任动员有空闲时间的家长来学校共同筹备,从场馆布置、打气球到节目彩排等一系列活动都得到了家长们的大力支持。当然,家委会的努力也卓有成效——十岁庆典那天,不仅孩子们的脸上洋溢着灿烂的笑容,各位家长的脸上也写满了欣慰。

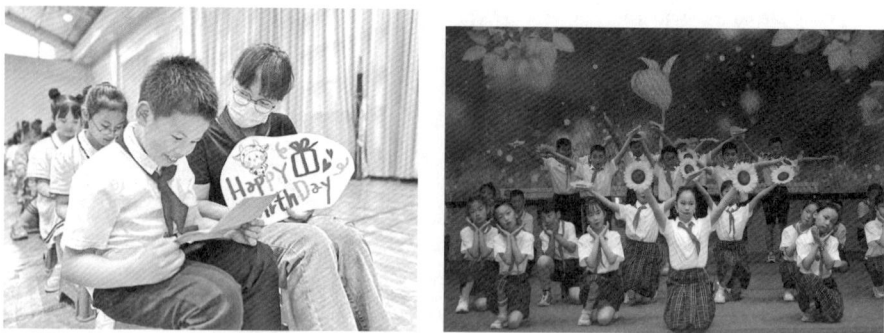

图4-2 三年级十岁生日庆典精彩留影

（三）活动方案的制订

活动方案不仅能够明确活动的宗旨和目的，还能提供详细的计划和策略，为活动的顺利进行提供指导和依据。家委会主任在制订活动方案时，应掌握活动方案的基本要素以及完善活动方案的基本策略。

1. 活动方案的基本要素

在确定了活动目标和活动类型后，需要制订详细的计划。家委会主任在制订活动方案时要掌握以下几个关键要素：

一是活动时间。选择一个对大多数家庭都方便的时间，如周末或节假日。

二是活动地点。根据活动的类型和规模，选择适合的场地。如果活动需要大量的户外空间，那么公园或学校操场可能是一个好的选择。

三是活动流程。设计有趣和富有教育意义的活动流程，确保每个环节都紧扣活动目标。

四是人员分工。明确每个成员的职责，从活动组织者、主持人到志愿者，确保每个人都清楚自己的角色和任务。

五是预算与筹款。估算活动的预算，包括场地租赁、设备购买、食物和饮料、安全措施等费用。如果活动的费用超出预算，应提前考虑如何筹款或寻求赞助。

六是安全措施。确保活动的安全是首要任务。要考虑到各种可能的突发情况，如天气突变、设备故障、人员受伤等，并制定相应的应对措施。

2. 活动方案的基本策略

在策划家委会活动方案时，家委会主任应充分听取家长的意见和建议，确保活动内容能够满足家长的需求和期待。同时，家委会主任应遵循儿童身心发展规律,确保活动内容能够满足学生的认知需求和成长规律。从活动的目标与定位、活动的兴趣和需求、活动的资源与开发、活动的形式与内容、活动的计划和流程等方面,不断完善活动方案,确保每个环节都紧扣活动目标。

1)明确活动目标与定位

家委会主任在策划活动前,应首先明确活动的目标,如增进家校沟通、促进学生社会实践能力、传承文化等。其次,目标应具体、可衡量,以便在活动结束后进行评估。比如:学校家委会主任计划组织一次"科技探索日"活动,目标设定为增进学生对科技的兴趣,提升他们的动手实践能力和团队协作精神。通常活动形式会包括邀请科技专家开设讲座、设置科技小实验环节、举办科技作品展览等,以确保活动目标得以实现。对活动的评估往往通过问卷调查、参与度观察、成果展示与反馈等多种方法,全面、客观地评估活动目标的实现情况,为今后的活动策划和改进提供有力的支持。

2)考虑活动兴趣与需求

根据活动目标,先确定活动的受众群体,如全体学生、特定年级学生或家长等;然后考虑受众的兴趣和需求,使活动更具吸引力和针对性。相对而言,低学段小朋友对游戏形式的活动更感兴趣,可侧重于引导孩子进行口头表达;中学段儿童的行动力明显增强,但是不乐于动脑思考,可以设置一些有挑战性的、侧重于动手实践的任务,如机器人组装;高学段儿童的独立性明显增强,可以从团队合作的角度培养融入集体的能力。例如,"过大年之我们的习俗"活动设计,家委会主任充分利用了中国传统文化的深厚底蕴,组织了一场别开生面的文化盛宴。从剪窗花、写春联到包饺子、猜灯谜,每一个环节都让孩子们亲身体验到了传统节日的魅力。家委会主任还邀请了几位擅长手工艺的家长,现场教授孩子们制作灯笼和年画,让孩子们在动手实践中感受到了传统文化的温度,也激发了他们对民族文化的自豪感和传承意识。

3)整合活动资源与开发

方案制订之前,学校家委会主任会通过问卷调查、座谈会等方式,了解家长和学生的需求和期望,调研结果可作为活动策划的重要参考。同时,家委会主任应主动与社区、学校各部门沟通,整合可利用的资源,如场地、物资、师资力量等,提高活动的质量和效果。例如,"农作物生长的秘密"主题活动的设计,家委会主任依托自身或其他家长的专业特长,为孩子们打开了一扇通往自然世界的大门。他们先联系了一个当地的农场,安排了一系列实地考察和学习之旅。孩子们在亲眼见证了种子从播种到发芽，再到成长、结果的全过程中，不仅直观学到了农作物的生长周期和种植技巧，还深刻体会到了劳动的艰辛与收获的喜悦。这样的活动设计，不仅丰富了孩子们的自然知识，也培养了他们的观察力和耐心，更让他们学会了尊重自然、珍惜粮食的情感和态度。

4）创新活动形式与内容

在充分了解学生的兴趣之后，家委会主任可以协同学校设计多样化的活动形式，如讲座、研讨会、亲子活动、社会实践等。通过形式创新，增加活动的吸引力和参与度。融入时代元素与文化内涵，在活动设计中融入时代元素，如科技、环保等，使活动更具时代感和前瞻性。同时，注重挖掘和传承传统文化，增强学生的文化认同感。班级家委会主任在策划和组织活动时，总是能够精准地捕捉到孩子们的兴趣点和成长需求。例如，社区学雷锋活动，家委会主任不仅提前与社区联系，确定了活动的具体内容和形式，还精心设计了任务分配表，确保每个孩子都能参与到适合自己的服务项目中。有的孩子负责清理社区的小广告，有的则帮忙照顾社区里的老人，还有的在公共区域种植绿植，美化环境。通过这样的活动，孩子们不仅学会了关爱他人，还体会到了奉献的乐趣，乃至责任感和公民意识也在无形中得到了增强。

5）完善活动计划和流程

在活动草案形成之后，校级、年级、班级家委会主任通常会与校领导沟通、修订，确定之后整合社区与学校资源，制订详细的活动计划，包括活动时间、地点、参与人员、活动流程、物资准备等；接着对家委会成员进行分工，确保每个人都清楚自己的职责和任务；同时，建立责任追究机制，确保活动质量；加强风险防控，对活动过程中可能出现的风险进行预判和评估；制订应急预案，确保活动安全有序进行。下面以"亭林小囡"游亭林的活动方案为例，加以说明。

作为金山区规模最大的乡村学校之一，亭林小学拥有丰富的自然资源和人文资源，家委会主任在创设活动方案时，充分利用社区资源，创生了基于自然、乡土、民族、文化的育人课程，实现了乡村学校的特色化发展教育之路。

◇ 案例

"亭林小囡"游亭林

2022年国庆节前夕，三年级家委会主任策划了三年级"亭林小囡"游亭林项目活动，取得了圆满成功。这次活动也为我们的家委会主任建设提供了许多经验启示。

为了激发孩子们主动探究的精神，促进个性化学习体验，在实践活动中有效地运用课堂所学知识，并切实增强亭林小囝的文化自信和家国情怀，年级家委会主任们将目光锚定在了亭林本地——红阳村的文化资源上。这里既有占地约 1300 平方米的红阳村史馆，彰显红阳村深厚的历史文化底蕴；也有铁皮石斛产业园（上海尊斛堂中草药种植专业合作社）——一个以铁皮石斛为主导产业、集现代农业科普和中医药文化传播于一体的现代农业园区，这里不仅为村民们提供了经济发展的新动力，也为游客和学生提供了学习和体验传统中医药文化的绝佳场所。于是，校级家委会主任和年级家委会主任联合出动，先后与校领导和三年级学生家长沟通了此项计划，在计划得到一致通过后，家委会主任们兵分三路：年级家委会主任与校级家委会主任主动与上海金山亭林的红阳村史馆铁皮石斛基地的负责人联系，详细阐述了三年级学生前来参加社会实践活动的初衷，并提前对活动地点进行了实地考察，走了一遍流程，确定大概 80 分钟（两节课）可以体验所有的活动。随即拟订了注意事项，并将其融入 PPT 中，以便于参与者更好地理解和把握活动细节。因为三年级一共有十个班，为了保证活动场所不会拥堵，校级家委会主任、学校三年级组长与德育主任一起完善了策划方案。

活动约定了两天时间，并特意征集了有空闲时间的家长的意见，方便他们在活动现场做好支持，并及时提供帮助。在交通方面，校级家委会主任与学校德育主任一起联系汽车公司，由学校出资，包了三辆大巴车，保证大家有序往来。

班级家委会主任则来到三年级各班，与老师们一起讲解此次活动的目的与流程，并特别讲解了注意事项，保证活动能有序展开。这一系列准备工作，充分体现了家委会对孩子们社会实践活动的重视和对参与者沟通的用心。

针对此次活动，三年级语文、数学和综合学科备课组，结合单元语文要素和数学知识，联合特别设计了一份"我是小导游"和"妙笔生花"的任务单，当天学生们手拿任务单开启了自己人生中第一次做小导游的体验。他们将活动介绍给现场的家长，让枯燥的文字变成了立体的景观，也让自己的观察能力和表达能力也得到了充分的挖掘。在家委会主任的运筹帷幄之下，活动圆满完成。相关情况如图 4-3 所示。

图4-3 "亭林小囡"游亭林之红阳村史馆(a)、铁皮石斛基地(b)、任务单(c、d)

家委会主任策划的"亭林小囡"游亭林活动,不仅让孩子们在轻松愉快的氛围中增长了知识、锻炼了能力,还为学校、家庭与社区之间架起了一座桥梁。为此,学校以"亭林小囡"为主题,设计了一系列协同育人课程,将本土性、地方性知识带进校园,在传统文化的根基中筑牢文化自信,秉承"以学生为本,以乡土为根"的理念,通过民族乡土文化的滋养,为孩子们的成长铺设了一条充满智慧的道路。

(四)活动方案的执行

为了吸引更多学生和家长参与进来,提升活动效益,有效的宣传和推广是必不可少的。由于学校位于乡村,生源多为来沪务工人员子女,家长忙于工作无暇顾及孩子们的学习,家委会主任如何调动家长积极性成为一个难题。最终,家委会主任通过"挖掘群团资源,助力活动开展"等一系列行之有效的策略方法,激发了家长和学生的参与热情,确保了活动的有效开展。

1. 挖掘群团资源,助力活动开展

在活动方案的实施过程中,家委会主任充分挖掘群团的资源优势,依靠群团的助力,顺利完成活动任务。主要采用了以下方法:一是合作联动方法。家委会主任积极联系并借助地方家庭教育促进会等群团组织的力量,共同举办教育沙龙、专题讲座等活动。这些活动不仅能提供专业的教育指导,还能增强家长对家庭教育重要性的认识,促进家校之间的紧密合作。二是资源共享方法。通过群团组织,获取更多教育资源,如专家讲座视频、教育书籍推荐等,并通过家委会平台分享给家长,增加家长的教育知识储备。

2. 融合社区活动,强化代际互动

在活动方案的实施过程中,家委会主任融合社区活动力量,通过代际互动来完成活动任务。主要采用了以下方法:一是代际研究与实践。借鉴学校的"代际学习"研究成果,设计并推广如"爷爷(奶奶)班主任""祖孙同台表演"等创新活动,使老年人与青少年儿童在互动中增进理解,共同促进代际关系的和谐发展。二是社区融合活动。将校园活动延伸至社区,例如,组织"十五分钟幸福圈"的亲子活动、代际学习实践等,增强家校社区三方的联动,营造更广泛的教育氛围。三是邀请社区志愿者参与活动。社区志愿者往往拥有丰富的经验和技能,他们可以为孩子们提供专业的指导和支持,如艺术辅导、科学实验演示、体育技能训练等,让活动更加丰富多彩,也更有教育意义。同时,志愿者的参与也能增强社区的凝聚力,促进邻里之间的和睦相处。

3. 强化家校沟通,反馈活动效果

在活动方案的实施过程中,家委会主任注重做好家校沟通工作,及时向家长反馈活动结果,争取得到家长的支持,确保活动计划落到实处。主要采用了以下方法:一是建立反馈机制。在活动结束后,通过问卷调查、座谈会等形式收集家长和学生的反馈意见,及时调整和优化活动方案。二是展示成果。将活动的成果和亮点整理成报告或视频,通过家长会、学校网站等渠道进行展示,让家长看到活动的实际成效,增强参与信心。

4. 挖掘本土文化,丰富活动内涵

在活动方案的实施过程中,家委会主任依靠家委会成员通力合作,充分挖掘社区丰富的地方文化资源,不断丰富学生主题活动内容,进一步完善学生活

动课程。主要采用了以下方法：一是文化传承与创新。将传统节日与现代文化相结合，根据不同年龄段的学生设计新颖有趣的活动，如中秋节与贴画结合，让传统文化在年轻一代中焕发新的活力。二是特色活动。根据学校特色和亭林的地域文化，打造具有独特魅力的校园活动，如亭林方糕制作体验日、亭林遗址公园名人探访等，增强活动的吸引力和影响力。

5. 设立奖励机制，促进全面发展

在活动方案的实施过程中，家委会主任依靠家委会力量，设立奖励机制，对在活动中成绩优异的学生进行奖励，并对在活动中给予指导的家长进行奖励。主要采用了以下方法：一是设立优秀学生项目奖。奖项涵盖各个活动领域，如学习成就奖、体育竞技奖、艺术创作奖、科技创新奖等。这些奖项充分激发了学生参与活动的热情，激发了他们的创造力。学生不仅获得了荣誉感和自豪感，还学到了新知识、锻炼了新技能，促进了他们的全面发展。二是设立优秀家长指导奖。家长是学生成长道路上的重要伙伴，他们的支持和鼓励对学生而言至关重要。通过颁发优秀家长志愿者奖章，让家长感受到自己的付出被看见、被认可，从而提升他们的荣誉感和参与度。这种正向的反馈会激励更多家长积极参与活动，共同为学生的成长创造良好的环境。

（五）活动成果的评估

活动成果评估是对所举办的活动进行评价和估量，它帮助参与者、组织者以及相关人员清晰地梳理活动的整个过程，总结经验、反思改进并展望未来。因此，活动结束后，家委会主任应对活动的效果进行评估。通过收集参与者的反馈，了解活动的优点和不足。例如询问：参与者是否喜欢活动？哪些环节让他们印象深刻？哪些地方需要改进？通过这些反馈，全面了解活动的效果，并为未来的活动提供改进方向。下面以"你好，寒假！"项目为例进行分析。

◆ 案例

"你好，寒假！"项目的推进

在2023年的"你好，寒假！"项目研讨专题会上，校级家委会成员、家长代表、学校领导、上海终身教育研究院执行副院长李家成教授共同出席了此次活动。校级家委会主任唐妈妈从校级家委会的角度，分享了她对这个项目的思考和实践。班级家委会主任李妈妈则分享了在校级家委会的统筹下，如何发挥班

级家委会的作用,整合资源,配合老师,推动班级建设的进展;学校家委会副主任钟妈妈对"你好,寒假!"项目下开展的精彩活动进行总结和回顾,包括孩子自己制订寒假计划表、与家长相互学习、自主劳动等,所有这些都成为孩子们寒假生活中不可磨灭的记忆;家委会成员沈妈妈从专职妈妈的角度出发,分享了自己从孩子放寒假时的焦虑到后来通过参加"你好,寒假!"项目的收获。四位家委会主任从不同视角切入,充分展示了家校社协同的成效,真正实现了"五育并举",为学生的幸福成长赋能助力。

在"你好,寒假!"项目圆满落幕之后,学校对该活动项目的筹备、实施、亮点与不足等各个环节进行了全面总结,形成了"你好,寒假!"项目的案例。四位不同层级的家委会主任寒假期间指导孩子的经验和困惑分享,一方面激发了家长更加努力地参与到指导学生寒假生活的活动中来,另一方面鼓励家长更加积极地参与到未来的活动中。因此,家委会主任对活动成果的评估和总结,对改进家委会活动具有重要意义。基于此次活动的实践经验,可以总结出以下几点改进措施。

1. 多元化评估视角

多元化评估视角是指在进行教育评价时,采用多种方法和工具,从多个角度全面衡量学生的学习和发展情况。这种评估方式强调评价的多样性和综合性,旨在更准确地反映学生的真实能力和潜力。根据这一原理,家委会主任在对活动项目进行评估时要做到:一是虽然项目研讨已经从家委会的不同层级和角色出发进行了分享,但为了确保评估的全面性,未来应纳入更多元化的评估视角。特别是要增加对学生(即活动的主要参与者)的直接反馈收集,通过问卷调查、小组讨论或个别访谈等形式,做好学生的成长记录,了解他们的真实感受、学习成果及改进建议。这样可以更直接地捕捉到活动的实际影响,使后续活动更加贴近学生需求。二是家委会主任们可以分年级与部分参与学生、家长、教师进行访谈,深入了解他们对活动的看法和建议,以便下一次活动更有针对性。

2. 实证研究数据分析

实证研究数据分析是社会科学领域中非常重要的一个环节。它是指通过对实际调查或实验收集到的数据进行分析,得出实证的结论,为理论研究提供支持和验证。根据这一原理,家委会主任在对活动项目进行评估时除了定性描述外,还要引入定量分析方法。通过设计科学合理的问卷,收集可量化的数据,如参与度、满意度、技能提升程度等,运用统计软件进行数据分析,为活动效果提供客观依据,形成具有客观性、多样性、可靠性、实用性等特点的分析,帮助我们更准确地判断活动的成效与不足,为决策提供依据。随着社会科学研究领域的不断发展,实证研究数据分析对于判断家委会活动的有效性也变得越来越重要。

3. 分析活动效果

分析活动效果是指对一个活动的效果进行评估和量化,以确定其是否达到了预期的目标和效果。根据这一原理,家委会主任在对活动项目进行评估时要做到:一是活动目标达成情况。分析活动是否达成了预期目标,如孩子们是否了解红阳村的历史文化、自然风光,是否培养了对家乡的热爱。二是活动内容有效性。分析活动内容的设置和环节的安排是否合理,是否能够吸引孩子们的兴趣,是否能够达到教育目的。三是活动组织效率。分析活动组织的效率,例如时间安排是否合理、人员分配是否得当、安全保障是否到位等。

总之,通过以上步骤,可以全面地分析活动效果,为未来的活动策划和执行提供参考和指导。

4. 分类总结与亮点提炼

分类总结是一种将信息或事物按照特定标准进行归类和总结的方法。其核心在于通过分类找出不同事物之间的共同特征,从而更好地理解和记忆这些事物。亮点提炼是指从大量的工作或项目中,筛选出那些具有突出成绩、显著进步、创新特色或重要影响的部分,并进行精炼概括和展示。根据这一原理,家委会主任在对活动项目进行评估时要做到:一是在总结过程中,应按照项目活动的不同类型(如学术提升、社会实践、亲子互动等)进行分类,分别总结各自的成功经验和存在的问题。二是对于每类活动,明确指出其亮点和特色,同时也不避讳地指出待改进之处,并提出具体的改进建议。这种分类总结方式有助于我们在未来策划活动时,有针对性地强化优势、弥补短板。

5. 建立持续改进机制

建立持续改进机制是指通过不断地发现问题、分析问题、解决问题的管理方法,不断的反馈、评估和优化,提升组织的效率和效果。根据这一原理,家委会主任在对活动项目进行评估时要做到:不能将活动总结视为一次性任务,而是要建立一个持续的反馈与改进循环。每次活动结束后,形成详细的总结报告,并在家委会会议上进行讨论,确定改进措施。同时,设立专门的跟踪小组,负责监督改进措施的实施情况,确保每一项改进都能落地生根,不断提升活动质量。

6. 强化家校社协同

强化家校社协同是指通过学校、家庭和社会的共同努力，形成教育合力，促进孩子的全面发展。具体来说，家校社协同育人强调家庭、学校和社会三方共同参与孩子的成长过程，形成教育共同体和学习共同体，相互联系、相互推动，共同促进孩子的德智体美劳全面发展。根据这一原理，家委会主任在对活动项目进行评估时要做到：继续深化家校社三方的合作与交流，特别是在活动规划、执行与评估的全过程中，确保各方声音的充分表达与融合。可以通过定期召开联席会议、建立线上沟通平台等方式，加强信息共享与资源整合，共同为学生的全面发展创造更加丰富的实践机会和成长空间。

（六）活动成果的宣传

活动成果是指在完成某项活动后所取得的实际结果或产出，它反映了参与者在活动过程中付出的努力和取得的成就。活动成果可以是物质成果，如作品、课程等，也可以是精神成果，如活动倡议书、文艺演出等，还可以是过程性成果，如观察日记、活动照片等，为了使这些活动成果取得更大的影响，家委会主任应积极策划宣传推广的策略方法。具体来说，一方面通过策划，整体制订宣传方案；另一方面综合运用社交媒体平台、校园宣传、社区宣传、口碑传播等渠道，将活动成果推广开来。

1. 策划活动方案宣传

策划方案宣传是指在策划方案实施前和实施过程中，通过对外宣传造势，以扩大影响。因此，家委会主任在活动策划时，还要做好活动的宣传推广准备，制订活动计划的宣传方案，或者制作宣传海报等进行宣传。例如《一份活动宣传方案》就是一位家委会主任在活动方案设计时，对活动的意义、内容、推广办法、建议的采纳等方面做的细致入微的策划，旨在对家委会活动的目的、实施、总结等进行全方位的宣传，确保活动计划顺利开展。

◈ **案例**

一份活动宣传方案

首先，校级家委会主任朱爸爸与学校管理层进行了深入的沟通，明确了活动的目标和意义，即不仅增强家校之间的联系，还要让家长亲身体验孩子在校的学习生活，理解教育的重要性，从而激发他们参与教育的热情。基于学校大部分学生家庭背景的特殊性，活动设计需要特别注重贴近家长的实际需求，力求在不影响他们工作的前提下，提供灵活多样的参与方式。

其次，家委会主任开始策划一系列丰富多彩的活动，如"家长开放日""一年级新生展示日""元旦游园""家校共育工作坊"等。这些活动既能让家长在轻松愉快的氛围中与孩子共度时光，又能让他们了解教学方法，甚至亲自参与到教学过程中，体验为人师表的乐趣和挑战。为了确保活动的吸引力，家委会还特别邀请了教育专家和心理学家来校举办讲座，分享家庭教育的心得和技巧，帮助家长更好地理解和支持孩子的成长。

在宣传推广方面，家委会充分利用了学校的公告栏、微信群、公众号等多种渠道，发布活动的详细信息，包括活动目的、时间、地点、参与方式等，确保信息能够准确无误地传达给每一位家长。同时，为了增加活动的吸引力，家委会还制作了一系列生动有趣的宣传海报和视频，展示了往期活动的精彩瞬间，以及家长和孩子们共同参与时的欢乐与收获，用实际成果说话，激发更多家长的参与意愿。

最后，家委会还特别设立了"家校联系热线"和"意见箱"，鼓励家长提出宝贵意见和建议，让每位家长都能感受到自己的声音被重视，进一步增强他们的归属感和参与感。对于积极参与活动的家长，学校还计划颁发"优秀家长志愿者"证书，以表彰他们的贡献，形成良好的激励机制。

通过这些细致入微的策划和全方位的宣传推广，学校的家校合作活动逐渐吸引了越来越多家长的关注和参与。家长们开始意识到，尽管工作忙碌，但陪伴孩子成长、参与他们的教育过程是不可替代的。家校之间的桥梁因此更加坚固，教育的内在价值得到了更广泛的认同和支持，家校共同为孩子们营造了一个更加和谐、有利于成长的学习环境。

上述活动宣传方案在前期准备时，就制订了详细的宣传计划，包括宣传渠道、内容、时间安排等。实施过程中，通过媒体、社交媒体、公关活动等多种渠道进行宣传，确保信息的广泛传播。后期评估时，对宣传效果进行评估，根据反馈调整后续的宣传策略。这样一份完整、有效的策划方案宣传计划，确保了家委会活动预期目标的达成。

2. 社交媒体平台宣传

社交媒体平台是基于互联网的交流和分享工具，通过文字、图片、视频等多种形式进行互动和沟通。家委会主任可在活动前后，充分利用学校公众号、微信群等家长熟悉的社交媒体平台，定期发布活动预告、精彩瞬间回顾，鼓励家长和学生撰写活动心得、拍摄活动照片或视频，通过网络平台分享给更多的人，让这些充满正能量和感染力的内容，在社交媒体上引起共鸣，吸引更多人的关注和参与。以下《家长线上分享感悟》是家长们在 2024 年 11 月参加全国家委会线上研讨会时的情景，当时家长们在平台上纷纷发表了自己的见解，交流了自己的感想，取得了较好的反响和效果（见图 4‑4）。

图 4‑4　家长线上分享感悟

3. 校园宣传

校园宣传主要有三种形式。一是在校园宣传栏内展示活动海报、成果等，让师生和家长在日常生活中也能感受到活动的氛围。二是在班级黑板报上设计展示班级风采、凝聚班级精神的窗口。通过设计精美的黑板报，张贴活动海报或提前预告即将举行的活动，激发师生们的参与热情。活动结束后进行成果展示，让学生感受到成功的喜悦和自豪。三是将在活动中表现突出的学生列为升旗手，并且张贴他们的事迹在宣传栏中。通过表彰升旗手，有效地发挥升旗手作为校园楷模的引领作用。对于学生而言，这不仅是一种对荣誉的追求，更是一种自我完善和进步的动力。对于教师而言，这也是一种教学相长的过程，可以通过升旗手的榜样作用，更好地引导学生成长。对于家长而言，看到自己孩子的成长，他们会更加关注孩子的全面发展，鼓励他们在学习、品德和能力等方面不断追求卓越。这种家校共育的模式，有助于形成教育合力，共同促进孩子的健康成长。校园宣传栏的充分利用，不仅为校园活动的宣传提供了有力支持，更为师生们营造了一个积极向上、充满正能量的学习环境。它让每一个人都能在日常生活中感受到校园文化的魅力，激发大家对校园生活的热爱和向往。

4. 社区宣传

社区宣传在现代社会中具有极其重要的意义，它是促进社区发展、凝聚社区力量、提升居民素质的重要手段。家委会主任与社区工作人员沟通协作，在社区公告栏张贴精心设计的海报，海报内容可以包含活动的主题、时间、地点、内容亮点以及参与方式等关键信息，让过往的社区居民一目了然，激发他们的参与兴趣。同时，利用社区公众号这一新媒体平台发布活动信息，覆盖更广泛的受众群体，特别是更倾向于通过手机获取信息的年轻家长和孩子们。通过这样的合作方式，家委会主任不仅能够成功举办精彩纷呈的活动，还能加深与社区的联系，为孩子们的成长创造更加有利的外部环境。同时，这也为家校社共育模式的探索和实践提供了新的思路和方向。

5. 口碑传播宣传

口碑传播是一种非正式的人际传播方式，依赖于人与人之间的自然交流，它的主要来源是家庭与朋友、同学的影响。它是一种高效、低成本且可信度高的传播方式。因此，家委会主任可鼓励参与活动的家长和学生分享自己的体验和收获，通过口碑传播的方式，吸引更多的人参与到活动中来。活动结束后，家委会主任组织一次小型的分享会，邀请家长和学生上台讲述他们的参与过程、感受以及从中获得的成长和收获。这些真实、生动的故事，往往比任何华丽的宣传语都更能打动人心。家长们可以分享他们在活动中与孩子共同成长的瞬间，孩子们则可以讲述他们在活动中学到的新知识、结交的新朋友以及收获的克服困难的勇气。

口碑传播不仅可以让更多的人了解活动的魅力和价值，还能增强家校之间的黏性和信任感。当家长和学生都愿意主动分享他们的体验和收获时，说明活动真正触动了他们的心灵，让他们感受到了参与的意义和价值。这种正面的反馈和认可，是对家委会工作最大的鼓励和肯定，也是推动未来活动持续发展的强大动力。

总之，家委会主任在宣传和推广校园活动成果时，应注重推广的实效性，通过多渠道、多形式的宣传和推广策略，吸引更多家长和学生的参与，活动成果可以更好地发挥其激励、交流和宣传的作用。

三、人际沟通与协作

家委会作为学校与家长之间的桥梁，在促进家校合作、增强教育效果方面发挥着重要作用。有效的沟通与协作是家委会工作的核心，学校家委会深知沟通与协作的重要性，因此在内部和外部沟通方面进行了积极的实践探索，以下将具体阐述其中的做法与成效。

（一）家委会内部沟通

在现代教育体系中，家委会连接着家庭与学校，其重要性不言而喻。一个高效、和谐的家委会，不仅能够促进家校之间的有效沟通，还能为学生的全面发展提供有力支持。然而，家委会内部沟通与协作的顺畅与否，直接关系到其职能的发挥和家校合作的效果。因此，探索家委会内部沟通与协作的有效策略，对于提升教育质量、促进学生成长具有重要意义。

1. "隔代互学长本领，跨越时空向未来"的顶层设计

《"隔代互学长本领，跨越时空向未来"的顶层设计》旨在通过丰富多彩的寒假活动，增进学生、家长与学校之间的联系，提升学生的综合素质。该项目不仅得到了广大家长的积极响应，也取得了显著成效。通过深入分析该项目，我们可以提炼出家委会内部沟通与协作的宝贵经验。

◇ 案例

"隔代互学长本领，跨越时空向未来"的顶层设计

校级家委会作为家校合作的最高层级，其角色定位和功能发挥至关重要。在"你好，寒假！"项目中，校级家委会主任唐妈妈立足学校"隔代互学长本领，跨越时空向未来"的顶层设计理念，明确了项目活动的目标，提出以"'龙'浓亲情，拍出幸福"为主题的寒假活动安排，还制订了详细的实施计划和时间表。结合学校摄影特色，一、二年级拍年画，三年级拍年俗，四年级拍年味，五年级拍年"祝福"，引导"亭林小囡"用最传统、最热烈的新年庆祝方式体验浓浓年味。唐妈妈从校级家委会的角度，全面阐述了项目对于提升学生综合素质、增进家校联系的重要性，为其他家长树立了正确的导向。

同时，唐妈妈还强调了家委会在项目中的核心作用，即作为项目的组织者、协调者和监督者，确保项目的顺利进行。她鼓励家长们积极参与，提出宝贵意见和建议，共同为项目的成功贡献力量。

不过，唐妈妈也坦言，在项目启动初期，她对最终成果的预期并不高。首先，活动涉及体育、传统文化等多个层面，对部分多孩家庭、文化水平较低的家长来说，活动的实施难度较大，家长的接受程度也不高。更何况放寒假以后，孩子就放飞自我了，参与度肯定也会大打折扣。尤其是前期在举办班级小队活动的时候，不仅家长私下向她吐槽，认为活动设计太复杂，"学校在弄一些形式化的东西"，是在"为难孩子和家长"，"学习都辅导不过来，哪有心思参加这么多活动"，就连家委会成员的积极性也不高。不过唐妈妈秉着负责任的心态，势必不能辜负学校对她的信任，决定先安抚好家委会团队的情绪，让他们从培养孩子的独立性来考虑，试图改变家长对活动的看法，让他们看到活动的长远意义。同时，她实时提供帮助，为群众排忧解难。

唐妈妈满怀热情，主动在班级群里抛出了活动的精妙思路和深切感受，就像一位掌舵人，引领着大家航向未知的趣味彼岸。她不仅在"朋友圈"里晒出了小朋友们参与活动的点点滴滴，还鼓励其他家委会主任也加入"晒娃"大军，用镜头记录下孩子们的每一次进步和欢笑，尽力解决家长或孩子们的每一次疑问。就这样，一次次的沟通，一次次的分享，如同一股股温暖的春风，悄悄吹进了每位家长的心田。在这春风的吹拂下，家长们的心态也悄然发生了变化。到了项目中期，那些曾经的吐槽声渐渐弱了下去，取而代之的是对孩子们源源不断的表扬和赞赏。家长们开始发现，孩子们仿佛一夜之间长大了许多，变得更加懂事，更加独立了。

唐妈妈首先谈到了自己参与"'隔代互学长本领，跨越时空向未来'的顶层设计"的初衷和动力。她认为，作为家长，有责任和义务为孩子的成长贡献自己的力量。而参与该项目的实践，不仅能够丰富孩子的寒假生活，还能增进自己与孩子之间的亲子关系。因此，她毫不犹豫地加入了项目团队，并积极参与了各项活动的筹备和实施。在活动过程中，唐妈妈不仅见证了孩子的成长和进步，也深刻体会到了家校合作的重要性。她认为，通过家校合作，家长可以更加深入地了解学校的教育理念和教学情况，从而更好地配合学校做好孩子的教育工作。同时，学校也可以通过家长的反馈和建议，不断改进和完善教育教学工作，提高教育质量。

活动结束后,李妈妈在家长会上分享了参加"隔代互学长本领,跨越时空向未来"活动的感悟。她讲述了孩子参与项目后的变化——孩子变得更加自信、开朗、懂得感恩等,这些真切的成长让家长们深受触动。不仅如此,她还分享了自己对家校合作的感悟和思考,认为家校合作是促进学生全面发展的有效途径。通过唐妈妈、李妈妈两位家委会主任的经验分享,家长对"隔代互学长本领,跨越时空向未来"项目有了更加直观和深入的了解,也为后续项目的开展奠定了良好的基础。

"隔代互学长本领,跨越时空向未来"的实施

李妈妈首先组织了一次班级家长会,详细介绍了项目的背景、目的和意义,并征求了家长们的意见和建议。在充分听取家长意见的基础上,她将寒假时间细分为寒假初期、中期和末期三个阶段,按照从易到难的顺序制订了详细的活动计划,从剪纸、编竹篮到跳广场舞,活动类型多样。为了确保小朋友能认真实践,家委会协同家长约定每周在班级群分享学习成果和学习心得,激发小朋友的活动兴趣,也为其他家长提供参照。分享结束后,班级家委会主任李妈妈会通过问卷和线上沟通的方式询问其他家长对此次活动的意见,对小队活动进行持续改进和优化。通过李妈妈的努力,班级家委会在"隔代互学长本领,跨越时空向未来"项目中发挥了重要作用,为项目的成功实施奠定了坚实基础。

2. 家委会内部沟通与协作的深化策略

为了进一步提升家委会的工作效率和效果,我们从以下几方面着手推进深化家委会内部沟通与协作。

1) 建立多元化的沟通渠道,确保信息畅通无阻

为了确保家委会内部信息的畅通无阻,我们建立了多元化的沟通渠道。除了传统的微信群、QQ 群等即时通信工具外,我们还建立了家委会公众号、小程序等线上平台,以便家长们能够随时随地获取相关信息和参与讨论。同时,我们还定期举办家校沟通活动,如家长会、家长沙龙等,为家长们提供一个面对面交流的平台。通过这些渠道和平台,我们可以确保家委会内部信息的及时传递和反馈,增强家长们的参与感和归属感。

2) 明确职责分工,形成高效协作机制

家委会内部成员众多,为了确保工作的有序进行,我们需要明确每个成员的职责分工。校级家委会应负责制订整体规划和战略方向,班级家委会则负责具体实施和细节把控。同时,我们还需要建立高效的协作机制,确保各个层级

和部门之间的密切配合和无缝衔接。例如,建立定期的工作会议制度,及时总结工作经验和教训,调整工作计划和策略;建立项目负责制,由专人负责项目的策划、实施和监督,确保项目的顺利进行和高质量完成。

3)注重个性化沟通与服务,满足家长多样化需求

每个家庭和孩子都是独一无二的,因此我们需要注重个性化沟通与服务,满足家长的多样化需求。家委会成员,尤其是家委会主任,应主动了解每个家庭的情况和需求,如孩子的兴趣爱好、学习状况、心理需求等,并根据实际情况提供个性化的服务和支持。例如,可以针对学习困难的孩子提供辅导和帮助;针对有心理困扰的孩子提供心理咨询和疏导;针对家庭教育的困惑提供指导和建议等。通过个性化沟通与服务,我们增强了家长们的信任和支持,提高了家校合作的针对性和实效性。

4)鼓励家长深度参与学校工作,形成教育合力

家长是学校教育的重要资源和力量。为了充分发挥家长的作用,我们鼓励家长深度参与学校的工作。例如,邀请家长参与学校的教学评估、课程开发、活动策划等工作,让家长成为学校教育的合作伙伴和参与者;组织家长志愿者参与学校的日常管理和服务工作,如校园安全巡逻、上下学护导、图书借阅管理、卫生清洁等,让家长亲身体验学校的教育环境和氛围。通过深度参与学校工作,家长们可以更加深入地了解学校的教育理念和教学情况,增强对学校的认同感和归属感,也更能理解家庭教育对孩子的重要作用;同时,学校也可以充分利用家长的资源和力量,提高教育质量和效果。

5)加强家委会自身建设,提高工作水平和能力

家委会在家校合作中,其自身建设至关重要。为了提高家委会的工作水平和能力,我们加强了家委会的自身建设。首先,加强家委会成员的培训和学习,提高他们的沟通能力、组织能力、协调能力等;其次,建立完善的规章制度和工作流程,确保家委会工作的规范化和制度化;最后,加强家委会的团队建设,增强团队凝聚力和向心力。通过加强家委会自身建设,我们可以提高家委会的工作效率和效果,为家校合作提供更加坚实的支撑。

总之,家委会内部沟通与协作是家校合作的重要组成部分,也是促进学生全面发展的有效途径。通过深入分析"你好,寒假!"项目的成功经验,我们可以提炼出家委会内部沟通与协作的宝贵经验;同时,针对存在的问题和不足,提出切实可行的深化沟通策略。

（二）外部沟通与协作

在现代教育体系中，家校社协同育人已成为推动学生全面发展的关键路径。家委会主任，作为家长群体的代言人，其角色不仅局限于家庭与学校之间的信息传递者，更是构建家校社协同育人新生态的核心力量。通过有效的外部沟通与协作，家委会主任能够整合多方资源，形成教育合力，为学生的成长与发展创造更加广阔的空间。

1. 项目引领，区域联盟

1）"亭林小囡"游亭林项目：多方协同，共创教育新体验

"亭林小囡"游亭林项目，是一次由家委会主导，学校、班级、社区等多方参与的教育实践活动。在这个项目中，家委会主任展现出了卓越的领导力与协调能力。家委会主任赵爸爸先与学校领导层进行了深入的沟通与讨论，明确了活动的教育目标与意义，确保了活动与学校整体教育理念的契合。同时，为了活动的顺利实施，他还逐一与三年级各班的班主任进行了细致的对接，了解了各班学生的特点与需求，为活动定制了个性化的方案。

在活动筹备阶段，家委会主任与活动场地的负责人进行了多次的沟通与协商，从活动流程的设计到安全预案的制订，每一个细节都力求完美。通过多方协同，活动最终得以顺利举行，不仅让孩子们在亲近自然的同时增长了知识，还培养了他们的团队协作与独立思考能力。这一项目的成功，充分展示了家委会主任在外部沟通与协作中的重要作用，也为未来的家校社协同育人工作提供了宝贵的经验。

2）亭林张堰小学紧密学区代际项目：代际携手，共筑成长与传承之桥

亭林张堰小学的紧密学区代际项目，则是家委会与学校、其他班级家委会以及社区资源深度合作的又一典范。在项目的策划与实施过程中，历届家委会主任主动出击，与学校共同制订了多样化的活动计划，确保活动的教育性与趣味性并重。同时，他们积极联系其他班级和学校的家委会，通过线上线下的多次研讨，共享活动策划思路，相互借鉴成功经验，形成了良好的合作氛围。2024年11月30日，松隐小学"阳光诗雨家"宅基课堂走进亭林浩光村金家浜"水稻—亩田农耕文化基地"，开启了一场以"传承稻香文化，共享代际温情"为主题的代际学习活动。此次活动，亭林张堰小学紧密型学区各校的部分学生携手祖辈共赴这场意义深厚的农耕文化之约。在浩光村村委、紧密学区家委主任、家长志愿者的精心组织下，孩子们和家长一同开启了一场农耕文化之旅。他们先

参观了农舍展厅，领略从远古到现代的农耕变迁；然后在田间体验收割水稻、手工脱粒，品尝劳动成果，并亲手制作了"风谷机"，锻炼协作能力；最后参与草绳跳绳和搓玉米粒比赛，体验了欢乐的氛围。这场活动不仅让孩子们感受了农耕文化的魅力，种下热爱家乡的种子，更通过劳动实践让他们领悟到劳动的价值，搭建起代际情感与文化传承的桥梁，成为孩子们成长中一段难忘的回忆。

为了丰富孩子们的假期生活，家委会主任还积极对接社区资源，如社区图书馆、文化馆、文化遗址公园等，为孩子们提供了多样化的活动选择。通过参观学习、互动体验等方式，孩子们不仅拓宽了视野，还激发了探索未知的热情。这些项目的成功实施，不仅展现了家委会主任在资源整合与利用方面的能力，也进一步巩固了家校社之间的紧密联系。

2. 深化合作，共创未来

1）与学校保持密切而深入的沟通

通过定期与学校领导、班主任的正式会议，以及利用家长微信群、学校公众号等非正式的沟通渠道，家委会主任及时了解学校的教育教学情况，传达家长的意见与建议。同时，家委会主任还应主动带回学校的最新动态与教育理念，促进双方信息的对称与理解的深化。这种密切而深入的沟通，有助于增进家校之间的信任与合作，共同为学生的成长与发展贡献力量。

2）构建班级家委会联盟，强化横向合作

班级家委会之间常常面临资源分散、信息闭塞等问题。为了解决这些问题，家委会主任可以主动寻求与其他班级家委会的合作机会，通过联合举办活动、共享教育资源、交流管理经验等方式，形成班级间的良性互动。例如，可以联合组织亲子运动会、文艺会演、社会实践等活动，让孩子们在参与中增进友谊，培养团队精神；也可以共享教育讲座、心理辅导等资源，为家长们提供更加丰富多样的教育支持。构建班级家委会联盟，不仅能够实现资源的优化配置，还能够增强家长之间的凝聚力与向心力。

3）深化与社区的合作，拓展教育资源

社区是学生成长的重要环境之一，蕴含着丰富的教育资源。家委会主任应充分利用这一资源，与社区图书馆、文化中心、体育设施等建立长期合作关系，开展形式多样的教育活动。例如，可以与社区图书馆合作，组织阅读推广活动，培养孩子们的阅读兴趣与习惯；可以与社区文化中心合作，举办文化节庆活动，让孩子们在参与中感受传统文化的魅力；还可以与社区体育设施合作，开展体

育锻炼活动,增强孩子们的体质与毅力。通过深化与社区的合作,家委会能够为学生们提供更加贴近生活的教育体验,促进他们的全面发展。

4）引入专业力量,提升教育品质

在现代教育体系中,专业力量的引入对于提升教育品质具有重要意义。家委会主任可以积极联系教育咨询公司、心理咨询中心、艺术培训机构等专业机构,为家长提供科学育儿指导,并为孩子提供个性化的成长方案。例如,可以邀请教育专家举办讲座,为家长们传授科学的教育方法与理念;可以与心理咨询机构合作,为家长们提供心理咨询服务,帮助他们解决在教育过程中遇到的困惑与问题;还可以与艺术培训机构合作,为孩子们提供丰富的艺术课程与活动,培养他们的审美能力与创造力。通过引入专业力量,家委会能够为学生们提供更加专业、个性化的教育支持,促进他们的全面发展与成长。

5）强化参与,增进理解与支持

家长的参与是家校合作的重要基础。家委会主任应鼓励家长积极参与学校的各类活动,如教学开放日、家长会、校园文化节等,通过亲身体验加深对学校教育工作的理解与支持。同时,家委会主任还可以组织家长志愿者活动,让家长们有机会直接参与到学校的教育教学过程中来,为孩子们的成长贡献自己的力量。这种强化参与的方式,不仅能够增进家长对学校工作的理解与支持,还能够增强家长们的责任感与归属感,形成家校共育的良好氛围。

6）家委会自身能力的提升与建设

家委会主任应重视家委会团队的能力建设,通过定期培训、经验分享会、团队建设活动等形式,提升成员的综合素质与业务能力。例如,可以组织沟通技巧培训,提高家委会成员的沟通协调能力;可以开展项目管理培训,提升家委会成员的项目策划与执行能力;还可以组织团队建设活动,增强家委会成员之间的凝聚力与协作精神。通过不断提升家委会自身的能力与水平,家委会能够更好地履行其职责与使命,为家校社协同育人工作提供有力支持。

7）建立高效、透明的沟通机制

为了确保家校社协同育人工作的顺利进行,家委会主任应建立高效、透明的沟通机制。这包括定期召开家委会会议,与学校领导、班主任、其他班级家委会主任等沟通交流;建立微信群、钉钉群等线上沟通平台,方便家长及时沟通信息、解决问题;还可以设立家长意见箱或反馈热线,收集家长们的意见与建议,并及时给予回应与处理。通过这种高效、透明的沟通机制,家委会能够确保信息的及时传递与反馈,增强工作的透明度与公信力,从而赢得家长们的信任与支持。

总之,家委会主任与外部沟通与协作的能力与水平,直接关系到家校社协同育人工作的成效与质量。通过深化合作、创新模式、强化能力、建立机制等方式,家委会主任能够成为推动家校社协同育人工作的重要力量。未来,我们期待更多的家委会主任发挥自身优势与潜能,积极寻求与外部机构的合作与交流,共同构建家校社协同育人的新生态。

四、资源整合与管理

家委会主任在资源整合与管理方面扮演着关键角色,他们通过建立完善的财务记录系统、精心调配物资资源,并有效组织和管理志愿者队伍,确保家校合作活动在预算范围内高效、有序地进行。这些措施为活动的成功举办提供了坚实保障。

资源管理主要可以从财务、物资、志愿者管理三个方面来详细展开。财务管理是家委会资源管理的核心部分,直接关系到活动能否在预算范围内高效完成,由财务主任建立完善的财务记录系统,记录所有收支情况,定期进行账目审计,同时做好预算,严格控制开支;物资管理由家委会主任统一调配,保证资源的合理、有效利用。志愿者是家校合作活动中不可或缺的力量,有效管理志愿者能极大提升活动效率和质量。

(一)家委携手,协同育人

1. 家委携手共筑梦,"温馨教室"展新容

班级文化是一种隐形的教育力量,是班级成员为实现素质的全面发展而共同创造的物质财富和精神财富的总和。元旦来临之际,为了深植校园文化根基,焕发班级文化的勃勃生机,并构筑一个积极向上、健康奋进的班级文化氛围,亭林小学精心策划并实施了"温馨教室"评选活动。此次活动得到了各班班主任辅导员与全体学生的热烈反响与鼎力支持,大家群策群力,竞相展现各自的创意与才华。其中,三(3)班在评选过程中表现尤为亮眼。究其原因,不难发现,家委会主任在其中发挥了关键性的作用。

1) 积极参与,贡献专业力量

郁妈妈作为三(3)班的家委会组织委员,同时又是一名幼儿园老师,她的参与无疑为班级的"温馨教室"评选活动增添了许多专业色彩和创意灵感。郁妈

妈得知学校将举办"温馨教室"评选活动后,立即表现出极大的热情和支持。作为教育工作者,她深知教室环境对学生学习和成长的重要性,因此决定将自己的教育经验和创意融入班级的装扮。作为幼儿园老师,她擅长营造温馨、富有童趣的学习环境。她先对现有的教室环境进行评估,整理出需要修改和装饰的版面。接着,她根据过往的经验,搜集了与元旦相关的装饰品,并在心中构思出一份大致的装饰方案。这为三(3)班的教室布置提供了宝贵的思路。

2) 群策群力,激发创意火花

为了策划出一个人人满意的"温馨教室",家委会主任罗爸爸发动家委会成员与班主任、辅导员紧密合作,共同策划教室的装扮方案。在讨论会上,他向大家特别推荐了郁妈妈。为了使家长们更了解孩子的生活和学习环境,班级家委会还组织了一次线上家长会,邀请家长们一起参与讨论,集思广益。会上,罗爸爸首先向大家介绍了活动的背景和目的,并强调了学习空间——教室环境对学生成长的重要性。随后,他鼓励每位家长畅所欲言,提出自己的创意和建议。家长们积极响应,纷纷发表了自己的看法。有的家长建议在墙面上展示学生绘制的画作,展现他们的才华;有的家长提议将教室的角落布置成小型植物区,为学习空间增添一抹绿色;还有的家长建议设置一个小型的图书角,让学生们随时都能沉浸在阅读的乐趣中。

会上,宣传委员郁妈妈认真倾听了每一位家长的意见,以她特有的敏锐洞察力和专业教育背景,充分吸收了大家的智慧。在综合以上建议之后,她结合自己的专业优势,提出了一个极富创意的想法——在阅读角旁设置一块"新年心愿墙",这块心愿墙将以一棵茂密的大树为轮廓,用鲜亮的橙色勾勒出树干和枝丫,营造出一种生机勃勃、充满希望的氛围。而大树的每一个枝丫上,都将贴上孩子们亲手写在贺卡上的新年愿望。这些愿望或许是对学习的期待,或许是对生活的憧憬,或许是对家人的祝福,每一个都承载着孩子们纯真而美好的心灵。郁妈妈解释说:"这样的设计不仅能让教室充满节日的喜庆和温馨,更能激发孩子们对未来的期待和憧憬。每当他们看到自己的愿望被贴在大树上,就会感受到一种被重视和被鼓励的力量,从而更加积极地面对学习和生活中的挑战。"这个提议立刻得到了家长们的一致好评。大家纷纷表示,这样的心愿墙不仅能成为教室的一道亮丽风景线,更能成为孩子们心灵成长的见证和寄托。在郁妈妈的带领下,家长和孩子们一起动手制作贺卡、书写愿望,共同为这面新年心愿墙添砖加瓦。

最终，当这面充满创意和爱心的新年心愿墙出现在教室里时，它不仅成为孩子们最喜爱的角落，也成了班级文化的一个重要组成部分。它寓意着新的一年里，孩子们将像这棵大树一样茁壮成长，勇敢追逐自己的梦想。

3）亲手制作，营造温馨氛围

在讨论过程中，财务主任谢妈妈也发挥了举足轻重的作用。她以严谨的财务思维和细致入微的评估能力，对相关费用进行了全面的梳理和计算，费用至少包括基础装饰材料费用（墙面装饰和悬挂装饰）、特色饰品（新年、阅读之类）、废旧物品再利用的胶水、软钉等。谢妈妈深知，装扮教室不仅要追求美观和创意，还要考虑成本效益。因此，她提出了一系列节约成本的建议。她建议大家利用废旧材料，如废旧纸张、布料、塑料瓶等，通过巧手制作，变成既环保又实用的装饰品。这些废旧材料经过大家的巧手改造后，不仅能为教室增添一份独特的韵味，还能让孩子们在实践中学会变废为宝，培养环保意识。

同时，谢妈妈还建议购买一些性价比高、可以反复利用的装饰用品。她认为，这些用品不仅能在本次装扮中发挥重要作用，还能在未来的活动中继续使用，避免了一次性装饰造成的浪费。她的这些专业意见得到了大家的一致认可。在综合考量饰品的多样性和成本效益后，谢妈妈决定利用网络资源，在网上寻找更多性价比高、符合教室装扮风格的装饰品。她仔细比较了不同商家的价格和质量，选择了信誉好、口碑佳的商家进行合作，确保购买的装饰品既美观又实用。

在谢妈妈的精心策划和大家的共同努力下，装扮方案得以顺利实施。教室在大家的巧手装扮下，变得既温馨又富有创意，为孩子们营造了一个良好的学习环境。而谢妈妈的专业意见和节约成本的理念，也为班级的财务管理树立了榜样，让大家更加明白了合理规划和利用资源的重要性。

郁妈妈动员擅长手工制作，且有空闲时间的家长共同动手制作了一些装饰品。她利用环保材料，如彩纸、废旧布料等，制作出了色彩斑斓的挂饰、墙贴和桌布。这些手工艺品不仅美化了教室环境，还传递了环保和节约的理念。在她的带动下，家长们和学生们也纷纷参与到手工制作中来，共同为教室增添了一份份独特的温馨气息。

4）成果展示，赢得赞誉连连

经过大家的共同努力，三（3）班的教室焕然一新，充满了温馨和活力。墙壁上挂满了学生们的作品和创意装饰，角落里设置了舒适的阅读区，整个教室洋溢着积极向上的氛围(见图4-5)。在"温馨教室"评选活动中,三(3)班的教室凭借其独特的创意和温馨的氛围脱颖而出,赢得了评委和师生们的一致好评。

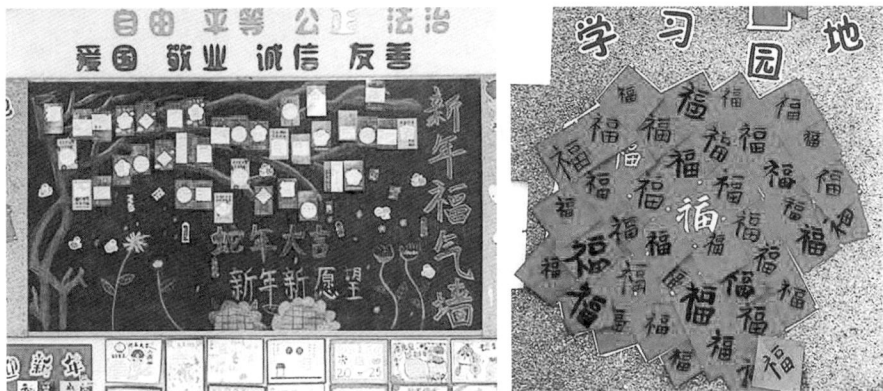

图4-5　三(3)班温馨教室一角

三(3)班家委会主任的积极参与和贡献,不仅为班级赢得了荣誉,更重要的是激发了班级成员的凝聚力和创造力,构筑了一个积极向上、健康奋进的班级文化氛围。她们的行动充分展示了家校合作的力量,也为学校的校园文化增添了一道亮丽的风景线。

2. 家委志者同守护,校园安全携手筑

班级家委会会对每学期的班级开支进行透明管理。在每学期末的家委会工作会议上,学校财务老师也会对本学期的收费情况做统一说明,确保校级家委会成员对学校的开支有清晰的了解,从而提高学校教育收费工作的透明度。除了额定的午餐、社会实践、校服和课后服务等固定开支之外,其他活动的费用都需要由学校财政覆盖。因此,家委会主任在策划活动之际就需要考虑清楚每项开支,并向各位家长做好收费透明的沟通工作。除了各项活动开支和方案制订,志愿者也是家校合作活动中不可或缺的力量。家长志愿者主要是指那些乐于并义务为学校提供教育支持的家长群体。除了日常的家长护校工作,也包括运动会志愿者等其他需要家长协助的活动,有效管理和调动家长志愿者的参与能极大提升活动效率和质量。

自2019学年设立南北两个校区以来,亭林小学在上学入校、放学离校这两个高峰时间段,逐渐意识到需要设立更多的志愿者岗位,以确保所有学生的安全和秩序。新学期开学之际,护校工作会议依然由校级家委会组织,会议号召

家长志愿者一起参与护校工作,大家通过微信群进行协商和讨论,确保万无一失。

同时,校级家委会还向全校发起倡议,欢迎那些"有爱心、有耐心、有责任心、有奉献心、有包容心"的家长加入。每学期,学校会针对积极参与各项志愿者活动的家长进行评选,特别表彰表现优秀的家长,并授予他们"五心家长"荣誉称号。每学期的表彰大会上,"五心家长"与表现优秀、进步显著的小朋友一同站上讲台领奖,让所有的小朋友都能看到家长在背后为他们成长付出的努力。

为了使志愿者管理的制度更完善,校级家委会主任通常从以下几个方面进行细化和规范。一是招募与筛选。通过校内外渠道广泛招募志愿者,并根据活动性质和要求进行筛选,确保志愿者队伍的质量和热情;根据家长平时参加班级活动的频率和有效性来酌情邀请校内志愿者,同时,家校护导的参与情况也可以作为参考依据,从而确保活动开展得更得心应手。二是培训与指导。借助金山家庭教育促进会之类的专业团队力量,组织得力家委进行志愿者培训,明确各自职责、工作流程及注意事项。此外,还会提供必要的技能培训,如沟通技巧、紧急情况处理等。三是激励与表彰。家委会主任做好活动记录册,并建立志愿者激励机制,为热情积极的志愿者颁发证书、小礼品或公开表扬。通过这种方式,为其他志愿者和孩子树立榜样,以增强志愿者的归属感和积极性。同时,家委会主任也关注志愿者的反馈,不断优化志愿服务体验。四是团队建设。通过团队建设活动,促进志愿者之间的沟通与协作,形成良好的团队氛围,从而增强团队的凝聚力,提高工作效率。

(二) 资源管理的实践策略

家委会主任在资源分配和整合时,必须综合考量财务、物资以及志愿者三大要素,通过科学规划、有效执行以及持续优化,确保家校合作活动的顺利开展,为孩子的成长创造更加丰富的物质保障。

1. 明确资源管理目标

在明确资源管理目标时,家委会主任需要确保资源的最大化利用,即确保活动的顺利开展,同时最大限度地利用和整合现有资源,提高资源的使用效率。

2. 建立资源清单与分类

在建立资源清单与分类时,家委会主任需要作全面、细致的规划和管理。具体来说,应从以下几方面入手。一是财务资源,包括活动预算、赞助资金、募捐所得等。应在每次活动前做好资金预算，保证活动支出在合理范围内。二是物资资源，包括活动场地、设备、文具、装饰材料等，需要联合相关活动场地负责人员和活动组织人员协同规划，保证物资调配有序；同时，活动所需的人力资源，包括家长志愿者、教师、社区成员等，都需要在每次活动前做好评估，几次活动之后，家委会主任可以根据过往经验推算每次活动所需的人力资源，提前做好沟通和联系。三是信息资源，包括活动方案、宣传资料、家长反馈等。家委会主任需要在活动前、活动中、活动后做好资料的收集和整理，可以安排宣传委员或者组织委员协同，保证材料的丰富与完整。

3. 制订资源管理计划

在制订资源管理计划时，家委会主任需要从多个方面进行周密规划。具体包括以下几个关键点。一是预算编制与执行。家委会主任可以根据活动规模和内容，制定合理的预算，并严格按照预算执行，避免超支。二是物资采购与调配。根据活动的规模与需求做好规划，提前采购所需物资，并根据活动进程进行合理调配，避免浪费。三是志愿者招募与培训。家委会主任可以通过社交媒体、家长微信群等渠道招募志愿者，并进行必要的培训，确保他们了解活动流程和职责。

4. 实施资源整合策略

在实施资源整合策略时，家委会主任需要从以下几个方面着手，确保资源的高效利用和活动的顺利开展。一是建立资源网络。与社区、企业、教育机构等建立合作关系，形成资源共享的网络。通过合作，获取更多的支持和帮助，提升活动质量。二是利用数字平台。借助现代科技手段，如微信群、钉钉群、学校网站等，方便信息的传播与交流。通过这些平台，及时发布活动信息，收集家长的反馈与建议。三是整合志愿者资源。鼓励家长参与志愿服务，发挥他们的特长和优势，为活动提供支持。通过志愿者的参与，丰富活动内容，提高教育质量。

5. 加强资源管理与监督

在加强资源管理与监督时，家委会主任需要注重以下几个方面。一是设立专责小组。成立家长资源管理团队，负责与家长进行沟通、维护家长资源库、组织家长参与活动等。团队成员应具备一定的管理能力和沟通技巧。二是定期评估与调整。对资源整合的效果进行定期评估，根据实际情况进行调整。通过数据分析和反馈，优化资源配置，确保资源的有效利用。三是建立反馈机制。及时收集家长对活动的反馈和建议，了解家长的需求和期望，以便对资源整合策略进行持续改进。四是确保财务透明。对活动的财务收支进行公开透明的管理,定期向家长公布财务报告,接受家长的监督。五是保障物资安全。对活动所需的物资进行妥善保管,确保其在活动期间的安全和完好。六是遵守法律法规。在资源整合和利用过程中,严格遵守国家相关法律法规和政策规定,确保活动的合法合规。

综上所述,家委会主任在资源管理与整合方面需要采取一系列实践策略,以确保家校合作活动的顺利开展。通过明确资源管理目标、建立资源清单与分类、制订资源管理计划、实施资源整合策略、加强资源管理与监督、促进家校合作与共享以及注重资源的安全与合规等措施,家委会主任可以有效地整合和利用各种资源,为孩子们的成长创造更加丰富的教育环境。

五、终身学习与发展

对家委会主任而言,如何更好地发挥出自身的引领作用,带动整个家委会组织有效运作,是需要深入思考的问题。在课题研究前期,通过调查问卷发现,家委会主任的整体学历水平较高,但其专业素养和工作能力还有待进一步的提升。这就要求家委会主任通过终身学习来提升自己。终身学习对于家委会主任而言,是一条不断提升自我、适应变化、更好地服务于教育和家庭的必要途径。

家委会主任赵爸爸从自身经历中深刻体会到家委会工作让他收获颇多。从一年级开始担任班级家委工作时还是一位新手,一边协助班主任开展工作、创建中队特色,一边带领小队员们开展丰富多彩的社会实践活动;到后来"渐入佳境",进入校级家委会团队,一边围绕学校重大节庆任务开展主题活动,一边带领家委团队做好家校协同,支撑家庭教育与学校教育的良性互动。也正因为这份全凭责任与爱心的家委会工作,赵爸爸开始关注学校教育、儿童心理学和家庭教育方面的热点和理论书籍。从家庭教育者的身份转变成为学习者、实践者,他在家委会工作中也能更细致地关注到孩子的情感需求,及时对学校的教育质量进行监督和评估,及时提出改进建议,并帮助学校不断优化教学方法和管理措施。

(一) 个人层面

1. 提升个人能力

家委会主任需要不断学习新的教育理念、教育方法和管理技巧,以提升自身在教育领域的专业素养。这不仅有助于他们更有效地与学校沟通,还能为家长提供更专业的指导和建议。唐妈妈作为现任校级家委会的主任,深刻理解到在快速变化的教育环境中,持续学习是提升个人能力、更好地服务于家校共育的关键。因此,她始终保持着对新知识、新理念的渴求,积极投身于由区家庭促进会及各大专业教育机构精心组织的各类教育研讨会与工作坊中,不断汲取教育的甘露。

在一次"现代家庭教育理念与实践"的研讨会上,唐妈妈不仅系统学习了正面管教的艺术,掌握了如何在尊重孩子个性的基础上,通过鼓励与引导而非惩罚来促进其良好行为习惯的养成;她还深入了解了情绪智能培养的重要性,学会了如何帮助孩子识别、理解并有效管理自己的情绪,为他们的社交技能和未来生活打下坚实的基础。这些前沿的教育理念和方法极大地丰富了她的教育视野,也提升了她的专业素养。

将所学转化为实践,唐妈妈在家校沟通中展现出了前所未有的从容与智慧。她运用正面管教的策略,在家长会上分享如何在家中建立积极的沟通氛围,鼓励家长们以更加理解和支持的态度陪伴孩子成长。同时,她还倡导学校开展情绪智能相关的课程和活动,帮助学生建立健康的情绪调节机制,这一提议得到了校方的积极响应,有效促进了学生的全面发展。

唐妈妈的不懈努力,不仅让她个人在教育领域的专业素养得到了显著提升,更为家校合作打通了沟通的渠道,促进了教育资源的有效整合与共享。她的努力为孩子们营造了一个更加和谐、更有利于成长的教育环境。

2. 增强个人魅力

通过持续学习,家委会主任可以不断拓宽视野,增加知识储备,从而在家长群体中树立威信,成为大家信赖和尊重的领导者。2020 届的家委会主任赵爸爸会利用业余时间通过在线学习平台(如 Coursera、网易云课堂等)学习心理学、儿童发展学等课程。他通过学习深入了解了孩子的成长规律和心理需求,从而在教育孩子时更加科学、合理。赵爸爸不仅将所学知识应用于家庭教育之中,还积极地将这些科学理念带入学校与家庭的合作之中。他深知,教育是一个系统工程,需要家校双方共同努力,形成合力。因此,在策划或协助学校举办的各种活动时,赵爸爸总是能够基于对儿童发展心理学的深刻理解,提出既富有创意又切实可行的建议。

例如,为了提升小朋友的阅读兴趣,赵爸爸联合班级其他家委会成员共同开展了低学段儿童的课外阅读活动。其中,一位家委会成员负责提供场地,赵爸爸与另一位家委会成员负责组织活动,每周举行一次。活动当天,小朋友可以自行带一本书籍前往,也可以去亭林图书馆借阅。活动要求当天能完成至少一个故事的阅读,并且能向同学们推荐自己喜爱的书籍。班主任施老师也会抽空前往参观,鼓励小朋友在浓厚的读书氛围中体味阅读乐趣。在筹备学校的心理健康教育月时,赵爸爸提议举办一系列以"情绪管理"为主题的互动式工作坊,邀请专业心理咨询师来校,通过角色扮演、小组讨论等形式,帮助孩子们学会识别并表达自己的情绪,培养健康的情绪调节能力。这一提议不仅得到了校方的高度认可,也深受家长和孩子们的欢迎,有效促进了学生心理健康水平的提升。

此外,赵爸爸还利用自己在在线学习平台上获得的教育管理知识,优化了家委会的工作流程。他倡导使用项目管理工具来协调各项活动的筹备工作,确保每个环节都能高效、有序地进行。同时,他还鼓励家委会成员也参与到在线学习中来,共同提升教育素养,形成了一支学习型、研究型的家委会团队。

在赵爸爸的带领下,家委会与学校之间的沟通更加顺畅,合作更加紧密。他们共同参与制订学生综合素质评价方案,关注学生的全面发展而不仅仅是学业成绩;在校园文化建设中,他们融入更多元化的元素,鼓励孩子们探索自我,培养创新思维和实践能力。

赵爸爸的努力不仅让自己的孩子在更加科学、和谐的家庭环境中茁壮成长,也为整个学校和社区营造了一个积极向上、充满爱的教育氛围。他的事迹激励了更多的家长参与到孩子的教育过程中,与学校携手共进,共同为孩子们的未来铺设坚实的基石。

3. 促进个人成长

促进个人成长,对于家委会主任而言,是一个多维度、持续进行的过程。终身学习不仅仅局限于专业知识的积累与更新,更是一种生活态度,涵盖了个人修养的深化、情绪管理的精进以及人际交往能力的拓展等多个层面。这些能力的提升,对于家委会主任实现个人全面发展,发挥着至关重要的作用。

在个人修养方面,家委会主任通过广泛阅读、参加教育沙龙、教育讲座等活动,不断拓宽视野,提升审美情趣,使自己在面对复杂多变的教育问题时,能以更加从容不迫、温文尔雅的态度去应对。这种内在的气质与修养,不仅增强了他们的个人魅力,也让他们在处理家校关系时更加得心应手,赢得了师生与家长的尊重与信任。

情绪管理能力的提升，则是家委会主任不可或缺的一项技能。在面对家校沟通中的冲突与挑战时，他们能够保持冷静、理性，运用所学的情绪调节技巧，迅速调整自己的情绪状态，避免情绪化的反应，从而更有效地解决问题。同时，他们还能将这些方法传授给家长和学生，帮助他们建立健康的情绪管理机制，共同营造一个和谐、稳定的校园氛围。

在人际交往能力方面，家委会主任需要不断提升自己的沟通技巧、团队协作能力和领导力。通过参加领导力培训、团队建设活动等，他们可以学会如何更有效地倾听他人意见、表达自己的观点，以及如何在团队中发挥引领作用，促进家校之间的紧密合作。这些能力的提升，不仅增强了家委会的凝聚力和战斗力，也为家委会主任在未来的职业发展和个人成长中奠定了坚实的基础。

终身学习对于家委会主任来说，是一个全方位、深层次的过程。它不仅关乎专业知识的积累，更关乎个人修养的熏陶、情绪管理的精进以及人际交往能力的拓展。通过这些努力，家委会主任能够不断实现自我超越，成为家校共育中的佼佼者，为孩子们的成长贡献更多的智慧与力量。

（二）家庭层面

1. 树立学习榜样

家委会主任的终身学习行为，对家庭成员特别是孩子而言，具有显著的榜样效应。其持续学习的态度向家庭成员传递了一个明确的信息：学习是贯穿一生的活动。这种行为模式促使家庭内部形成了一种积极向上的学习氛围。

具体而言，家委会主任通过学习新知识和技能，展示了个人成长的可能性，这种示范效应激发了家庭成员尤其是孩子对学习的兴趣和动力。孩子们观察到父母即便在忙碌之余也坚持学习，逐渐将学习视为日常生活的一部分，而非仅仅是学校布置的任务。

2. 丰富家庭文化

家委会主任通过定期与家人分享学习成果，构建知识共享机制，不仅增强了家庭内部的沟通，还促进了知识的传递和积累。家庭成员在相互学习中共同进步，形成了正向的知识循环。作为家委会副主任，赵爸爸每当完成一项新的在线课程、阅读一本有深度的书籍，或是掌握了一项实用技能后，他都会安排家庭分享会，将自己所学的内容以简洁明了的方式与家人分享。这种分享不仅限于知识的传递，还包括学习过程中的思考、遇到的挑战以及解决策略，使得每一次分享都成为一次深度的思想碰撞。这种知识共享机制显著增强了赵爸爸与家人之间的沟通,打破了传统家庭交流中的日常琐碎,将对话提升到了更具教育意义和启发性的层面。同时,他也鼓励家庭成员在分享会上积极参与讨论,提出见解和疑问,形成了良好的互动氛围。

更重要的是,这一过程促进了知识的有效传递和积累。孩子们从赵爸爸的分享中汲取新知,拓宽了视野;而赵爸爸的妻子和其他家庭成员也能从中获得灵感,甚至在某些领域与赵爸爸形成互补,共同进步。这种相互学习、相互启发的模式,使得赵爸爸的家庭形成了一个正向的知识循环:每个人既是知识的接收者,也是知识的创造者和传播者。

通过赵爸爸的实例可以看出,家委会主任的终身学习行为及其知识共享机制,不仅提升了家庭内部的知识水平,还增强了家庭成员之间的情感联系和团队协作能力,为家庭的整体进步和发展奠定了坚实的基础。

更为关键的是,家委会主任在面对学习挑战时的坚持和解决问题的策略,为家庭成员提供了应对困难的模范。他们展现出的毅力和问题解决能力,鼓励孩子在遇到难题时也能积极寻找解决方案,培养了孩子的抗逆力和自主学习能力。

家委会主任的终身学习行为,通过理性示范、知识共享以及问题解决策略的传授,对家庭成员产生了深远的影响,促进了整个家庭在学习和成长上的共同进步。

3. 家长群体层面

家委会主任的终身学习不仅是其个人不断进步的阶梯,更是推动家长群体整体提升、增强凝聚力以及深化家校合作的重要驱动力。

1)引领学习氛围

赵爸爸作为学校的校级家委会主任,始终秉持终身学习的理念。他不仅自学了儿童心理学、教育学等专业知识,还积极参加线上线下的家庭教育讲座和工作坊。赵爸爸经常在家长微信群中或者线下小队时分享自己的学习心得和育儿经验。例如,如何通过故事讲述培养孩子的想象力,或是如何利用日常小事进行生活教育等。他的行动逐渐感染了其他家长,大家开始主动寻找教育资源,相互推荐好书好课,甚至自发组织了"家长读书会",每周一次聚在一起讨论育儿书籍,分享教育孩子的成功案例和遇到的挑战。这样的学习氛围不仅提升了家长们的教育意识,也显著提高了他们参与孩子教育的积极性和有效性。

2）增强家长凝聚力

在施主任的带领下，班级家委会定期举办"家长沙龙"活动，每次围绕一个主题，如"如何培养孩子的独立性""低学段儿童沟通技巧"等，邀请金山区家庭教育促进会的专家举办讲座，并安排家长小组讨论环节。这些活动不仅为家长们提供了专业的教育指导，更重要的是将家长群体紧紧联结在一起。在一次关于"电子产品使用管理"的沙龙上，家长们热烈讨论，分享各自的策略与困扰，最终达成了一个共识，并联合制定了家校共育的电子产品使用公约。这样的活动极大地增强了家长间的相互理解和支持，形成了紧密的团队，共同为孩子们营造一个更健康、更和谐的成长环境。

3）提升家校合作水平

赵爸爸通过持续学习，深入理解了现代教育理念和国家教育政策，这使他在与学校沟通时能够更加准确地把握学校的教育方向和需求。在一次学校规划新学年的课程设置时，赵爸爸主动收集并整理了家长们对于课程内容和教学方法的意见和建议，结合自己学到的教育理论知识，向学校提交了一份翔实的反馈报告。报告不仅反映了家长们的普遍关切，还提出了具体的改进建议，如增加实践类课程、引入项目式学习等。学校高度重视这份报告，并在新学年的教学计划中采纳了部分建议。这一过程不仅增强了家校之间的信任，也促进了家校合作的深度和广度，为孩子们提供了更加丰富、多元的学习体验，助力他们的全面发展。

（三）社会层面

2024年11月30日，亭林小学家委会应常州龙虎塘实验小学家委会会长张振东先生的邀请，与他一起参加了"打造学习型家委团队，助力校家社协同育人'教联体'建设"2024年11月全国家委会交流研讨会线上会议。参会阵容强大，涵盖了全国家委会主任工作与发展研究联盟校、常州市新北区家校社共育互育联盟校、华东师范大学上海终身教育研究院、云南昆明萃智御府学校、深圳市光明区马田小学、常州市新北区顾惠芬"优秀家庭教育指导师"培育室、众多教育专家以及兄弟学校的老师和家委们。此外，广东、浙江、北京的优秀教师及工作室成员，以及龙虎塘实验小学校领导、校家委及班级家委也积极参与其中。学校一（9）班家委主任杨妈妈表示："感谢学校给了我们家委这次线上学习的机会，收获颇多，学习完后更加深知家委在学校教育中的重要作用，家校共育、相辅相成、缺一不可。参与校级家委活动，让孩子看到了家长对学校教育的重视和积极参与，这对他们来说也是一种无形的激励和榜样。"家委会成员不仅能从彼此身上汲取进步的力量，对社会而言，他们亦能为"教联体"注入新力量，以学校为支点，充分发挥其引领作用；以区域为承载，整合各类资源，凝聚专业、强大的教育合力；以资源为枢纽，紧密连接家校社，实现资源的高效共享与优化配置。龙虎塘实验小学副校长陈亚兰总结道，"通过这种方式，可持续、可生长、可辐射地促进家校社有效协同，从而更大限度地发挥育人价值，为学生的成长与发展创造更为优越的教育环境"。

家委会主任的终身学习不仅在于提升自我，更是通过实际行动引领家长群体形成积极的学习氛围，增强家长间的凝聚力，有效提升家校合作的水平，共同助力孩子发展。在未来的家委会主任选拔与培养工作中，学校也将更注重发掘家委会主任内在的学习动力，力争培养出一批具有高度责任感、使命感和学习能力的家委会主任队伍。

第五章

评价保障：让支持性的力量持续

本章将深入探讨在乡村学校背景下，如何有效评估家委会主任的绩效与贡献，从而促进家委会工作的规范化、高效化，提升家委会主任的综合素养与工作能力。我们将聚焦于评估内容的系统化构建、评估流程的规范化设计、评估主体的多元化选择、评估改进的持续化推进，形成科学有效的评估保障体系。

一、评估内容的系统化构建

基于对家委会主任的目标定位形成具体的评估内容，进一步突出如下要点，进而形成评估内容的整体结构。

（一）有格局：胸怀大局，远见卓识

1. 道德风范与人文关怀

家委会主任的品德与情怀，是他们作为家校沟通核心纽带的重要基石。他们不仅需要拥有高度的责任心和无私的奉献精神，时刻将学生的成长放在首位，尽心尽力地履行自己的职责，更要展现出深厚的关怀之情，不仅关注学生的学习成绩，更重视他们的身心健康和全面发展。在处理家校事务时，家委会主任要始终秉持公正公平的原则，以客观、公正的态度对待每一位家长和学生，赢得广泛的信任和尊重；要以身作则，用实际行动诠释良好的道德风范，努力成为家校共育中的典范。同时，家委会主任还要积极促进家校之间的沟通与合作，搭建起学校与家庭之间的桥梁，为学生的成长创造更加和谐、有利的环境。这种品德与情怀，不仅体现了家委会主任对教育事业的热爱与执着，更彰显了他

们对学生未来成长的深切期望与关怀。

（1）家庭教育理念的引领与传播。家委会主任作为家校共育的引领者，应当具备并传播正确的家庭教育理念。他们应积极倡导科学育儿，注重孩子的全面发展，包括智力、情感、社交和身体等多方面。评估家委会主任是否能引领家长形成正确的家庭教育观念，关键在于观察其是否能有效传达科学的育儿知识，帮助家长理解全面发展的重要性，并鼓励家长关注孩子的身心健康，而不仅仅是学业成绩。此外，家委会主任还应能激发家长的积极性，鼓励他们更多地参与孩子的成长过程，共同见证和陪伴孩子的每一步成长。

（2）家庭教育态度的展现与影响。家委会主任的家庭教育态度直接影响其在家校共育中的作用。积极、认真的态度是基本要求，他们应以身作则，通过自己的言行举止为家长树立榜样，展示如何成为一个负责任、关爱孩子的家长。在实际工作中，评估其是否能耐心倾听家长的意见和建议至关重要，因为这体现了其对家长声音的尊重和理解。同时，家委会主任还应尊重家长的意愿和选择，鼓励家长在教育孩子的过程中发挥主动性，形成家校共育的良好氛围。

（3）家庭教育沟通的艺术与技巧。在家校合作中，家委会主任的团队协作与沟通能力至关重要。他们需要能够与校领导、教师以及家长建立良好的沟通机制，确保信息的顺畅传递和共享。在评估其团队协作能力时，应关注其是否能有效整合各方资源，形成家校共育的合力。同时，家委会主任还应具备出色的沟通技巧，能够妥善处理家校之间的分歧和矛盾，促进双方的理解和合作。他们应能主动倾听各方的意见和建议，积极寻求共识，共同为孩子的成长贡献力量。通过有效的团队协作和沟通，家委会主任应能够推动家校共育工作的深入发展，为孩子的全面发展创造更加有利的条件。

2. 教育视角与长远规划

学校家委会主任应具备的教育视野，是一种能够全面审视并深刻理解家校共育重要性的广阔视角。他们不仅要认识到家庭与学校是孩子成长的双翼，还需具备整合利用各类教育资源的能力，以促进孩子的全面发展。同时，家委会主任需紧跟教育发展趋势，积极推动教育创新，并倡导社会各界参与学校建设，共同为孩子的健康成长搭建起坚实的教育支持平台。

而家委会主任的战略视野与规划能力是其格局的重要体现。评估时，应关注其是否能从家校共育的长远角度出发，制订清晰、具有前瞻性的发展规划。这包括是否对家校合作的未来趋势有深刻理解，以及是否能根据学校的发展目标和家长的期望,为家委会设定明确的工作方向和目标。此外,还需考察其规划是否具备可行性,能否有效指导家委会的日常工作,推动家校共育的持续进步。

其实,家委会会议是家委会主任展现其领导力的重要平台。评估时,应关注其在会议中的活跃度与贡献,包括是否能有效引导讨论,推动决策,以及是否能妥善处理会议中的分歧和冲突。同时,还需考察其是否能积极倾听家长的声音,尊重家长的意见,形成家校合作的良好氛围。

一个优秀的家委会主任应能在会议中发挥桥梁作用,促进家校之间的有效沟通与合作;应展现出宽广的格局、卓越的能力和坚定的担当;在新时代的家委会建设中,以高度的责任感和使命感,不断提升自身的能力和素养。一个优秀的家委会主任应具备出色的组织协调能力,能够有效整合各方资源,为家委会的发展注入新的活力;同时,坚持学习,不断拓宽知识视野,以更加专业的姿态服务于家委会和社区;在品格方面,秉持公正、廉洁的原则,以身作则,赢得广泛的信赖和尊重。这样的家委会主任,正是新时代家委会建设的楷模,他们的能力、素养和品格,为家委会的持续发展奠定了坚实的基础。

(二)有能力:才华横溢,技能出众

1. 组织策划与引领示范:家委会主任的核心作用

家委会主任作为家校共育的桥梁与核心,展现出卓越的组织与引领才能,表现为以下方面。他们凭借敏锐的洞察力和前瞻性的思维,精心策划并实施了一系列旨在促进家长与孩子共同成长的活动。在组织过程中,家委会主任不仅注重活动的多样性和教育意义,还充分考虑家长的参与度和孩子的兴趣点,确保每项活动都能达到预期的教育效果。同时,他们以身作则,积极倡导科学育儿理念,引领家长形成正确的家庭教育观念,关注孩子的全面发展。通过有效的沟通与协作,家委会主任成功搭建了家校共育的桥梁,促进了学校与家庭之间的紧密合作,为孩子的健康成长营造了更加和谐、有利的环境。他们的组织与引领作用,不仅提升了家长的教育水平,更为孩子的未来奠定了坚实的基础。

1) 职责履行与高效管理

家委会主任的职责履行情况直接反映了其组织能力和工作效率。评估时,应关注其在组织活动、传达信息、收集反馈等方面的表现。这包括是否能及时、准确地传达学校的信息和政策,是否能有效组织各类家校合作活动,以及是否能及时收集和处理家长的意见和建议。同时，还需考察其是否能合理安排工作，提高工作效率，确保家委会工作的顺利进行。

2）制度遵守与规章完善

家委会主任对家委会制度的遵守情况及其在规章制定与完善方面的贡献也是评估的重要内容。评估时，应关注其是否能严格遵守家委会的各项制度，确保家委会工作的规范性和有序性。同时，还需考察其是否能根据家校共育的实际需要，提出合理的规章制定建议，完善家委会的工作机制。此外，还需关注其是否能在规章执行中保持公正、公平，赢得家长的信任和支持。

3）教育指导与专业创新

专业知识储备：家委会主任在家庭教育指导方面应具备扎实的专业知识，这包括但不限于儿童心理学、教育学、营养学等关键领域。他们应深入了解儿童成长过程中的心理变化和需求，理解不同年龄段孩子的学习特点和行为模式。此外，家委会主任还需具备根据孩子的个性差异提供个性化家庭教育建议的能力，这意味着他们应能识别并尊重每个孩子的独特性，帮助家长找到最适合自己孩子的教育方法。通过不断学习和更新知识，家委会主任应能够保持专业度，为家长提供科学、有效的家庭教育指导。

活动策划与执行：在家庭教育活动的策划与执行方面，家委会主任应展现出卓越的才能。他们应能敏锐地捕捉家长和孩子的需求，设计出一系列既有趣又有教育意义的活动。这些活动可以涵盖亲子阅读、家庭教育讲座、亲子游戏、社会实践等多个方面，旨在增进亲子关系，提升家长的教育水平，同时促进孩子的全面发展。在活动策划阶段，家委会主任需考虑活动的可行性、安全性以及参与者的舒适度。在执行过程中，他们应能调动家长的积极性，确保活动顺利进行。活动结束后，家委会主任还需对活动效果进行评估，收集反馈意见，以便不断优化未来的活动设计。

资源整合与利用：资源整合与利用能力是衡量家委会主任家庭教育指导水平的重要方面。他们应能充分利用社会资源、学校资源以及家长资源，为家长提供丰富多样的家庭教育服务。在社会资源方面，家委会主任可以寻求专业机构、社区组织等的支持，邀请专家、学者为家长举办讲座或工作坊。在学校资源方面，他们可以与学校紧密合作，共同策划和组织各类家庭教育活动。在家长资源方面，家委会主任可以鼓励家长之间互相学习、分享经验，形成互助互学的良好氛围。通过有效整合和利用各种资源，家委会主任能够为家长和孩子搭建一个更加宽广多元的学习平台，助力家庭教育的深入发展。

2. 协调沟通与实施创新：家委会主任的关键角色

1）深度协调与全面沟通

家委会主任在协调与实施家校共育工作中，展现出了其无可替代的专业素养与领导力。在协调方面，他们不仅是信息的传递者，更是情感的沟通者。家委会主任会定期与学校管理层进行深入交流，确保学校的最新教育理念、政策变动能够及时、准确地传达给家长。同时，他们也会主动倾听教师的声音，了解教学一线的实际需求，为教师提供必要的家庭支持建议。在与家长的互动中，家委会主任更是倾注了大量心血，他们通过电话、微信群、家长会等多种渠道，耐心倾听家长的意见与建议，及时回应家长的关切，有效化解家校之间的误解与隔阂。

2）创新实施与精细管理

在实施环节，家委会主任的执行力与创新能力同样令人瞩目。他们会根据学校的整体教育规划，结合家长的反馈与孩子的实际需求，精心策划一系列富有教育意义且深受孩子喜爱的活动。从亲子阅读、家庭教育讲座到社会实践、志愿服务，每一项活动都经过深思熟虑，旨在促进孩子的全面发展。在实施过程中，家委会主任会充分调动各方资源，确保活动的顺利进行。他们不仅关注活动的教育效果，更重视活动的安全性与趣味性，力求让每一位参与者都能在活动中有所收获。

3）总结反思与持续优化

家委会主任还会定期对家校共育工作进行总结与反思，通过问卷调查、座谈会等方式收集家长与教师的反馈，不断优化家校合作机制，提升家校共育的成效。他们的协调与实施能力，不仅促进了家校之间的紧密合作，更为孩子的健康成长与全面发展提供了有力保障。

（三）有担当：勇于担当，敢于负责

1. 廉洁自律与敬业奉献：家委会主任的典型风范

家委会主任以高度的廉洁自律和无私的敬业精神，树立了家校合作的典范。他们坚持原则，拒绝任何可能影响公正判断的利益诱惑，确保家校共育工作的纯洁性；同时，他们全身心投入，不辞辛劳地为家长、孩子和学校搭建沟通的桥梁，用实际行动诠释了敬业与奉献的真谛。

廉洁自律方面，对家委会主任的评估不能局限于对其个人品质的考察，更

要对其在家校共育工作中能否秉持公正、无私原则作关键考量。我们着重关注家委会主任是否在工作中展现出高度的廉洁自律，坚决杜绝以权谋私、暗箱操作等任何形式的不正当行为。这不仅要求家委会主任在处理家校事务时保持清醒的头脑，不为个人利益所动，还要求其能够坚决抵制外界的诱惑与干扰，确保家校共育工作的纯洁性与公正性。同时，我们还将考察家委会主任是否能够严格遵守学校的规章制度和纪律要求，做到言行一致，以身作则，为广大家长和学生树立榜样。

敬业尽责方面，家委会主任所展现的敬业精神是不可或缺的。我们期望家委会主任在履行其工作职责时，能够始终保持高度的诚信与责任感，对待每一项任务都严谨认真，绝不敷衍了事。同时，我们也着重考察家委会主任是否能够坚守承诺，做到言行一致，确保每一项承诺都能得到切实履行。在与家长和学校的日常沟通中，家委会主任应展现出坦诚与透明的态度，及时、准确地回应各方的关切与需求，从而建立起坚实可靠的信任基础。这种敬业尽责、诚信守约的精神风貌，不仅能够有效促进家校之间的顺畅沟通与合作，还能为孩子们营造一个更加和谐、稳定的成长环境，助力他们的全面发展。

2. 无私奉献与卓越成效：家委会主任的全面评估

1）家长满意度与综合评价

家长对家委会主任工作整体满意度的评估，涵盖了工作态度、专业能力、活动组织及协调能力等多维度的评价指标。为了获取真实、全面的反馈，我们采用问卷调查、面对面座谈、在线论坛等多种形式，广泛收集并细致分析家长的意见和建议。这些宝贵的反馈不仅作为评估家委会主任工作成效的重要依据，也是持续改进家校共育工作的宝贵资源，旨在不断提升服务质量，更好地满足家长与孩子的需求。

2）家校合作深度与成果展现

学校对家委会主任在促进家校深度融合、增强双方沟通与理解方面的实际成效进行评估，主要包括：是否能够有效搭建家校沟通桥梁，促进信息的及时传递与反馈；是否擅长协同家校双方共同应对和解决孩子教育过程中遇到的具体问题；是否能够积极推动学校家庭教育指导服务体系的建立与完善，提升教师的家庭教育指导能力，为家长提供科学、实用的家庭教育策略支持。

3）社会影响力与责任担当

社会对家委会主任在社会范围内的影响力与贡献的评估，主要涉及：他们是否能够主动参与并引领社会公益活动，通过实际行动传递正能量，展现家委会的社会责任感；是否能够成为正确家庭教育理念的传播者，利用自身影响力推广科学的育儿知识与方法，促进社会对家庭教育的正确认识；是否能够通过有效的对外交流与合作，为学校赢得良好的社会声誉，树立积极向上的社会形象，增强学校的品牌效应与吸引力。在这些方面的努力，让家委会主任不仅促进了家校内部的和谐，也为社会的整体进步贡献了力量。

4）工作效果与家长满意度

工作效果与满意度是衡量家委会主任担当精神的重要指标。评估时，应关注其在家校合作中的实际成效，包括活动参与度、信息传递效果、问题解决能力等方面。同时，还需通过家长满意度调查等方式，了解家长对其工作的评价和意见。一个优秀的家委会主任应能在家校合作中取得显著成效，赢得家长和学生的广泛认可和好评。

5）问题解决与及时帮助

面对学生和家长的问题时，家委会主任的担当精神尤为重要。评估时，应关注其是否能主动担当，积极解决问题，为家长和学生提供及时有效的帮助。这包括是否能耐心倾听家长和学生的诉求，了解问题的实际情况，提出合理的解决方案，并跟踪问题的解决情况。同时，还需考察其是否能在问题解决中保持耐心和细心，赢得家长和学生的信任和尊重。

二、评估流程的规范化设计

（一）有原则：秉持公正，优化主任评估

1. 指导思想明确化

为了进一步提高家委会主任的工作效能，促进家校深度合作，共同推动学生健康成长，我们制订了以下家委会主任工作评估流程。本评估流程旨在通过全面、客观、公正的评价体系，激发家委会主任的工作热情，提升其专业素养，使协同育人的力量更加强大。

2. 具体原则精细化

评估应坚持客观公正、民主公开、注重实绩、持续改进原则，实行领导与群众相结合，定性与定量相结合的方法，让全体家长与教职工一同参加最终评估。

客观公正：评估过程应坚持客观公正的原则，确保评估结果的准确性和可靠性。评估人员应严格按照评估标准和要求进行评价，避免主观臆断和偏见。

民主公开:评估过程应坚持民主公开的原则,确保评估工作的透明度和参与度。评估结果应及时向家长和学校公布,接受社会监督。

注重实绩:评估过程应注重家委会主任的工作实绩和贡献,避免过分强调形式主义和表面文章。通过评估结果的反馈和指导,激励家委会主任不断提升专业素养和工作能力。

持续改进:评估过程应是一个持续改进的过程。通过评估结果的反馈和指导,家委会主任应不断反思自己的工作表现,查找存在的问题和不足,制订改进措施并付诸实践。同时,学校也应根据评估结果不断完善评估流程和标准,推动家校合作和家庭教育工作不断向前发展。

(二)有机制:健全体系,科学评估效能

1. 明确评价目标,全面衡量表现

家委会主任的评价目标旨在全面、客观地衡量其在促进家校合作、提升教育质量及增强社会影响力等方面的综合表现。具体而言,评价目标包括但不限于:评估家委会主任是否能有效搭建家校沟通平台,促进双方深入交流与合作;考察其在活动策划与组织上的专业能力,以及是否能通过高质量的活动增进家长参与度和满意度;同时,关注家委会主任在解决家长关切、提供家庭教育指导方面的实际成效,以及是否能引领正确的家庭教育理念,助力孩子健康成长。此外,评价还着重于家委会主任的社会责任感与公益参与度,考察其是否能通过实际行动传递正能量,为学校树立良好的社会形象。

2. 细化评估等次,科学划分表现

年度考核是家委会主任工作表现评估的重要环节,它不仅是对过去一年辛勤付出的总结,更是对未来工作方向与目标设定的指引。考核体系精心设置为"优秀""良好""合格"及"需努力"四个等次,旨在全面、细致地衡量家委会主任在职责履行、专业素养、工作能力、工作态度以及家校合作成效等多方面的综合表现。通过科学合理的评分标准,我们旨在激励每一位家委会主任不断追求卓越,提升自我,为家校共育事业贡献更大的力量。为此,亭林小学制订了《家委会主任年度工作考核表》(见表 5-1),下面对具体考核标准作详细阐述。

优秀(90~100分):家委会主任能够全面履行工作职责,具备较高的专业素养和工作能力,能够创造性地开展工作,取得显著的工作成效。同时,其工作态度积极认真,能够与家长和学校建立良好的信任关系,受到广泛好评。

良好(75~89分):家委会主任能够较好地履行工作职责,具备一定的专业

表5-1 家委会主任年度工作考核表

考核内容	具体要求	分值	等级标准				教职工打分	层级考核	领导小组考核
			A	B	C	D			
德10分	1. 德育理论学习与应用:深入学习家庭教育、协同育人等相关德育理论,理解并掌握乡村学校家庭教育指导的核心理念	3	3	2	1	0			
	2. 政治态度和政治立场:坚决拥护党的教育方针,认真贯彻执行国家关于家庭教育的相关政策。在家校共育中保持正确的政治方向,引导家长树立正确的教育观念	4	4	3	2	1			
	3. 政治品德和职业道德:秉持公正、公平、公开的原则,以身作则,树立良好家风。尊重家长,关心学生,全心全意为家校共育服务,提升乡村学校家庭教育指导能力	3	3	2	1	0			
能20分	1. 认真履行岗位职责,清晰了解家委会主任的职责范围,制订详细的工作计划,并按时、按质、按量完成	5	5	4	3	2			
	2. 熟悉业务,工作有思路有创新,能胜任并独立完成职责范围内的工作	4	4	3	2	1			
	3. 能独当一面,抓好家委会的日常管理工作,确保家校共育活动的顺利开展	3	3	2	1	0			
	4. 协调好家委会内部及与学校、家长之间的关系,形成良好的团队协作氛围	5	5	4	3	2			
	5. 具有处理复杂问题的能力,对突发事件解决处理果断,不推、不让	3	3	2	1	0			

（续表）

考核内容	具体要求	分值	等级标准				教职工打分	层级考核	领导小组考核
			A	B	C	D			
勤 25分	1. 工作具有主动性，能认真处理自己职权范围内的事务，不向上推诿	5	5	4	3	2			
	2. 发扬民主，虚心听取不同意见，定期总结家校共育工作的成果，通过家长会、学校网站等渠道进行展示	4	4	3	2	1			
	3. 坚持原则，严格管理，工作认真负责，乐于接受上级或学校交办的各项任务，开拓创新，不守旧，敢于承担责任	6	6	4	2	1			
	4. 在家校共育中发挥引领作用，推动乡村学校家庭教育水平的整体提升	5	5	4	3	2			
	5. 鼓励家长分享育儿经验，形成良好的家庭教育氛围	5	5	4	3	2			
绩 40分	1. 本职工作成绩显著，工作能力、工作水平、工作方法得到改进和提高	20	19～20	16～18	12～15	7～12			
	2. 创造性地开展工作，各项工作达到科学化、制度化、规范化的要求	10	9～10	7～8	5～6	2～4			
	3. 积极参与乡村学校家庭教育指导能力的提升工作，为学校发展贡献力量	10	9～10	7～8	5～6	2～4			
廉 5分	无以权谋私、暗箱操作、权力寻租现象，无违反民主集中制原则，无权力滥用	5	5	4	3	2			
总分		100							

素养和工作能力，能够按照要求开展工作，并取得一定的工作成效。其工作态

度认真负责,能够与家长和学校保持良好的沟通与合作。

合格(60~74分):家委会主任能够基本履行工作职责,但在专业素养、工作能力或工作态度等方面存在不足,需要进一步加强和改进。其工作成效一般,与家长和学校的沟通与合作尚需加强。

需努力:考核分值低于70分的家委会主任将接受诫勉谈话,并需制订改进措施;考核分值低于60分的家委会主任将考虑调整其职务。

3. 优化评价方式,确保评估公正

平时测评:学校将在每学期期末对家委会主任进行一次民主测评,测评内容包括工作态度、专业能力、活动组织等方面。测评结果将作为评估的重要依据之一。每学期满分为10分,测评结果满意率在90%以上者得10分,满意率在80%~89%之间得8分,满意率在70%~79%之间者得6分,满意率在60%~69%之间者得3分,其他情况不得分。若满意率低于60%,学校将与家委会主任进行谈话,并要求其作出自我剖析;若连续两学期满意率低于60%,将考虑调整其职务。

个人述职:学年结束前,家委会主任需在学校家委会大会上进行述职,汇报一年来的工作情况、取得的成效以及存在的问题和改进措施。述职内容应实事求是,既不夸大成绩,也不隐瞒缺点或错误。例如,《向阳中队家委会主任述职报告》中,家委会主任李妈妈从工作亮点、工作成果、存在的不足、未来规划四个方面,对一年来的家委会工作进行了详细汇报。

向阳中队家委会主任述职报告

五(7)中队李妈妈

时光荏苒,孩子们已步入五年级。本学期,向阳中队家委会在学校领导和班主任的关怀下,积极发挥桥梁作用,助力孩子们的成长与学校的发展。

一、工作亮点

家校共育:我们定期与学校沟通,传达家长意见,反馈学校要求,促进家校合作,形成教育合力。

活动丰富:积极参与并组织多项活动,如"三月雷锋月,敬老献爱心"敬老院慰问、"悦"读分享读书活动、"欢乐过六一,一起向未来"联欢会,以及"翰墨飘香,文化传承"书法实践等,让孩子们在实践中学习成长,弘扬传统文化,培养社会责任感。

平台搭建:建立多个家长群,组织志愿服务,如环保宣传、关爱孤寡等,增进

家长间情感,培养孩子们的爱心。

教育提升:通过家庭教育讲座,提升家长的教育水平,注重孩子的全面发展。

二、工作成果

家校沟通与合作显著加强,共同关注孩子成长,为孩子们的未来奠定坚实基础。家长们的教育水平也有所提高,能够更加得心应手地教育孩子。

三、存在的不足

一是工作细致度有待提高,活动组织时偶有小疏漏。

二是家长资源整合不足,未充分挖掘和利用家长资源。

三是与社区等社会资源联系不够紧密,校外资源拓展不足。

四是家委会成员专业素养有待提升。

四、未来规划

一是加强工作细致性,确保活动顺利开展。

二是创新活动形式,如亲子游、科普讲座等,丰富孩子体验。

三是积极参加家长学校和讲座培训,提升家委会成员的专业素养。

总之,向阳中队家委会本学期取得了一定成绩,但仍需不断努力和改进。未来,我们将继续加强家校沟通,丰富活动形式,关注孩子身心健康,并加强自身建设,为孩子们的成长和学校的发展贡献更多力量。

学校评价:亭林小学对李妈妈的工作也作了总体评价,如下。

〔学校评价〕

从家委会主任的述职报告中,可以看出其评估流程透露出几个鲜明特色。首先,述职报告展现了高度的透明性和参与性,家委会主任详细阐述了各项活动的决策、执行及成果,体现了对家长意见的重视和吸纳。其次,评估过程注重实效与反馈,不仅总结了工作的直接成果,还反思了存在的问题与不足,并提出了改进措施,这显示出家委会致力于持续优化和提升服务质量。最后,报告中的评估标准明确且具体,能够清晰地衡量各项工作的进展与成效,为未来的工作提供了可依据的标杆。通过这些特色,我们可以看出家委会主任在述职过程中既展现了扎实的工作能力,又体现了对家委会职能深刻的理解和责任心,有助于增强家校合作的信任与效率,促进家校共育的健康发展。

家长评价:学校将邀请部分家长代表对家委会主任的工作进行打分评价。评价内容涵盖工作态度、专业能力、活动组织等方面。家长打分将占评估总分的 30%。

分管行政评价：学校教师和校领导也将对家委会主任的工作进行打分评价。评价内容同样涵盖工作态度、专业能力、活动组织等方面。教师和校领导打分将占评估总分的 30%。

考核领导小组评价：学校将成立考核领导小组，对家委会主任的工作进行全面评估。考核领导小组将结合平时测评、个人述职、家长打分以及教师和校领导打分的结果，进行综合评定。考核领导小组打分将占评估总分的 20%。

4. 实施多元评价，全方位应用化

1）评价手段多元化

定量评价：设定具体的量化指标，对家委会主任的工作进行量化评估。量化指标应涵盖家校沟通次数、家长参与活动人数、活动满意度等。学校根据量化指标制订评分标准，对家委会主任的工作进行打分。

定性评价：包括描述性评价、案例分析等形式，对家委会主任的工作进行定性评估。描述性评价应关注家委会主任的工作态度、创新精神等。案例分析应选取具有代表性的家校共育案例，分析家委会主任在其中的作用和影响。例如，《校门口的守护天使》真实再现了家委会副主任钟妈妈在校门口担任志愿者工作的情景：一个忙碌而坚定的身影出现在眼前，她身体力行地参与护校工作，为孩子们的平安保驾护航，是一位真正的"守护天使"。

◆ 案例

校门口的守护天使

在每一个晨曦微露的清晨，学校的校门口总有一个忙碌而坚定的身影，那是校级家委会副主任钟妈妈。她身着志愿者马甲，如同一个精确无误的时钟，守护着孩子们的平安。

清晨的校门口，交通状况复杂，钟妈妈就像一位神奇的指挥家，穿梭在车流与孩子之间。她引导车辆有序通过，用坚定的手势和平和有力的语言，化解了一个又一个交通拥堵的危机。有时，她会温柔地帮助孩子打开车门，轻声细语地安慰他们；有时，她会成为严肃的交通指挥员，确保孩子们安全过马路。无论是烈日炎炎，还是风雨交加，钟妈妈都从未缺席。

钟妈妈的护校之旅始于几年前的一则护校通知。她怀着紧张和期待的心情，加入了护校队伍。起初，她也有些手忙脚乱，但凭借坚定的信念和不断的学

习,她逐渐掌握了护校的技巧,并有了自己的一套方法。她不仅自己认真履行护校职责,还主动指导新加入的家长,帮助他们快速适应护校工作。

在护校过程中,钟妈妈也遇到过不理解的家长。但她总是耐心解释,用自己的真诚打动对方,让他们意识到护校工作的重要性。有时,遇到值周班级家长不能准时到达的情况,钟妈妈会毫不犹豫地顶上去,默默承担起更多的责任。

钟妈妈不仅身体力行地参与护校工作,还积极带动其他家长一起参与。她在家长会上分享自己的护校经历和感受,用生动的事例触动其他家长的心。她还在家长群里积极宣传护校活动,耐心解答家长的疑问,鼓励大家共同参与。在她的影响下,参与护校的家长队伍越来越壮大,学校校门口的交通秩序也得到了显著改善。

钟妈妈就像一位守护天使,用无私奉献和爱的守护,为孩子们的平安保驾护航。她的行动不仅赢得了家长们的尊敬和感激,更成为学校门口一道最温暖、最亮丽的风景线。她的故事,如同晨曦中的第一缕阳光,照亮了每一个孩子的心灵,也激励着更多的人为孩子们的安全和成长贡献自己的力量。

综合评价:将定量评价与定性评价相结合,对家委会主任的工作进行全面评估。并根据定量评价和定性评价的结果,综合确定家委会主任的工作绩效。综合考虑家长、教师、学校管理层和同行的评价,形成综合评价报告。

2)评价内容全方位

工作成效:评估家委会主任在家校沟通、活动组织、家长教育指导等方面的工作成效。关注家委会主任与家长、教师的沟通频率、质量和效果。同时考察家委会主任在提升家长家庭教育能力方面的贡献。

团队协作:评估家委会主任在团队协作中的表现和作用。在此过程中,也要考察家委会主任在团队中的领导力和协作精神,评估家委会主任在营造良好团队氛围方面的贡献。

创新能力:评估家委会主任在家校共育工作中的创新能力和创新意识。考察家委会主任对家校共育工作的新思路、新想法的提出和实施情况。

3)评选成效应用化

表彰与奖励:对在评选中表现优秀的家委会主任进行表彰和奖励,激励其继续努力,为家校共育工作作出更大贡献。

反馈与改进:将评选结果及时反馈给家委会主任,帮助其了解自身工作中的优点和不足，提出改进建议，促进其工作水平的提升。

培训与提升：根据评选结果，为家委会主任提供有针对性的培训和提升机会，帮助其提高专业素养和工作能力。

经验分享与交流：组织优秀家委会主任进行经验分享和交流活动，促进家校共育工作经验的传播和借鉴。

（三）有监督：强化监管，提升信任效能

1. 强化过程监督，确保家校合作高效顺畅

在家委会主任的年度考核中，过程监督作为评价其工作表现的重要维度，得到了充分的重视。评价过程中，我们不仅关注家委会主任所取得的成果，更看重其在执行任务、组织活动以及处理家校事务中的过程管理与监督能力。优秀的家委会主任能够确保每一项工作的推进都有明确目标、清晰步骤和有效的监督机制，通过设立阶段性目标和及时反馈机制，确保家校合作项目的顺利进行。他们善于运用项目管理工具，合理分配资源，监督任务执行进度，及时调整策略以应对可能出现的挑战。同时，他们还能够积极倾听家长和学生的声音，通过定期的调查和反馈会议，收集意见和建议，不断优化工作流程，提升服务质量。这种注重过程监督的工作态度，不仅有助于提升家校合作的效率和质量，也增强了家长对家委会工作的信任与支持。因此，在评价家委会主任时，对其过程监督能力的考察是不可或缺的一环。

因此，我们借助数字化平台，利用现代信息技术手段，通过在线问卷、数据分析系统、社交媒体平台等，对家委会主任的工作进行实时、动态的监测和评价。数字化平台评价具有高效、便捷、客观等优点，能够极大地提高评价的准确性和效率。

在线问卷系统：可以设计或借助在线问卷系统，涵盖家校沟通、活动组织、家长教育指导等多个方面，定期向家长和教师发放问卷。问卷内容可以包括选择题和开放性问题，以全面了解家委会主任的工作表现。通过数据分析系统，可自动生成评价报告，为家委会主任提供改进建议。

数据分析系统：利用数据分析系统，可以对家委会主任的工作数据进行实时跟踪和分析。例如，可以统计家校沟通的次数、家长参与活动的人数、活动的满意度等数据，并生成可视化图表，直观地展示家委会主任的工作成效。这也有助于家委会主任及时发现问题，调整工作策略。

社交媒体平台：社交媒体平台如微信群、钉钉班级群等，是家委会主任与家

长、教师沟通的重要渠道。通过监测社交媒体平台上的互动情况，了解家委会主任的沟通能力、工作态度和团队协作精神。同时，也可以收集家长和教师的反馈和建议，为其提供改进方向。

2. 结果反馈激励，推动持续进步与发展

经过全面而细致的年度考核，我们对家委会主任的工作表现进行了深入的评价与总结。以下以《家委会主任年度考核反馈意见》为例，介绍对家委会主任李妈妈的年度考核意见。

李妈妈以其卓越的组织能力、高效的过程监督以及积极的问题解决态度，赢得了广泛好评。在家校合作项目中，她不仅能够精准把握项目目标，制订详尽的执行计划，还通过定期的进度跟踪与反馈会议，确保了每一项任务按时、高质量地完成。李妈妈特别注重与家长的沟通，通过设立意见箱、开展满意度调查等方式，积极收集并回应家长的需求与建议，不断优化工作流程，提升了家校合作的效率与满意度。此外，她还善于运用创新方法，如引入数字化工具进行项目管理，进一步增强了工作的透明度与效率。她的工作表现卓越，工作中不仅展现了其高度的责任心与专业素养，也为家校共育工作树立了典范。我们期待她在未来的工作中继续保持这种积极向上的态度，为家校合作事业贡献更多力量。

家委会主任年度考核反馈意见

在对家委会主任李妈妈的年度考核结果进行反馈时，我们特别强调了她在推动家校合作中的杰出贡献。在李妈妈主导的家校共育项目"亲子阅读计划"中，她不仅精心设计了活动方案，明确了每月的阅读主题与目标，还通过建立微信群组、设置阅读打卡小程序等创新手段，实现了对活动过程的全程监督与参与。她定期发布阅读指南，组织线上读书分享会，不仅激发了孩子们的阅读兴趣，也促进了家长与孩子之间的情感交流。面对家长的反馈与建议，李妈妈总是迅速响应，及时调整活动细节，如增加亲子互动环节、引入更多元化的阅读材料等，使得活动更加贴近家长与孩子的需求。李妈妈的这种细致入微的过程管理、高效的问题解决能力以及对创新的不断探索，不仅确保了"亲子阅读计划"的成功实施，也极大地提升了家长对家委会工作的满意度与信任度，为家校共育树立了良好的典范。

三、评估主体的多元化选择

在乡村学校中，家委会主任的工作评估不是上级对下级的单向评价，而是一个多元化、多角度的评价体系。学校应当建立起一套完整的、以学校为主体，同时包含家长、教师、校领导以及第三方评估机构的评价机制。

（一）有学生：互动畅通，氛围浓厚积极

1. 多元互动渠道，确保信息畅通无阻

为了确保学生能够有效地对家委会主任的工作进行评估，亭林小学构建了多元化且易于学生接触的互动渠道。例如，在"书香校园"读书活动中，学生不仅可以通过校园广播、公告栏了解家委会主任为活动筹备的书籍资源和阅读推广计划，还能在班级会议上直接听到家委会主任对活动方案的说明和预期效果的展望。学生不仅可以通过校园广播、公告栏等传统媒介了解家委会主任的最新工作动态和成果，还能通过班级会议、主题班会等形式，直接听取家委会主任的工作汇报和计划说明。此外，学校还鼓励学生利用线上平台，如校园网站、微信公众号等，参与对家委会主任工作的讨论和评价。

这些互动渠道不仅让学生有机会深入了解家委会主任的工作内容，还为他们提供了表达意见和建议的便捷途径，从而确保了评估的全面性和公正性。

2. 积极参与路径设计，有效提升评估质量

学生参与家委会主任的评估是一个积极且有意义的过程。首先，他们可以积极参加由家委会组织的各类家校活动，例如亲子运动会、艺术节、读书分享会等，通过亲身参与来感受家委会主任的组织能力和工作效果。例如，《欢乐过"六一"等主题活动的评价》《"友谊的力量"班级活动的评价》两篇学生评价，展示了家委会主任精心设计活动，协调各方资源，激发学生参与热情的能力。这些活动不仅纠正了家长只注重成绩的片面观点，还帮助建立了注重学生心理健康成长的教育观，取得了良好的效果。其次，学生可以利用学校提供的线上评价系统或填写问卷，对家委会主任的工作进行量化评分和质性描述，评价内容可以涉及家委会主任的工作态度、工作效率、工作成果等多个方面。最后，学生还可以在学校少代会上，通过提交提案的方式，向家委会主任提出自己的意见和建议。这些反馈可以是关于活动的改进建议，也可以是对家委会主任工作的肯定和鼓励。

欢乐过"六一"等主题活动的评价

小盛是一名学校的大队委员,性格开朗、热情,对各类活动充满好奇心和参与热情。

我们班级的家委会组织了丰富的活动,如欢乐过"六一"主题活动。小盛在活动中担任主持人,家委会主任在准备过程中给予了她很多指导,从台词撰写到舞台表现,都耐心地提出建议。小盛表示,家委会主任不仅关注活动的整体效果,还非常注重每个学生的参与感和成长。在"走进消防救援站,致敬火焰蓝英雄"活动中,家委会主任提前联系消防救援站,精心安排参观流程。小盛在活动中不仅学到了许多消防知识,还亲身体验了消防设备,她觉得家委会主任将活动组织得特别有趣又有意义。在日常家校沟通方面,家委会主任积极收集家长意见并反馈给学校,小盛发现,学校根据家长的建议对课后服务进行了优化,增加了她喜欢的社团活动。

小盛认为家委会主任非常有能力,每一次活动都组织得井井有条,让大家在玩的同时学到知识、收获成长。她认为,在沟通方面,家委会主任就像一座坚固的桥梁,将学校和家长紧密联系在一起,学校的许多改变都能看到家委会主任努力的影子。她希望家委会主任以后能组织更多像参观消防救援站这样有趣的校外活动,拓宽大家的视野。

"友谊的力量"班级活动的评价

小肖是向阳中队的一名学生,学习成绩中等,但在人际交往方面存在一些困扰,在班级中朋友较少,性格也有些内向。

最近,小肖在学校与同学发生了矛盾,心情低落,学习也受到了影响。家委会主任得知后,主动找小肖了解情况,耐心倾听她的委屈,然后与班主任沟通,一起帮助小肖解决问题。家委会主任还组织了一次以"友谊的力量"为主题的班级活动,通过游戏、分享等环节,引导同学们学会理解、包容和互相帮助。在活动中,小肖逐渐打开心扉,和同学们的关系得到了改善。家委会组织的家庭教育讲座也让小肖的家长受益匪浅,家长改变了教育方式,不再只关注成绩,而是更多地关心小肖的内心感受。小肖觉得在家里的氛围也轻松了许多。

小肖觉得家委会主任特别亲切、负责,就像自己的大朋友一样。在自己遇到困难时,家委会主任能及时出现,帮忙解决问题,让自己不再那么害怕和孤单。对于家委会组织的活动,小肖认为非常有意义,让她学会了如何和同学们友好相处。她希望家委会主任以后能多组织一些关于心理健康的活动,帮助大家更好地成长。

(二) 有家庭:桥梁稳固,深度融入共育

1. 多样化协作模式,促进对家委会主任工作的全面了解

家庭作为家校共育的重要参与者,对家委会主任的工作有着深入的了解和体验。学校通过导师家访、家长微信群、家长会等多种协作路径,让家庭能够及时了解家委会主任的工作计划和进展。这些协作路径不仅为家庭提供了获取信息的渠道,还为家庭提供了评价家委会主任工作表现的机会。家庭可以通过这些渠道了解家委会主任在促进家校沟通、组织家校活动、解决家校矛盾等方面的表现,并根据自己的观察和感受进行评价。例如,在一次家校共育研讨会上,家长们与家委会主任就如何更好地促进家校沟通、提高教育质量等问题进行了深入交流。一位家长说道:"家委会主任在推动家校阅读计划方面做得非常出色,不仅为我们提供了丰富的书籍资源,还定期组织了线上读书分享会,让我们和孩子都能受益。"

2. 双向互动机制,积极推动家庭参与评估工作

家庭参与家委会主任的评估是一个双向互动的过程。首先,家长可以积极参加学校组织的家长会,与家委会主任面对面交流,了解工作细节并提出意见和建议。在家长会上,家长可以就家校合作的具体问题、活动的组织安排等方面与家委会主任进行深入探讨,共同寻求解决方案。其次,家长可以利用家长学校活动或微信群等平台,随时向家委会主任反馈自己的观察和感受。这些反馈可以涉及活动的参与度、家校沟通的效果、家委会主任的工作态度等多个方面。最后,家长还可以通过填写满意度调查问卷或参与线上评价系统,对家委会主任的工作进行量化评分和质性评价。这些评价将为学校管理层提供重要的参考依据,帮助家委会主任不断改进工作,提升家校共育的效果。例如,在一次家长学校活动后,家长们向家委会主任反馈了自己对活动的看法和建议。一位家长说道:"这次家长学校活动让我深刻感受到了家委会主任在促进家校沟通方面的努力,但希望以后能增加更多家长发言的机会,让我们能更直接地参与到学校教育中来。"

(三) 有学校:沟通无缝,教师行政支撑

1. 密切家校合作机制,全面展现家委会主任工作能力

学校作为家委会主任的直接管理者和合作者,对家委会主任的工作有着全

面的了解和熟悉。学校通过定期召开家委会会议、组织家校共育研讨会、开展家校合作项目等方式,与家委会主任保持密切的沟通与合作。这些沟通合作不仅为家委会主任提供了展示自己工作能力和成果的平台,也为学校提供了评价家委会主任工作的重要依据。学校可以从家委会主任的组织协调能力、资源整合能力、家校沟通效果、活动创新能力等多个方面进行评价。例如,一位行政领导说道:"家委会主任在推动'家校共读一本书'项目中表现突出,不仅成功吸引了大量家长和学生的参与,还通过线上线下的方式促进了家校之间的深入交流。"

2. 教师行政协同配合,为家委会主任提供综合评价

教师在学校中扮演着重要的角色,他们不仅是教学活动的主体,也是家校共育的重要参与者。教师可以通过日常观察、与学生和家长的交流等方式,了解家委会主任在促进家校沟通、组织家校活动等方面的表现。教师还可以结合自己的工作经验和专业知识,对家委会主任的工作提出宝贵的意见和建议。此外,亭林小学家委会领导小组根据对家委会主任提出的"三有""三者"要求,制订了《家委会主任"三有"评价表》《家委会主任"三者"评价表》(见表 5-2,表 5-3),对家委会主任进行多方位的综合评价。这些评价综合考虑了家委会主任的工作态度、工作效率、工作成果以及与教师、学生、家长等各方面的合作关系,从而为家委会主任的进一步成长和发展提供了有力的支持。例如,在一次德育例会上,教师们就家委会主任在促进家校沟通、组织家校活动等方面的表现进行了讨论和评价。一位教师说道:"家委会主任在推动家校合作方面非常积极,经常主动与我们沟通学生的情况,为我们提供了许多有用的信息和建议。"

表 5-2　家委会主任"三有"评价表

工作目标	具体要求	自评 (A、B、C)	他评 (A、B、C)
有格局	拥有全局视野:能遵循学生的身心发展规律;能尊重学生的兴趣爱好;能着眼于孩子长远发展		
	坚守公正公平的原则:能平等公正地分配任务,处理各类矛盾;能维护家校之间、家长之间的和谐氛围		
	有服务意识:能及时发现学生在学习和生活		

(续表)

工作目标	具体要求	自评 (A、B、C)	他评 (A、B、C)
有格局	中的点滴需求;发现家长的困惑、问题和不满;能将发现及时反馈给班级或学校		
有能力	联通学校社会:能处理好学校与各方的关系,为学校和家庭、社区的沟通提供便利		
	创新家教模式:能引领家长更新教育观念,探索更加有效的教育方式		
	弥补学校不足:能及时将察觉的学校在教育教学过程中潜在的不足之处反映给学校相关部门,提出弥补措施,并对后续工作进行跟踪监督和评价;能加强家委会自治能力		
	献计学校发展:能通过不断学习及时掌握国家教育新方向,为学校的发展提供更切实的建议和方案		
有担当	具备强烈的责任心:每学期能按时参加家委会会议;能站在学校立场调解家校矛盾;能主动辅助学校(班级、年级)开展各类活动		
	具备无私的奉献精神:能主动参与护校活动,在学校各类活动中能主动承担志愿服务		
	勇挑重担:能主动承担各种任务;能引导家长换位思考,理性解决问题;能积极参与区级比赛		

表5-3 家委会主任"三者"综合评价表

工作目标	具体要求	自评 (A、B、C)	他评 (A、B、C)
引领者	能运用科学的家庭教育理念,运用多种方法引领家长树立科学家庭教育观念		
	能主动与班主任、科任教师、导师沟通孩子的情况,引导更多家长成为家校沟通的主体		
	能积极主动参与学校治理,增强家长主动参		

（续表）

工作目标	具体要求	自评（A、B、C）	他评（A、B、C）
引领者	与学校治理的意识，带领家长积极参与学校治理		
组织者	能定期有序组织家委会开展会议；能组织家委会对活动的开展进行复盘		
	能有效整合家长的教育资源，组织学生开展社会实践活动		
示范者	重视家庭教育，能将自己的育儿心得梳理成文，分享给其他家长		
	能以身作则积极主动参与学校（班级）活动		

（四）有社区：共建频繁，广泛参与共享

1. 共建家校社区互动平台，促进对家委会主任工作的深入认知

社区作为家校共育的外部环境，对家委会主任的工作也有着重要的影响。学校通过与社区建立共建互动机制，如组织社区志愿服务、阅读幸福圈活动和共建文化设施等，让社区能够知晓并参与到家委会主任的工作中来。这些共建互动不仅为社区提供了了解和支持家校共育的机会，也为社区提供了评价家委会主任工作的重要渠道。社区可以通过这些活动了解家委会主任在促进社区教育、增强社区凝聚力、推动社区文化建设等方面的表现，并根据自己的观察和感受进行评价。例如，在一次社区教育活动中，家委会主任带领队员与社区负责人共同策划和实施了一场以"传承雷锋精神，我为爷爷奶奶讲故事"的实践活动。通过这次活动，社区爷爷奶奶了解了家委会主任在推动社区教育、增强社区凝聚力等方面的努力，并根据自己的观察和感受进行了评价。一位社区成员说道："家委会主任策划这种活动非常有意义，让我们和孩子们在一起学习，在孩子们心中埋下了一颗传承雷锋精神的种子。"

2. 社区积极参与评估过程，实现家委会主任工作的多元化评价

社区参与家委会主任的评估是一个积极且富有成效的过程。首先，社区可以积极参加学校组织的社区教育活动，与家委会主任共同策划和实施活动。在这些活动中，社区可以观察家委会主任如何与社区成员沟通协作，如何调动社区资源，以及如何在活动中体现社区的特色和价值观。其次，社区可以利用自身的资源和平台，为家委会主任提供支持和帮助。这些支持可以涉及活动场地、资金赞助、志愿者招募等方面。同时，社区还可以通过这些合作来评价家委会主任的工作能力和协作精神。最后，社区还可以通过填写满意度调查问卷或参与线上评价系统，对家委会主任的工作进行量化评分和质性评价。这些评价将综合考虑家委会主任的工作态度、工作效率、工作成果以及与社区的合作关系等多个方面，为家委会主任的进一步改进和提升提供有力的支持。例如，在一次社区居委会书记与家委会主任面对面交流中，社区居委会书记就家委会主任在推动社区教育、促进家校合作等方面的表现进行了讨论和评价。一位社区领导说道："家委会主任在推动社区与学校之间的合作方面做得很好，不仅为我们提供了丰富的教育资源，还通过组织各种活动加强了社区与学校之间的联系。"

四、评估改进的持续化推进

在家校共育的背景下，家委会主任作为连接学校与家庭的重要桥梁，其工作表现直接影响着家校合作的成效。因此，针对家委会主任的工作评估结果，需要采取一系列改进与优化的方式，以提升其专业素养和工作能力，推动家校共育工作的深入发展。以下将从培训提升、沟通机制、活动策划与执行、团队协作、绩效反馈与激励机制等方面提出具体的改进与优化方式。

（一）有学习：体系全面，深入掌握知识

专业技能培训深化：针对家委会主任在专业知识、活动策划与执行、资源整合等方面的不足，我们设计了系统性、层次分明的专业技能培训班。这些课程不仅涵盖儿童心理学、教育学、营养学等基础理论知识，还深入探讨了家校沟通策略、活动策划与组织的细节技巧，确保家委会主任在理论与实践两方面都能得到全面提升。线上与线下结合的学习方式，让专家学者的授课更加贴近实际需求，案例分析、小组讨论等互动环节则进一步增强了学习的参与感和实效性。通过定期的心得撰写以及实践项目，我们全面评估并巩固了家委会主任的学习成果。

持续学习资源的多元化：为了满足家委会主任多样化的学习需求，我们精心构建了一个全面的学习资源库。这个资源库不仅涵盖了丰富的线上课程和书籍，还定期在微信群里转发相关学习文件，确保家委会主任能够紧跟教育领

域的最新发展动态。同时,我们鼓励家委会主任根据个人兴趣和实际需求,自主选择学习内容,制订个性化的学习计划,并积极参与学习交流。通过定期的学习进度汇报,我们激励家委会主任保持持续学习的热情,不断提升自我能力和素质。

学习社群的互动与共享:为了促进家委会主任之间的交流与互助,我们建立了学习社群。在这个社群中,家委会主任们可以定期撰写学习心得、宝贵工作经验以及教育领域的最新动态。通过线上线下的互动活动,如线上研讨会、线下分享会等,我们为家委会主任提供了一个展示自我、相互学习的平台。这种互动与共享的模式不仅增强了家委会主任之间的凝聚力,还促进了彼此间的共同成长。

(二)有更新:迭代技能,持续升级能力

领导力与团队协作的深化培训:为了提升家委会主任的领导力、团队协作能力和沟通协调能力,我们特别设计了针对性的培训讲座课程。这些讲座不仅涵盖了领导力理论、团队协作技巧等基础知识,还通过角色扮演、情景模拟等实践环节,让家委会主任在模拟情境中学习和提升相关能力。同时,我们结合团队成员的反馈和评估结果,为家委会主任提供个性化的改进建议,帮助他们不断优化领导风格和团队协作方式。

沟通技巧的精细提升:沟通技巧是家委会主任必备的一项软技能。为了提升家委会主任的沟通技巧,我们定期举办相关讲座的学习,通过角色扮演、情景模拟等练习,帮助他们掌握倾听、表达、同理心等关键技巧。同时,我们还分享了优秀沟通案例,鼓励家委会主任学习借鉴他人的成功经验。这种理论与实践相结合的教学方式,让家委会主任在短时间内迅速提升了沟通技巧,增强了与家长、教师及学校管理层的沟通能力。

定期反馈与持续改进:为了确保家委会主任能够及时了解自己的不足之处并做出改进,我们建立了家校沟通反馈机制。通过定期收集家长和教师的意见和建议,我们及时向家委会主任反馈他们在工作中的表现和问题。针对这些反馈意见和建议,家委会主任需要制订具体的改进措施并付诸实践。通过持续的反馈与改进,家委会主任能够不断优化自己的工作方式和方法,提升工作效率和质量。

(三)有赋能:增强实力,扩大团队影响

个人发展计划的制订与实施:为了引导家委会主任明确自己的职业目标和

发展路径,我们鼓励他们根据个人实际情况制订个人发展计划。该计划不仅包含短期的学习目标和工作任务,还规划了长期的职业发展方向和成长路径。通过定期评估计划的执行情况,我们帮助家委会主任及时调整学习策略和工作计划,确保他们在既定的时间节点上实现个人成长和职业发展。

领导力的展示与提升:作为家委会的领导者,家委会主任需要具备出色的领导力和影响力。为了提升他们的领导力,我们为他们提供了多个展示自我的平台。通过组织策划和执行各类活动,家委会主任可以在实践中锻炼自己的领导才能,展示自己的组织能力和协调能力。同时,我们还鼓励他们积极参与学校志愿服务活动,通过实际行动树立榜样形象,扩大自己的影响力。

团队协作与资源整合的优化:团队协作和资源整合是家委会主任必备的两项关键能力。为了提升这两项能力,我们加强了家委会主任之间的团队协作培训讲座,并引导他们充分利用学校、家庭和社会资源。通过定期的团队协作活动和资源整合项目,家委会主任学会了如何在团队中发挥各自的优势,共同完成任务;同时,他们也学会了如何整合各类资源,为活动提供有力的支持和保障。

(四) 有创新:推动合作,革新活动策划

多渠道沟通平台的构建与利用:为了加强家校之间的沟通与联系,我们建立了线上线下的多渠道沟通平台。线上平台包括微信群、钉钉群等,便于家委会主任与家长、教师、学校行政老师进行实时沟通和信息共享。线下平台则包括家长会、座谈会、家访等活动,为家委会主任与家长、教师面对面交流提供了机会。通过这些平台,家委会主任能够及时了解家长和学生的需求和意见,为家校合作提供有力的支持。

家校合作机制的完善与创新:为了推动家校合作的深入发展,我们明确了家委会主任、家长、教师、学校行政老师在家校合作中的职责和角色。通过定期召开家校合作会议,我们共同商讨家校合作计划、活动方案等,确保家校合作工作的顺利开展。同时,我们还鼓励家委会主任积极创新家校合作方式和方法,探索更加契合学校和家庭需求的合作模式。

活动策划与执行的优化与创新:活动策划与执行是家委会主任的一项重要工作。为了确保活动的成功举行,我们在活动策划初期就通过问卷调查、访谈等方式深入了解家长和学生的需求和兴趣。在活动执行过程中,我们明确各方职责和分工,加强安全保障措施,确保活动有序进行。同时,我们还注重活动的创新性和教育性，通过设计亲子互动、团队合作和社会实践等环节，增强活动的趣味性和教育意义。活动结束后，我们通过收集家长和学生的反馈意见以及邀请社区代表进行评价等方式，对活动进行总结和反思，为后续活动提供借鉴和改进建议。

在乡村学校的家庭教育指导过程中，家委会主任的角色举足轻重。我们建立了一个完善的评估保障体系，从系统化的评估内容，到规范化的评估流程，再到多元化的评估主体，以及持续化的评估改进，每一环节都紧密相扣。这一体系紧紧围绕"有格局、有能力、有担当"的核心要求和"引领者、组织者、示范者"的角色定位进行构建。

总之，亭林小学通过不断完善评估标准、优化评估流程、改进评估方式，逐步形成了科学、有效的评价体系。这一体系不仅保障了对家委会主任工作的准确评估，也提升了家委会主任在乡村学校开展家庭教育的指导水平，进而推动了乡村学校家庭教育指导工作的整体提升。

未来，我们将继续不断地完善对家委会主任评估的保障体系，让家委会主任在工作中不断成长，确保他们在家庭与学校之间发挥好桥梁作用。

——第六章——

发展预期:让协同性的力量强大

致力于家委会主任队伍的建设和发展,经过三年的行动研究实践和探索,亭林小学在建设家委会主任队伍方面取得了较为显著的成效。展望未来,我们对家委会主任的未来发展寄予新的希望。

一、成效:四驱协同引领家委会主任成长

在课题研究初期,基于问卷调查、深度访谈、个案研究等方法,我们发现学校家委会主任的整体素质存在以下四个问题:一是主体责任发挥不够;二是培训力度不够;三是协同能力不够;四是行动激励不够。对此,学校聚焦这"四不够",从目标定位、科学引领、组织架构、多维评价四个方面着手,提出了以家委会主任成长的尺度、机制、命脉、土壤为四个抓手,协同多方力量,探索家委会主任的角色定位、培养体系、协同能力、发展趋势四个预期,努力追求四驱协同、形成合力的境界,进而提升家委会主任协同育人的力量。

(一) 明晰了角色的知行边界:家委会主任的成长尺度

没有规矩不成方圆,家委会主任的成长,只有在明确的尺度下才能走得更远,才能收获更多。因此,亭林小学将家委会主任纳入家长学校的整体培养计划,提出了"有格局、有能力、有担当"的家委会主任标准,进一步明确了家委会主任的角色定位,即在家委会工作中承担着领导者、参与者、管理者和引领者的多重角色。在此基础上,指导家委会主任有效开展工作,提升其工作能力、协调能力、管理能力和示范能力,最终形成健康向上的家校合作新生态。

163

1. 清晰把握家委会工作准则的引领者

家委会主任作为领导者，必须清晰自己的工作定位，即具有方向性、服务性、互动性和合法性。

一是方向性。各级家委会的设置与管理工作要与国家的教育方针和全面推进素质教育的方向一致，同时与学校的教育教学目标相符，促进学生的健康成长和推动学校的科学发展。二是服务性。各级家委会要以服务家长、服务学校为宗旨，代表家长心声，反映家长的意见和建议，同时积极配合学校工作，加强沟通与协调，促进家长参与学校管理、支持学校发展。三是互动性。学校和各级家委会要充分发挥各自的资源优势，通过多种形式的活动，促进学校、家长、学生之间的相互理解与有效沟通，形成育人合力。四是合法性。各级家委会开展工作应遵守法律法规及政策规定，不得进行各种法律法规明令禁止的活动。

在家委会主任的领导下，学校的各级家委会组织分工明确，架构清晰，能够有条不紊地组织家长开展家委会工作。

2. 丰富学校课程资源的有力支撑

作为协调者，家委会主任主动协同学校，利用校外资源，开发校本课程，积极组织学生活动，让课堂由校内延伸到校外，促进校本课程的多元化。

第一，形成了丰富多样的资源和活动图谱。亭林镇是一个千年古镇，蕴藏着深厚的历史文化底蕴和人文气息。这里不仅有良渚文化遗址、"亭林八景"、被誉为"江南第一松"的铁崖松等历史景观，还有上海市乡村振兴示范村油车村、红阳村，铁皮石斛基地，栖静书院，三和德文创中心等现代文化资源。基于这些丰富的地域资源，学校邀请亭林镇政府、亭林镇旅游开发公司、家长代表、其他社区成员联合商讨，选定一批特色资源，在"双减"背景下作为"亭林小囡"实践活动阵地营，成为小囡们实践活动的基地和乐园（见图 6-1）。

第二，家委会主任通过利用周边的社区和资源，开展了亲子阅读活动、爱国主义教育活动以及区域性的农耕文化传承活动，使学校的德育活动改变了仅以文本为主要传授方式的德育课程，促进了学校德育课程的多样化和生动化。

一是传播红色文化，发扬红色精神，家委会主任成为爱国精神的引领人。依托亭林本土资源，开发红色校本课程，通过家风故事学习等途径，培育学生的爱国爱党情怀。

二是好书点亮智慧，阅读陪伴成长，家委会主任成为快乐阅读的陪伴人。

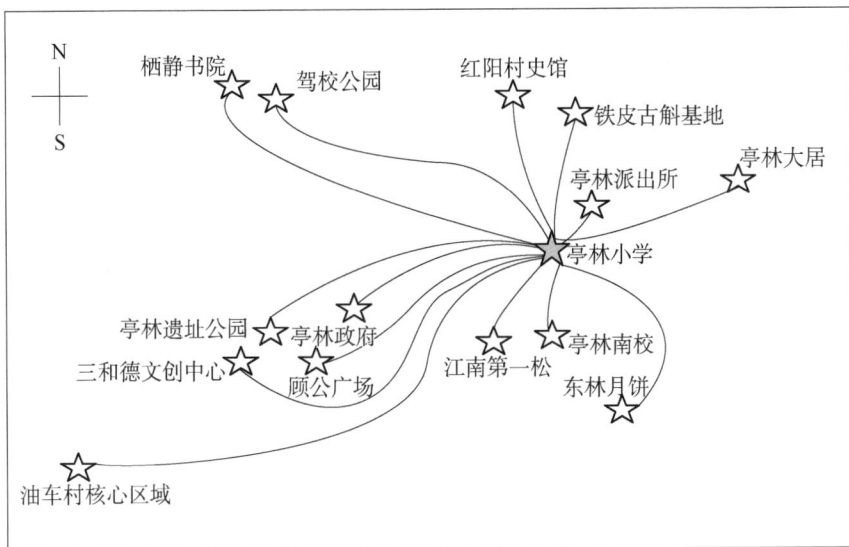

图6-1　网状式活动阵营地

为增强队员的阅读兴趣,养成每日阅读的习惯,班级家委会主任组织策划了读书交流会,阅读"阅"快乐活动。每个队员手捧自己喜欢的书,围绕着一张长桌,一起阅读、分享、讨论书中的所感所想,书香浸润童年时光,友情在陪伴中愈加浓厚。

三是寻农耕文化,享劳动之乐,家委会主任组织成为农耕文化的传承人。"感时应物""应时而食"。学校家委会主任充分利用家长的资源优势,来到庄稼地,组织策划了"寻农耕文化,享劳动之乐"系列劳动教育活动(见图6-2)。田间地头上,队员们一起分享丰收的喜悦。从播种到收获,整个过程队员们都参与其中,乐在其中。这培养了学生在劳动实践中的自主性与合作性,让他们在体验劳动快乐的同时,懂得珍惜劳动成果,培养了正确的职业和劳动观念。

在开展活动过程中,家委会主任对社会资源的调动和活动的组织发挥了重要作用。通过社会资源的挖掘、社会场所的协调、德育活动的组织与设计等行为的开展,我们鲜明地感受到家委会主任已经成为学校协同育人的重要力量。这一过程不仅丰富了学校的课程资源,也提高了家委会主任、家长、教师家庭教育的能力和实践水平。

3. 协同学校改革治理的重要力量

作为管理者,家委会主任具有协同参与管理学校的能力。家委会主任协同

图 6-2　学生在家委会组织下体验"农耕文化"课程

家委会成员在学校的卫生、饮食、安全、教学、教师等方面积极建言献策,有效地融入了学校治理体系。

在学校卫生方面,家委会主任参与制定和监督学校卫生政策的实施,如校园清洁、疾病预防和健康教育;他们组织定期的校园卫生检查,确保学校环境的清洁和学生的健康。家委会主任发起"无垃圾日"活动,鼓励学生参与校园清洁,提高环保意识。在流感季节,家委会主任协助学校推广流感疫苗接种,并组织健康教育讲座。

在学校饮食方面,家委会主任积极参与学校食堂的监督管理,确保食品安全和营养均衡。他们提供了学生饮食偏好和特殊饮食需求的反馈,建言献策,帮助学校改进餐饮服务,为促进学生营养均衡发挥了重要作用。家委会主任组织了"家长试吃日",亲自品尝学校食堂的饭菜,提出改进建议。此外家委会进课堂开展营养知识教育活动,指导学生如何选择健康饮食。

在安全方面,家委会主任深入参与学校交通安全、消防安全和紧急疏散演练等政策的制定。他们协助学校进行安全教育,提高学生的自我保护意识。例如,家委会主任协助组织消防演习,确保学生了解在紧急情况下的应对措施。在学校门口设置家长志愿者"绿色护卫队",协助维护上下学高峰期的交通秩序,保障了学生的生命安全。

在教学方面,家委会主任带领家长参与学校的教学活动,如家长开放日、教学研讨会等。家委会成员组织"家长课堂",分享自己的专业知识,丰富学校的课程资源;开展阅读推广活动,鼓励学生培养阅读习惯。

在教师教育方面，家委会主任积极引导家长参与对教师的评价，参与讨论教师的专业发展计划，并为教师提供支持和鼓励，增强了家长与教师之间的有效沟通，增进相互理解和信任。家委会主任还组织了教师节庆祝活动，表达对教师的感激和尊重；同时设立了"家长—教师对话日"和"爸爸（妈妈）班主任"机制，为家长和教师提供了面对面交流的平台，也为家长了解教师提供了一个良好的机制。

4. 成为家校社协同发展的示范者

作为引领者，家委会主任勇于分享成功的经验，并积极参加全国性线上对话论坛。学校为家委会主任搭建信息共享平台，将相关的数据、技术资料、研究成果等进行整合和共享。家委会主任有计划地举办家庭教育专题讲座，并将学习体会以微信推送形式分享给全体家长学习。此外，家委会主任组织家长学习《中华人民共和国家庭教育促进法》，并将学习体会分享给全体家长。校级家委会主任还组织家长参加了"校家社携手'童'行，共创五一幸福假期"2024 年全国家委会主任线上论坛，学校家委会副主任与嘉宾及专家们进行了互动，收效甚好。家委会主任作为协同育人的重要力量，已经形成了学校的特色品牌，并在区域内起到了示范表率作用。

（二）建立了完善的培养体系：家委会主任的成长机制

家委会主任培养机制的构建，包括培养目标、培养内容、培养方式和评估机制四个方面。

1. 培养目标

我们的目标是培养一支具有高度责任感、良好沟通能力和一定教育理解的家委会主任队伍，以促进家校合作的深入发展和学生全面成长。具体而言，一是责任感培养。家委会主任应具备对学校教育和学生成长的强烈责任感。二是沟通能力提升。家委会主任需要能够有效地与学校管理层、教师和家长进行沟通。三是教育理解深化。家委会主任应具备一定的教育理论知识和实践理解。四是领导能力强化。家委会主任需要具备组织和领导家长参与学校活动的能力。

2. 培养内容

培养内容主要包括：①教育理念与政策。了解当前的教育政策和教育理念，以及家校合作的重要性和目标。②沟通技巧与策略。学习有效的沟通技巧和策略，包括如何与不同背景和观点的人进行有效沟通。③组织管理能力。培养组织和管理能力,包括如何策划和执行家校活动。④领导力发展。通过实践和培训,提升领导力,包括决策制定、团队建设和冲突解决等。

3. 培养方式

家委会主任的培养方式是多样化、多渠道的,以适应不同家委会主任的需求和特点,具体包括:①开展系统理论学习。通过讲座、研讨会等形式,学习家校合作的理论知识和实践案例。为此,学校制订了家委会学习制度,引领家委会成员阅读书籍报刊。②进行实践培训。通过参与学校的实际活动,如家长会、学校开放日等,进行实践培训。学校定期召开家委会会议,共同商议学校工作。③经验分享。组织家委会主任之间的经验分享会,促进相互学习和启发。例如,校级家委会副主任申妈妈作了"家校携手同构梦想、团结互助共绘蓝图"的主题交流,分别从"不忘初心、无私奉献""增加本领、为爱而行""积极参与学校各项管理""创新交流方式、打造沟通平台"等四个方面分享了自己作为家委会主任的管理和参与经验。这不仅激励了其他家委会成员,也为家委会成员参与学校管理、提升家庭教育质量提供了宝贵经验。④专家指导。学校邀请教育专家和经验丰富的家委会主任进行指导和咨询。⑤自主学习。学校定期为家委会主任及家委会成员们赠送书籍,并建立家委会微信群,随时分享一些家庭教育方面的热点文章、问题,进行交流讨论,从而提高家委会主任及家委会成员们的素质和修养。例如,2024 年,学校为家委会主任及成员们赠送了《规矩和爱》《繁花》两本书,为家长送去了一份精神食粮(见图 6 - 3)。⑥环境的营造。为增强家委会成员的"主人翁"意识,让家委会更好地开展工作,学校专门设立了"家亭小栈",为家委会开展工作提供一个温馨的工作环境。

图 6 - 3　学校为家委会主任赠书现场

4. 评估机制

为了确保家委会主任工作的有效性，并帮助其持续不断地改进和发展，我们建立了对家委会主任的评估机制，主要有：一是定期的学校评估。定期对家委会主任的工作进行评估，包括沟通效果、活动组织和家长满意度等。二是自我评估。鼓励家委会主任进行自我评估，反思自己的工作表现和提升空间。三是反馈机制。建立反馈机制，收集来自学校、教师和家长的反馈意见，及时调整培养计划。四是激励措施。对于表现优秀的家委会主任，给予一定的激励和表彰，以提高其工作积极性。建立和完善家委会主任工作的激励和表彰机制，有助于提高其工作积极性和荣誉感。

（三）发展了协同参与的能力：家委会主任的成长命脉

1. 家委会主任核心素养得到显著提升

随着学校家委会制度以及家委会工作的不断深入，家委会主任的核心素养提升已成为学校的共识。以下是家委会的核心素养和能力得到显著改变的具体表现。

第一，家委会主任的活动沟通、协调和领导组织能力得到了显著提升。通过学校安排的理论学习、提供的各种活动和平台支持，以及相关学校领导和专家的指导，家委会主任越来越积极主动地与家长、教师和学校管理层进行沟通和协调，促进了学校活动的有效开展。

家委会主任唐婷婷表示："家委会所有工作都要结合学校总体教学安排，征求老师意见并经家委会集体商议后才能开展，不能一意孤行，更不能无所作为。班级活动的开展要紧紧围绕学校工作总体安排，在规定动作不变的情况下进行小创新，极大丰富了班级活动内容，孩子们的参与度也非常高。有了老师的指导、家长的支持，班级活动搞得有声有色，为孩子们的童年留下了美好的回忆。家委会成员在这些活动中分工明确，各司其职，为每项活动的高效开展建言献策，主动作为。在教育的同行路上，我们认为家委会主任队伍要发挥我们不可替代的作用。"

第二，家委会成员提高了教育理解能力和责任感。家委会主任对教育有了更加深刻的理解和认识，认识到孩子的教育仅靠学校是不够的，还需要家长、社会等多方面的支持，只有这样，学生们才能在更充分的资源环境中得到全面发展。当家委会主任能够从教育的角度出发，就更能为学校提供有益的建议。正如家委会主任罗春辉所言："在快节奏的工作之余，家委会学会了放慢脚步，倾听每一个声音。我们与家长深入交流,了解他们的需求与期望;我们与孩子促膝长谈,倾听他们的梦想与困惑。我们在忙碌中找到了宁静,学会了理解与包容。每一次的倾听,都让我们更加坚定了家校共育的信念。"

第三,家委会主任的创新思维能力得到提升,育人新身份意识得到增强。面对日益增多的育人活动和实施挑战,家委会主任积极思考,认真投入,逐渐能够提出创新的想法和解决方案,并且在实践中不断挖掘出家委会组织以及成员新的角色和职责,不仅开辟了家校合作的新路径,还推动了家校合作的创新发展。

第四,家委会主任的情绪管理能力得到显著增强。教育工作是一项琐碎且需要细心、耐心的事业,在组织活动的过程中,需要协调不同类型家庭、不同级别社区成员以及学校等多层面、多环节、多主体的问题,需要耗费大量的时间和精力,对个人的心理素质是一项极大的考验。家委会主任在一次又一次的活动实践中,逐渐积累起丰富的经验,在面对挑战和冲突时,能够更加有效地管理自己的情绪,保持冷静和理智,为促进家委会组织配合学校教育工作作出了重要贡献。

家委会主任的核心素养提升是推动学校教育发展的重要途径。通过定期培训、经验分享、参与决策、资源支持和评估反馈等策略,可以有效提升家委会主任的沟通协调能力、领导组织能力、教育理解能力、创新思维能力和情绪管理能力。提升家委会主任的核心素养,不仅促进了家校合作,还有助于构建更加和谐的家校合作关系。

家委会成员核心素养的提高,在提高教育质量的同时,还有效推动了教育创新,进一步促进了学生的全面发展。学校家委会主任核心素养的不断提升,让家校合作得到了加强,为孩子们的成长和发展贡献了巨大力量。

2. 家委会主任影响家长群体的带动力量增强

以项目为依托,学校家委会主任成员统筹和策划项目,积极动员家委会成员和学生家长参与学校各项活动,成效显著。依托学校"亭林小囡 i 亭林"综合实践活动,组织亲子实践,进一步促进家长的参与性,增强了家委会主任的影响力,并带动了更多家长参与到家长学校建设工作中。

"爸爸(妈妈)班主任"工作机制是学校"融合育人"理念校本化实施的举措之一,也是家校协同育人创新机制的有效实践。几年来,学校通过设立"爸爸(妈妈)班主任"的特定角色,明确赋予家长相应的职责,让其承担具体的工作任务,让家长真正融入学校的日常教育教学,不断更新教育观念,使家庭教育和学校教育相辅相成,共同携手,拓宽了家校沟通的广度和深度。家长们在与学校的接触中,不断增进对学校工作的认同与支持。

为了进一步调动家长们参与活动的积极性,学校还会对每次参加家长学校培训的家长进行积分制奖励,以此来鼓励家长参与学校各项育人工作。每年,学校还组织开展优秀"爸爸(妈妈)"班主任、"种子"家长、快乐祖孙幸福奖等评比活动,并进行表彰宣传。通过与家长的多渠道沟通和接触,家长们对学校工作的理解和支持日益增强,不断更新自己的育人理念和育人方式,并更加积极地参与学校各项活动。

一(7)班何妈妈在分享中首先对学校和老师们的辛勤付出表示由衷的感谢。她强调自己平时尤为重视培养孩子的独立性和自律性。此外,何妈妈还特别提到了与孩子保持良好沟通的重要性。孩子的成长离不开家校紧密合作,并表示之后会更积极地参与学校的各项活动,相信在大家的共同努力下,孩子们一定能够茁壮成长,迎接更加美好的未来。

"优秀志愿者"队伍日益壮大,越来越多的家长积极投身学校"绿色护校"活动。之前,学校"绿色护卫队"主要以家委会成员为主,在家委会主任的带领和组织下,加上班主任的协调支持,各班级中参与学校"绿色护卫"行动的家长志愿者不断增加。每天上下学时段,校门口总能看到身穿橙红色马甲的家长志愿者用心守护着孩子们的安全。

3. 家委会主任培养提升了学校家庭教育指导能力

家委会主任自身各方面素养的提高,不仅表现在组织学校各项育人活动方面,也体现在家庭教育指导能力的显著发展方面。

第一,家委会主任的培养促进了指导内容的开拓和深化。小学生进入新的学校,学习成为他们的主要活动。在学习活动的影响下,孩子的思维性质、注意力和记忆力等都在发生变化。同时,学校生活也使孩子对自己以及他人的看法发生了变化。在与家长进行深入沟通的基础上,学校为了进一步促进家长在帮助孩子适应学校生活方面的作用,特别是注重培养孩子良好的学习习惯和学习方法,培养孩子的学习兴趣,开发了《家庭教育指导手册》。通过生活指导、学习指导和实践指导等三大生活课程群的建设,补足教育的"烟火气"①。其中,生

---

① 张蓓蕾.上海金山区亭林小学:构建快乐成长小基地,延展协同育人大课堂|家校社协同育人典型案例[EB/OL].(2024 - 07 - 09)[2025 - 03 - 01]https://news.qq.com/rain/a/20240709A06SIP00.

活指导课程包括安全、健康、礼仪、自理和理财;学习指导课程包括学习环境、学习习惯和学习心理;实践指导课程则通过"5+5"课程设计,与学校课程有机相融。其中,"5+5"课程设计包括"亭林小囡i亭林"主题式综合实践活动的"历史文化、红色记忆、节日美食、农耕农趣、农业科技"五大内容维度;"5个1·生活小达人"家庭生活作业的"时事、劳动、运动、悦读、环保"五大生活主题。这些内容的开发对促进家长科学地教孩子学会学习,培养关心、诚信等基础品质,培养孩子的多种兴趣,让孩子健康快乐地成长,起到了重要作用。

第二,家委会主任的培养促进了学校在家庭教育指导方式和方法上的创新。

一方面,学校开设了形式多样、内容丰富的"家庭教育"指导在线课程。这些在线课程以家长的实际需求为导向,科学合理地设计内容。主要模块包括:①教育理念指导。"科学育儿与家庭教育理念""儿童心理发展与家庭教育"等课程,帮助家长树立正确的教育观。②实践技能培训。"如何与孩子有效沟通""家庭作业指导技巧""情绪管理与亲子关系"等课程,提供具体的实操方法。③专题问题解析。针对不同年龄段和具体问题开设专题课程,如"低龄儿童习惯培养""小学生的学习兴趣激发"等。④心理健康教育。"压力管理与家庭支持""孩子情绪问题的早期干预"等课程,帮助家长关注孩子心理健康。在线课程形式多样,包括实时直播课程、录播课程、微课、论坛讨论、答疑环节等,满足了家长的不同学习需求。具体工具包括在线直播平台,如腾讯会议、实时互动平台,便于教师与家长之间的交流。学习管理系统(LMS),如钉钉、MOOC等,提供课程发布、资源共享和学习跟踪功能。社交媒体工具,如通过微信、QQ等建立家长群组,及时推送课程信息和相关资源。在线课程克服了时间和空间的限制,家长可以根据自身的时间安排灵活学习。

在线课程利用多媒体资源,通过视频、音频、文字和互动环节,提升课程的吸引力与实用性。此外,在线课程的形式可以实现规模化推广,使更多家长受益,让更多家长的育人素养和能力得到提升。

可以发现,家长们在接受相关教育专家的指导后,发生了显著的改变。他们明晰了自己以往在家庭教育中教养方式方面存在的问题。根据专家的建议,家长们改变了自己的家庭教育观念,运用更科学和有效的养育方式来教育儿童,他们逐渐认识到了家庭教育中家长的榜样带头作用,家长的教育素养在不断地发生变化和改进。

由此可见，邀请专家学者来学校对家长们普及家庭教育观念和正确的教育方式取得了显著成效。家长们在听完专家学者的讲座之后，通过反思自己平时的教养方式，认识到自己在家庭教育中在教育观念、教育方式等方面的不足，并能从榜样示范、情绪调节、沟通方式等方面进行改正，亲子关系、家长与学校的关系都得到了积极改善。

另一方面，学校举行了家庭教育沙龙。家庭教育沙龙是一种以家长为主体、以互动交流为核心的教育指导活动形式。不同于传统的家长会或讲座，家庭教育沙龙注重分享、讨论和实践，旨在通过主题式的活动帮助家长学习科学的教育理念与方法，并在活动中相互启发和成长。家庭教育沙龙的核心目标为传播科学教育理念，帮助家长了解儿童成长规律，掌握实用的教育方法；促进亲子关系改善，通过沙龙活动，引导家长关注孩子心理需求，改善家庭沟通模式；搭建家校沟通平台，增强学校与家长的互动与合作，共同关注学生的成长。在活动形式的设计上，家庭教育沙龙打破传统课堂式的教育模式，采用多样化、互动性的活动形式，主要包括：案例分析，通过真实或虚拟的教育案例，探讨家庭教育问题的解决方案；小组讨论，将参与者分成小组，围绕主题展开讨论并分享观点；情景模拟，设计家庭情境，由家长扮演不同角色，进行问题演练与反思；专家讲解与答疑，由专家进行主题演讲，随后解答家长的个性化问题；亲子互动活动，邀请家长和孩子共同参与，增进亲子关系。

家庭教育沙龙作为家校共育的重要载体，不仅为家长提供了交流与学习的平台，也推动了学校教育与家庭教育的有机结合。在活动中，家长们收获的不仅是科学的教育方法，更是对家庭教育的深刻认知。家庭教育沙龙得到了华东师范大学李家成教授的高度认可，他指出，定期开展家庭教育沙龙活动，有助于规范家庭教育行为，提高家庭教育的科学性。

另外，在学校家庭教育指导以及家委会主任及其成员的带领下，家长们涌现出更多关于家庭教育的经验和心得体会，并以文字的形式进行交流。他们积极参与学校组织的家庭教育征文比赛。在家委会主任的倡导和带领下，越来越多的家长参与到家庭教育案例和文章的撰写中，家长们积极组织并参加优秀育儿故事征文活动，优秀文章被送往区里和市里参加比赛，近几年成绩斐然。以2023学年为例，校级层面先开展征文比赛，共收到100多篇征文。学校评选出一、二、三等奖，并进行表彰，10篇一等奖作文再参加区里比赛，分获区一等奖1篇，二等奖2篇，三等奖6篇，其中一篇还获得了市优秀征文。这充分显示了学校家长家庭育人观念的不断更新，以及家长育人能力的不断提高。

（四）形成了可持续发展体系：家委会主任的成长土壤

学校在发展协同力量的探索中，为保障协同力量的可持续性，构建了完备的评价体系以及"家校社协同育人"的环境土壤，这为家委会主任的成长提供了重要条件和支持。

1. 建立了多元且闭环的评价体系

为保障家校社协同育人行动的落实，学校形成了完备的评价体系。第一，作为学校协同的重要群体，家委会主任在家长以及学校范围内具有一定的话语权和影响力，因此，规定从德、能、勤、绩、廉五个方面对家委会主任进行评估，重点评估其在家庭教育指导方面的贡献和成效，并采用量化的形式使其显性化。第二，在评价的时间上，形成了阶段性评价和终结性评价相结合的评价体系。这可以让家委会主任及时发现自己的问题，并对自己的工作进行修正。第三，采用了质性判断和量化打分相结合的评价方式。质性判断包括家委会主任开展述职报告，以一种自我反思和他者评价相结合的形式对家委会主任的工作开展评价和判断，并对自己的优势和不足进行反思完善；量化打分是对家委会主任的德、能、勤、绩、廉等方面进行规范和定义，并以分数形式呈现各方面的发展水平。第四，评价主体多元化。对家委会主任的评价包括学校领导、家长代表、学校教职工、第三方评估机构以及社区机构代表等多个方面，以形成对家委会主任的全面认知和判断，有利于家委会主任工作的顺利开展。第五，评价结果的反馈应用。学校鼓励对家委会主任的评价形成闭环处理，家委会主任在得到自己各方面的来自多主体的评价之后，会针对自己的问题开展纠正，以促进自己不断成长。

2. 形成了"家校社协同育人"的学校文化

协同育人的学校文化，是指在学校教育过程中，强调学校、家庭和社会三方共同参与，形成合力，以促进学生全面发展的文化。以此绘就循环式育人模式如图 6-4 所示。

在"亭林小囡"系列课程活动中，以"亭林小囡"为主体，聚焦立德树人的根本任务，以家庭教育为基础，学校教育为核心，社会教育为保障，通过明确三方在协同育人共同体中的职责，建构循环式育人模式图，以实现促进"亭林小囡"全面发展的育人目标。

这种协作循环式育人文化强调团队合作，鼓励教师、家长和学生以及其他社会成员共同参与教育活动，形成合作共赢的局面。学校对家庭和社会资源持

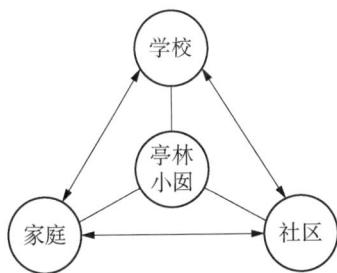

图 6-4　循环式育人模式

开放态度,愿意引入外部资源和观点,以丰富教育内容和提高教育质量。学校与家长、社区一直保持积极的沟通与交流,建立有效的沟通机制,确保信息在家庭、学校和社会之间畅通无阻,促进理解和信任。在这种学校文化中,教育责任被视为共有,家长和社会成员、教师共同承担教育学生的职责。这种学校文化尊重每个学生的个性和家庭的多样性,包容不同的文化背景和社会经验。所有参与者都致力于学生的全面发展,包括学术成就、社会技能、情感发展和道德教育。

　　这种协同方式以及文化获得了社会的高度认可,这方面的案例发表后又得到上海市政府网、金山教育网以及《人民教育》等多家媒体的转载(见图 6-5)。

上海金山区亭林小学：构建快乐成长小基地,延展协同育人大课堂 |
家校社协同育人典型案例⑩

原创 上海金山亭林小学 人民教育 2024年07月09日 17:15 北京

思想高地
行动智库

人民教育
《人民教育》杂志官方订阅号。《人民教育》是教育部主管、中国教育报刊社主办的全国…　　>
2819篇原创内容

公众号

■ 民小编说
上海市金山区亭林小学以"1+X"个"快乐成长小基地"搭建起协同育人大课堂,建设生活指导、学习指导和实践指导三大生活课程群,由学校老师、家长、社区志愿者三支力量组成"全员导师团",共同呵护每个"亭林小囡"的快乐成长,打造家校社协同育人新样态。一起来看——

上海市金山区亭林小学以创建"快乐成长小基地"为抓手,通过"三位一体"教育大课堂的打造,赋予家长新身份、构建社会共育新场域、指导家庭提升新功能,努力形成了家校社协同育人的新样态。

图 6-5　家校社协同育人典型案例发表在《人民教育》

协同育人的学校文化强调的是教育的共同责任和集体智慧，通过整合多方资源和努力，为学生创造一个支持性、挑战性和激励性的学习环境。这种文化有助于培养学生的协作能力、社会责任感和全球视野，为他们的未来成功打下坚实的基础。

这些方面的成效将推动家委会主任队伍建设和家校合作向更深层次和更广领域发展。在这一过程中，家委会主任本身的能力素养得到发展和提升，并带动整个家长群体的发展，让家委会主任这一群体的主体性力量得到扩散。这样一来，也就为学校教育改革和学生全面发展提供了更有力的支持。

二、展望：协同育人力量的深化和扩散

经过三年多的实践与探索，我们在家委会主任队伍的建设中取得了较显著的成效，为推动协同育人模式提供了一定的经验。我们认为家委会主任是协同育人的中坚力量，在家校社协同育人中扮演着重要的角色。展望家委会主任队伍的建设，为了进一步发挥家委会主任的力量，未来应从以下几个方面进行探索与思考。

（一）目标引领，激发家委会主任的导向性力量

由于家委会主任承担着多重角色，一般工作繁重、家庭事务杂，往往缺乏足够的时间与精力参与协同育人工作。此外，许多家委会主任也没有家庭教育的专业背景，导致他们在实际工作中难以与学校形成合力，缺乏持续发展的动力和支持，进而影响家委会工作的长期运作与效能。为此，我们认为以目标为引领，能激发家委会主任的积极性，鼓励其更好地参与到家校社协同育人工作中。

目标引领是指以目标为导向的领导方式。它强调在组织中设定明确的目标，并通过激励、协调和指导团队成员的行为和努力实现这些目标。根据"健全学校家庭社会协同育人机制"以及"十四五"规划提出的教育综合改革的要求，推进家校社协同育人是建设高质量教育体系的关键之一。所谓的"协同育人"是指家庭、学校、社区等各方力量联合起来，共同参与到人才培养的过程中。在这个过程中，家庭是协同育人的重要一环。家长的教育理念、家庭氛围和教育方式对孩子的成长有着重要影响。家庭应当与学校保持密切沟通，共同关注孩子的成长需求，为孩子创造良好的成长环境。学校是协同育人的核心场所。学校不仅要传授知识，还要培养学生的综合素质和创新能力。学校应与家庭、社会建立紧密联系，开展各种形式的合作，共同促进学生的全面发展。社会在协

同育人中也扮演着重要角色。企业、社区等社会组织可以通过提供实习机会、参与学校活动等方式，帮助学生了解社会、了解职业，为人才培养提供实践平台。因此，协同育人是一种强调多方参与、共同协作的教育理念。在这种理念下，家庭、学校、社会等各方力量紧密合作，共同为培养优秀人才贡献力量。学校在家委会主任队伍建设中，如何激发家委会主任的导向性力量，就是要让家委会主任确立协同育人的目标，将这一目标作为驱动力，组织家长共同明确目标、理解目标、接受目标，在协同合作中，实现协同育人的目标与使命。

协同育人使家校社之间构建了高效互动、相互配合的体制机制，使家校社协同育人产生了最大的协同效果。因此，只有树立了育人的目标，才能做到切合实际的目标引领。

（二）合理定位，发展家委会主任的专业性力量

学校在家委会主任队伍建设中，发现家委会主任一定程度上存在以下问题：专业能力不足，缺乏系统的教育学、心理学知识；管理能力不足，缺乏沟通协调能力；培训体系不完善，缺乏系统性和完整性；培训方式不规范，缺乏专业性和层次性等。据此，我们提出依托家长学校，合理定位，发展家委会主任的专业性力量的对策。

合理定位是指根据家委会主任的实际情况和发展目标，建立家长学校，通过建构课程内容、培训方式和培训平台，提升家委会主任的专业素养和工作能力。

1. 课程内容

家委会主任的培训内容需要涵盖以下几个方面的素质和技能。一是领导力和决策能力。家委会主任需要具备强大的领导力和决策能力，以便在复杂情况下做出有效决策，并推动家校共育的深化。二是沟通技巧和团队建设。有效的沟通技巧是家委会主任的关键能力，包括倾听、表达、家长意见的收集与反馈等。同时，需要学会如何组织团队，合理分工，凝聚团队力量。三是活动策划与组织能力。家委会主任需要策划和组织各种教育活动，如家长会、家长讲座等，这需要良好的活动策划能力和资源调配技巧。四是问题解决与冲突管理。家委会主任应具备解决冲突的能力，理解冲突管理的基本原则和技巧，以及如何通过协商达成共识。五是学校政策与教育理念解读。对学校政策和教育理念的深入理解，有助于家委会主任更好地与学校管理层建立有效沟通。第六，情商和责任心。家委会主任需要具备较高的情商，能够敏锐地把握各种情境下的微妙变化，同时责任心要强，积极主动。通过系统化内容的培训，家委会主任将

能够更有效地发挥其在家校合作中的桥梁作用,推动学生的全面发展。

2. 培训方式

考虑到家委会主任角色的特殊性,学校对家委会主任的培训应采用不同方式和方法。一是分阶段培训。结合家委会主任的不同发展阶段,设计多层次的培训内容。初任的培训重点培训家庭教育理论、学校管理制度、沟通技巧等基础内容。在职提升的培训增加资源整合能力、活动策划能力、冲突管理能力等方面的进阶培训。专业化发展的培训联合高校或教育机构,提供高级课程认证或研修机会,帮助其向家庭教育领域专业化方向发展。二是实践与理论结合培训。培训中注重理论学习与实践反思相结合。例如,理论讲座后,通过模拟家长会议或活动策划,提升其实操能力。鼓励参加家庭教育实践活动,并定期分享经验与成果,实现能力提升的闭环。三是导师制形式的培训。为新任家委会主任配备优秀导师,帮助其快速适应岗位要求。同时,建立区域性导师团,定期指导全体家委会主任的工作,提升整体素质。四是区域导师计划。选拔优秀家委会主任担任导师,带动其他学校家委会主任的成长。五是跨区域交流。组织不同学校家委会主任的学习互访和经验分享,提升整体水平。

3. 培训平台

整合多方资源,支持家委会主任成长。一是通过校企合作、公益组织参与等方式,为家委会主任提供专业课程培训和心理支持服务。二是通过社会活动平台,拓宽其视野,发展其能力。三是利用数字化技术搭建家委会主任学习与分享平台。在培训中,依靠平台汇集优质资源,发布优质家庭教育课程和实践案例;通过在线论坛分享工作经验,促进相互学习;利用大数据分析,提供个性化发展建议。此外,学校为家委会主任的培训、活动及发展提供经费保障,确保家委会主任能够参加培训学习、参加跨区域交流等活动,让家委会主任更安心地投入工作。

总之,通过各种形式的教育和培训,帮助家委会主任了解教育的基本原则和方法,掌握家庭教育的技巧和策略,提高家庭教育的效果和质量。家委会主任在家长学校中所接受的教育方式和方法有力地提升了家委会主任的专业性能力,对孩子的成长和发展具有至关重要的作用。

(三) 身体力行,提升家委会主任的实践性力量

学校在家委会主任队伍建设中,针对家委会主任作用不明显、不清晰等问题,制订《学校家委会主任工作与发展纲要》,强调家委会主任在家校社协同育

人、促进德智体美劳五育融合等方面具有桥梁作用、领导作用和研究作用。

1. 桥梁作用

家委会主任在家校社协同育人活动中，具有以下桥梁作用。一是家委会主任积极配合学校开展五育融合的教育教学活动，促进各类教育资源的有效利用，开展"家长进课堂""家长开放日"等一系列活动。二是家委会主任主动参与学校建设中，积极构建学校家庭教育体系，使学校教育与家庭教育达到"同步"，教师和家长教育达到"同心"，学校和社区教育达到"合力"，努力营造有利于学生健康成长的环境，不断提高学校家委会工作的主动性、针对性和实效性。三是家委会主任主动争取社区的支持，整合、开发和利用社会资源，为学校开展社会实践活动提供场所。四是家委会主任主动推动国家相关法规和政策的宣传工作，协助营造协同育人的健康氛围，推动"五育融合""五项管理""双减"等重点工作的有效落实。总之，在家委会主任的大力支持和协助下，学校将获得更多社会性力量的支持，为教育教学的实践性活动提供有力的支持。

2. 领导作用

家委会主任在家校社协同育人活动中，具有以下领导作用。一是家委会主任在家委会的组织建设、协同管理、机制保障等方面，要认真加强家委会组织的制度化建设，明确家委会成员的职责、分工，形成组织发展合力；组织、推动家委会工作的正常有序开展，进行学年或学期工作的规划、落实与总结，定期换届；尊重家长多元需求，统筹协调家长关系，维护和保障家长合法权益，自觉接受全体家长及社会的监督。二是家委会主任在节假日或寒暑假，要对校级、年级、班级活动有所了解，随时给予一定的指导，提出合理化建议供家委会成员参考；主动开展、协助开展一系列基于社区、社会的综合实践活动，促进学生活学活用、全面发展，加强学校、家长与社区合作的可持续性；鼓励、指导家长开展基于家庭环境或条件的节假日或寒暑假活动，倡导家庭组织参与社会公益、志愿服务等亲子活动，促进家庭所有成员参与学习。在协同育人活动中，家委会主任发挥着带头力量。

3. 研究作用

家委会主任主动协助教育工作者、社区工作者、专业科研人员等开展针对学校的教育教学改革科研项目。在专家、学者的引领下，主动发现问题、分析问题、解决问题，带动家委会工作高质量发展。在《"协同"视域下家校社共育机制的实践探索》中，家委会主任积极参与，通过对家庭养育情况、隔代教育问题的现状调查，"代际学习""三定"模式的探索，形成了协同育人的合力，促进了家校社协同育人的和谐发展。

总之，家委会主任通过身体力行，充分发挥了桥梁作用、领导作用和研究作用。

（四）评价驱动，深化家委会主任的支持性力量

学校在家委会主任队伍建设中，通过评价驱动来深化家委会主任的支持性力量。所谓的评价驱动，就是以评价为手段，对家委会主任在协同育人工作中的创新精神、实践能力和综合素质进行评价。其核心在于通过评价机制来促进家委会主任的素养和能力的发展。

1. 支持性力量

家委会主任在协同育中的支持性力量主要体现在以下几个方面。一是沟通桥梁。家委会主任是家长和学校之间的沟通桥梁，能够帮助家长更好地理解学校的教育理念和政策，同时将家长的意见和建议反馈给学校，促进家校之间的有效沟通。二是协同育人。家委会主任在家校社协同育人中发挥关键作用，能够协调家庭、学校和社会资源，共同参与学生的教育和成长过程。通过组织各种活动，如"玩伴团"活动，增强家校互动，丰富学生的课外生活。三是资源整合。家委会主任能够整合家庭、学校和社会的资源，为学校提供必要的支持和帮助。如参与学校食堂工作，提升食堂服务质量；组织家长交流发言环节，收集有价值的意见和建议，促进学校的发展和学生的成长。四是政策倡导。家委会主任在政策倡导方面也发挥着重要作用，能够代表家长向学校和相关部门提出合理化建议，推动学校教育质量的提升和学生福祉的改善。家委会主任在协同育人时，有效的评价能驱动支持性力量的深化。

2. 评价驱动

评价自身能够带有正向价值驱使，而"评建合一""评改一体""以评促建""以评促改"等发展性评价方式，面向未来发展的需要，服务于协同育人的评价，更能满足家委会主任参与协同育人的存在感与获得感。因此，家委会主任支持性力量的成果，通过成果交流形式，让社会、同行等进行评价，一定会取得意想不到的效果。所谓的社会评价是家委会主任将支持性力量的成果，通过现场交流、经验介绍等形式，让社会大众或社会群体基于一定的社会标准、道德规范、文化传统等观点，形成看法和判断。这种让成果得到社会性评价的方法，更能

激发家委会主任的工作热情。所谓的同行评价是指利用同行的知识和智慧,按照一定的评议准则,对家委会主任取得的支持性力量的成果价值进行评价。学校在同行评价中是具体的执行人,组织家委会主任、家委会人员、家长、教师、学生协同评价,以确保同行评价的顺利开展。

总之,以评价驱动,深化家委会主任的支持性力量,将推进协同育人评价机制的发展,提升家委会主任的支持性力量。

(五)区域合作,形成家委会主任的协同性力量

学校在家委会主任队伍建设中,只有促进区域合作,才能实现共同成长。所谓的区域合作是指家委会在促进家庭与社区之间的合作与互动方面所开展的一系列活动和工作。家委会通过组织各种活动,增进家庭与社区之间的联系,共同为学生提供更好的教育环境和支持。在协同育人研究中,可通过成立社区资源合作小组、建立教育集团家委会联合体、融入区域五育融合发展组织、参与全国性的协同育人联盟,提升家委会主任的协同性力量。

1. 成立社区资源整合小组

社会教育资源的有机整合是实现协同育人的重要保障。学校牵头成立由学校、社会和家长组成的社区资源整合小组,家长委员会主任主动争取社区以及乡镇的支持,整合、开发和利用社会资源,为学校开展社会实践活动提供场所。例如,以医教协同构建学生心理健康的教育体系,以司法协同构建学生防暴力防欺凌防护体系,以村史基地建立学生劳动教育体系等,发挥社会教育资源效益,有效为学校家庭教育、学校教育助力。

2. 建立教育集团家委会联合体

组织家委会主任定期参与跨校研讨、家校论坛和经验交流等活动,打破单一学校的资源限制,提升整体发展水平。学校作为亭林、张堰地区教育集团的龙头,鼓励家委会主任到城区学校或乡村学校进行交流,提高城乡教育互动频率,为家委会主任提供展示的舞台和交流机会。家校合作模式和经验在分享中推广,拓宽了家委会主任的视野,提升了家委会主任的管理能力。

3. 融入区域五育融合发展组织

学校为了打造成为家校合作的示范区,吸引外部资源和关注,积极融入区域五育融合发展组织,提升学校在区域教育品牌的影响力。具体措施包括:①以亭林小学为核心,形成区域性的家校合作指导中心,辐射区域内其他学校。通过整合学校、社区、企业等资源,开发具有当地文化特色的家校合作项目,为

区域学校开展协同育人活动提供资源支持；设立专项资金支持，为开展家庭教育指导活动。②建立区域性的资源共享平台，包括家委会主任培训活动和资源、家长学校培训课程、家庭教育沙龙活动集、家校合作案例等，促进区域内学校间的交流与合作。

4. 参与全国性的协同育人联盟

学校在培养家委会主任队伍时，积极参与全国性的协同育人联盟。一方面，组织家委会主任、家长、班主任、教师等参与培训。另一方面，通过交流方式将学校培养委会主任的成功模式推广到全国，成为乡村学校提升家庭教育指导能力的典型案例。今后，学校还会与全国其他教育机构合作，开展跨区域的研究项目，继续探索不同地区家委会主任培养的方法和途径。

综上所述，家委会主任持续发展的成效不仅体现在家庭教育水平的提高和家校合作的深化方面，还对学校教育、家庭环境、社区治理以及教育体系的整体优化产生了深远影响。对学生发展来说，家委会主任的持续发展能优化家校合作机制，带动家庭和学校共同努力，为学生提供更优质的成长环境。通过家校协同育人，学生不仅在学业上取得进步，还能在思想品德、心理素质、社会责任感等方面实现全面发展。家委会主任通过组织家长和学校共同参与学生教育，帮助学生构建更具支持性的学习和生活环境。特别是通过社区资源的引入，学生可以获得更丰富的学习机会和社会实践经验，提升适应社会的能力。对整个家长群体来说，不断输出先进的家庭教育理念和方法，有助于引导家长提升教育素养，转变教育观念。家委会主任的工作能让家长深刻认识到家庭教育的重要性，积极参与到学校活动和孩子的成长中，进一步巩固家庭教育在学生培养中的基础地位。对于学校来说，家委会主任的持续发展能在学校管理中发挥桥梁作用，帮助学校更好地了解家长需求，调整育人策略，提升学校治理能力和教育质量。通过家委会主任带动的家校合作模式，学校可以形成良好的教育生态，树立品牌形象，吸引更多资源和社会关注，进一步推动学校发展。通过家委会主任的引导，社区可以更多地参与到学校教育中，逐步形成以家庭、学校、社区为核心的协同育人网络，充分发挥社区教育的功能，为学生成长提供更加多元的支持。家委会主任的持续发展能够推动教育从"单向灌输"向"多方协同"转变，体现"以学生为中心"的育人理念，契合现代教育发展的方向。

总之，家委会主任的持续发展具有跨领域、多层次的价值。它不仅提升了家校合作的质量和家庭教育的水平，还通过优化教育资源配置、促进区域教育公平和增强社会治理能力，为教育现代化和社会发展注入了强大的动力。在这一过程中，家委会主任作为家庭、学校和社区的桥梁，扮演着不可替代的重要角色，其持续发展的意义远超教育范畴，对社会整体进步具有深远影响。

参考文献

［1］习近平. 论教育［M］. 北京：中央文献出版社，2024.

［2］国务院. 国家中长期教育改革和发展规划纲要（2010—2020 年）［R/OL］.（2010 - 07 - 29）［2025 - 03 - 01］. http://www. gov. cn/zwgk/2010-07/29/content_1666986. htm.

［3］教育部关于建立中小学幼儿园家长委员会的指导意见［EB/OL］.（2012 - 02 - 17）［2025 - 03 - 01］. http://www. moe. gov. cn/srcsite/A06/s7053/201202/t20120217170639. html.

［4］中华人民共和国全国人民代表大会常务委员会. 中华人民共和国家庭教育促进法［EB/OL］.（2021 - 10 - 23）［2024 - 03 - 25］. http://www. moe. gov. cn/jyb_sjzl/sjzl_zcfg/zcfg_qtxgfl/202110/t20211025_574749. html.

［5］教育部等十七部门. 家校社协同育人"教联体"工作方案［EB/OL］.（2024 - 11 - 01）［2025 - 03 - 01］. http://www. moe. gov. cn/jyb_xwfb/gzdt_gzdt/s5987/202411/t20241101_1160204. html.

［6］教育部等十三部门关于健全学校家庭社会协同育人机制的意见［EB/OL］.（2023 - 01 - 19）［2024 - 11 - 04］. http://www. moe. gov. cn/srcsite/A06/s3325/202301/t20230119_1039746. html.

［7］张蓓蕾. 上海金山区亭林小学：构建快乐成长小基地，延展协同育人大课堂|家校社协同育人典型案例［EB/OL］.（2024 - 07 - 09）［2025 - 02 - 20］. https://news. qq. com/rain/a/20240709A06SIP00.

［8］叶澜. 回归突破："生命·实践"教育学论纲［M］. 上海：华东师范大学出版社，2015.

［9］叶澜. "新基础教育"论：关于当代中国学校变革的探究与认识［M］. 北京：教育科学出

版社,2006.

[10] 李家成.学校家庭社区协同育人研究[M].北京:国家开发大学出版社,2023.

[11] 李家成.天地人事:叶澜终身教育思想研究[M].北京:人民教育出版社,2022.

[12] 李家成,王朝晖.乡村家校合作指导手册[M].上海:上海交通大学出版社,2022.

[13] 顾惠芬.幸福作业:打开融合共生的教育新世界[M].上海:上海交通大学出版社,2021.

[14] 李文淑.互惠·增能·创生:学校与社区合作发展研究[M].北京:知识产权出版社,2023.

[15] 俞家庆.教育管理辞典[M].海口:海南出版社,2005:110-112.

[16] 陈宏观.新体制下中小学德育管理机制研究和上海实践[M].上海:上海教育出版社,2023.

[17] [美]赫钦斯.学习型社会[M].林曾,李德雄,蒋亚丽,译.北京:社会科学文献出版社,2017.

[18] [美]波伊尔.基础学校:一个学习化的社区大家庭[M].王晓平,等译.北京:人民教育出版社,1998.

[19] [美]爱泼斯坦,等.大教育:学校、家庭与社区合作体系[M].曹骏冀,译.哈尔滨:黑龙江教育出版社,2016.

[20] 余海平.小学班级家长委员会现状、问题、对策研究[D].信阳:信阳师范学院,2023.

[21] 何洁霞.小学家长委员会运行及改进策略研究[D].上海:华东师范大学,2022.

[22] 叶敏.家长委员会参与学校治理的机制构建[D].上海:华东师范大学,2017.

[23] 段丽娟."双减"背景下小学家校合作中家长的角色与作用研究[D].湘潭:湖南科技大学,2023.

[24] 李芳.小学开展家庭教育指导的问题及策略研究[D].成都:四川师范大学,2023.

[25] 刘威.家长委员会的法治化研究[D].沈阳:沈阳师范大学,2017.

[26] 刘潇.幼儿园家园合作的实践探索与策略研究[D].扬州:扬州大学,2018.

[27] 王晓雪."双减"背景下小学中高年级家长参与现状及提升策略研究[D].曲阜:曲阜师范大学,2023.

[28] 程豪.向孙辈学习:教育学立场下的隔代反哺研究[D].上海:华东师范大学,2023.

[29] 顾宏伟,胡卫东.问道"五育融合":新时代区域教育变革的金山路径[J].江苏教育研究,2024(4):8-13.

[30] 李家成.高立意、高效益、高集成:实现学校家庭社会协同育人工作的价值[J].教育发展研究,2023(4):前插1.

[31] 李家成.实现认识转变:健全学校家庭社会协同育人机制的前提:基于学习型社会、学

习型大国建设的背景[J].人民教育,2023(10):10-13.

[32] 吕珂漪,吕聪,李家成.家长参与:为儿童、学校与社会赋能:2019欧洲家长教育参与联盟(ERNAPE)第十二届双年会述评[J].教育学术月刊,2020(3):33-39.

[33] 李艳,李家成.学校教育视域中的家长参与:研究范式、取向与反思[J].教育学术月刊,2019(8):11-19.

[34] 左银智.坚持劳动教育实践,共建生态文明校园:上海市新农学校生态劳动教育纪实[J].环境教育,2024(8):122.

[35] 罗志慧.遵循儿童心理发展规律开展家庭教育[J].亚太教育,2016(17):246-247.

[36] 蒲蕊,李子彦.家长参与学校治理的困境及其解决策略[J].教育科学研究,2017(8):26-30.

[37] 高永平.充分发挥学校家长委员会的功能[J].现代教学,2005(4):59.

[38] 李卉.让家长参与学校管理[J].上海教育,2001(16):47,59.

[39] 彭敏怡.携手同行,家校合育:谈家长委员会在学校管理中发挥的积极效应[J].中国校外教育,2017(5):2-3.

[40] 胡晋林.现代学校治理中的家长委员会建设[J].教育实践与研究,2018(5):39-41.

[41] 康丽颖.家委会参与学校建设的三个议题[J].中国德育,2019(10):1.

[42] 刘荣宗,沈仕东.扎实开展家委会工作,努力构建大教育格局:以福建省东山第二中学"家委会"建设为例[J].当代家庭教育,2019(24):16.

[43] 何炜,江敏.建设家委会,实现学校治理体系和治理能力现代化[J].上海教育,2020(Z1):52-53.

[44] 崔昌宏.明确职能定位,回归人本质:对加强中小学家委会建设推进校家社协同育人的思考[J].四川教育,2024(13):6-8.

[45] 张莉萍.建设家长自主管理工作室创新家委会工作路径的探索实践[J].现代教学,2022(10):46-48.

[46] 邓淇.关于"家委会"工作的实践与思考[J].当代教育科学,2014(4):58-59.

[47] 王燕红.家委会职能行使过程中学校角色的定位[J].教学与管理,2014(17):14-16.

[48] 熊春辉.学校治理视角下的家委会建设[J].广西教育学院学报,2021(6):176-179.

[49] 罗姣,刘华锦.协同育人背景下小学家长委员会建设策略[J].文科爱好者,2024(1):237-240.

[50] 赵琴.发展共同体理念下的家委会自治[J].新班主任,2020(12):6.

[51] 马友燕,张洪恩.家委会提升家校合作实效性[J].河北教育(综合版),2020,58(Z1):101.

[52] 黄嘉雯.巧妙地"放":发挥班级家委会作用的有效策略[J].教育导刊(下半月),2014

(5):71-72.

[53] 翁璐瑶,吴亮奎.家委会本质的异化与应然选择[J].教学与管理,2018(16):28-29.

[54] 郁琴芳.家委会深入发展需三点突破[J].上海教育,2016(16):66-67.

[55] 彭知辉.论中小学家长委员会的组织定位[J].湖南第一师范学院学报,2017,17(3):54-58.

[56] 袁利平.国外家委会如何参与学校教育?[J].人民教育,2019(11):75-78.

[57] 张尚伟.莫让班级家委会成"摆设"[J].教书育人,2019(28):79.

[58] 吴潇.博弈与共赢:小学班级家委会建设的批判与反思[J].教育艺术,2019(9):42.

[59] 冯荣芬.探讨新时代家校合作的优化策略[J].学周刊,2019(25):162.

[60] 贾宪章."家委会"不应只"为开会"[J].教学与管理,2013(29):14.

[61] 戴双翔,毛雪华.家委会是班级治理的重要主体:以广东实验中学雄鹰一班为例[J].教育导刊,2019(8):61-65.

[62] 武晓伟,巫凡渲.基于扎根理论的小学家长委员会角色功能研究[J].教学与管理,2023(15):31-38.

[63] 管相忠.家长委员会:家校社协同育人实施途径探索[J].中国德育,2018(17):32-35.

[64] 李景.让家委会回归协同育人本质[J].中国民族教育,2022(11):9-10.

[65] 毛圣璇.家长委员会在学校治理中的角色定位[J].教学与管理,2022(4):16-20.

[66] 李希茜,王佳佳.家长委员会中家长角色偏差与对策[J].教学与管理,2017(34):12-14.

[67] 程墨.家长委员会如何走出困局[J].辽宁教育,2014(10):9-11.

[68] 刘青.从"取消家委会"的呼声看家委会职能定位[J].人民教育,2022(6):6-7.

[69] 马爱兵.中小学家庭教育指导存在的问题及改进策略[J].教育理论与实践,2019,39(5):21-23.

[70] 姜英敏.家长对协同育人的期待和建议[J].人民教育,2021(8):23-25.

[71] 洪明.探寻家校矛盾冲突的成因及其化解策略[J].中小学管理,2023(5):37-40.

[72] 朱丽,郭朝红.中小学家长委员会的自治困境及其突破[J].教学与管理,2019(31):22-24.

[73] 吴潇.博弈与共赢:小学班级家委会建设的批判与反思[J].教育艺术,2019(9):42.

[74] 陈栋.家委会竞选背后的教育寻租[J].教学与管理,2019(34):83-84.

[75] 张立美.家委会成员非富即贵弊端显而易见[J].广西教育,2020(44):30.

[76] 柳燕.学校治理中家长委员会的建设[J].教学与管理,2016(7):16-19.

[77] 黄侃.学校要善于发挥家委会的作用[J].江苏教育,2022(42):80.

[78] 王斌,王佳佳.中小学家委会:想说爱你不容易:基于对我国东部某省14所中小学家委

会组建运转情况的调研[J].中小学管理,2017(7):46-47.

[79] 张茜.小学班级家长委员会建构及运作的困境与突破[J].齐齐哈尔师范高等专科学校学报,2022(4):67-69.

[80] 王帅.家长参与学校管理现状的实证研究:以上海市 10 所普通小学为例[J].上海教育科研,2012(2):31-35.

[81] 满建宇.论现代学校治理体系中的家委会建设[J].中国教育学刊,2014(9):44-47.

[82] 魏叶美,范国睿.美国家长教师协会参与学校治理研究[J].全球教育展望,2016(12):89-101.

[83] 赵志毅,霍加艾合麦提,刘晗琦.健全家长委员会制度势在必行[J].中国德育,2015(3):21-25.

[84] 文思睿.论家长委员会的法律地位[J].江西青年职业学院学报,2015(1):73-75.

[85] 王梅雾.家校合作始于家校合意[J].江西教育,2019(23):20-21.

[86] 蔡春梅.农村地区家长委员会建设的问题与对策:以 B 市某区县为例[J].中国德育,2019(10):29-32.

[87] 张建,钟帅丽.学校治理中家长委员会的能动图景及其支持条件[J].教育研究与实验,2022(6):72-79.

[88] 李寒梅,孙家明.中小学家长委员会建设的政策设计与改进策略:基于对全国 9 个省份的文本分析[J].当代教育科学,2021(7):90-95.

[89] 李桂琴.青州市小学家长委员会的职能研究[D].济南:山东师范大学,2013.

[90] 王斌,王佳佳.中小学家长委员会职能定位问题探析[J].教学与管理,2018(15):21-23.

[91] 王佳佳,喻宁轩.家长委员会的立场迷失与回归[J].当代教育科学,2019(6):72-76.

[92] 牛志强.家委会如何有位又有为[J].甘肃教育,2014(20):19.

[93] 周昉.让家委会成为学前教育的同盟军[J].早期教育(教育教学),2018(12):22-23.

[94] 程昱华.家委会有效参管构建家园新模式[J].早期教育(教育教学),2019(5):23-25.

[95] 周灵芝.群星齐拱月　星空放异彩:初探幼儿园家委会组织管理的模式[J].课程教育研究(新教师教学),2012(7):92.

[96] 王桂玲,刘敏,王建玲.我园的家长委员会[J].山东教育,2002(4):41.

[97] 肖作芳.如何充分发挥家长委员会的作用[J].山东教育,2002(12):40-42.

[98] 彭永强.以儿童的视角构建家委会工作的新思路[J].山西教育(幼教),2018(8):10-11.

[99] 张兴立.三级六步:班级家委会建设路径探析[J].江苏教育,2018(79):52-54.

［100］ 杜小凤. 儿童视角的幼儿园教育质量评价研究［D］. 成都:四川师范大学,2015.

［101］ 孙媛媛. 山东省小学家长委员会建设问题与对策研究［D］. 曲阜:曲阜师范大学,2012.

［102］ 王岩松. 小学家长委员会运行现状及优化策略研究［D］. 南昌:江西师范大学,2024.

［103］ 张明,石军. 学校治理能力现代化的意义、特征与路径［J］. 教学与管理,2015(31):4-7.

［104］ 边玉芳,田微微. 推动家校共育走上"共赢"之路［J］. 中国教师,2019(8):19-21.

［105］ 陈立永. 学校家长委员会建设范式的转型［J］. 教育科学研究,2011(7):46-48.

［106］ 王铮. 协同育人背景下保定市小学家委会满意度评价［D］. 保定:河北大学,2023.

［107］ 顾惠芬. 为家校共育主动赋能［N］. 中国教育报,2021-11-17(10).

［108］ 罗芮,陈福美,罗玉晗,等. 学校视角下的家校社协同育人现状与问题分析:基于我国八省(自治区)的实证调查［J］. 中华家教,2022(6):24-35.

［109］ 张慧心,牛世全. 乡村小规模学校内生发展的路径选择［J］. 教学与管理,2021(17):7-9.

［110］ 陈薇. 小学班级文化建设存在的问题与解决策略［J］. 辽宁教育,2018(16):49-52.

［111］ 魏善春. 构建五育融合育人共同体［J］. 湖北教育(教育教学),2024(12):21-23

［112］ Forgrave C E. A Parent-teacher association in every school! ［J］. The Iowa Homemaker ,2017,1(5):4-11.

［113］ Kathleen V. Why do patriarchs become involved? Research findings and implications ［J］. The Elementary School Journal ,2005,106(2):105-130.

［114］ Horen R A. School governance and teachers' attitudes to parents' involvement in schools ［J］. Teaching & Teacher Education, 2009,25(6):805-813.

［115］ Akahomen D O. An overview of the place of parents teachers association in the provision and management of facilities in schools［J］. Sports and Physical Education, 2018(3):76-89.

［116］ Iqbal Z, Ahmad M, Rauf M. Role of parent teacher association in federal education institutions［J］. Hum anities and Social Sciences, 2013(20):27-40.

［117］ Addi-Raccah A, Grinshtain Y. Forms of capital and teachers' views of collaboration and threat relations with parents in israeli schools［J］. Education & Urban Society, 2017,49(6):616-640.

［118］ Wolf S. "Me I don't really discuss anything with them": parent and teacher perceptions of early childhoodeducation and parent-teacher relationships in Ghana［J］. International Journal of Educational Research, 2020,99(10):15-25.

［119］ Morgan V, Fraser G, Dunn S, et al. Parental involvement in education: how do parents want to become involved? ［J］. Educational Studies, 2010, 18（1）: 11 - 20.

—后　记—

在本书研究行将结束之际,回首这一段充满挑战与探索的历程,心中感慨万千。书写《共育之光:家委会主任的力量》的过程,于我而言,既是一次对教育本质的深度追问,也是一场关于家校关系重构的实践探索。在与课题研究团队、家校合作一线教师、家委会成员促膝长谈的日日夜夜里,那些鲜活生动的实践案例,那些关于"如何让教育真正成为合力"的反复思辨,都让我愈发确信:培养一支有格局、有能力、有担当的家委会主任队伍,不仅是教育改革的技术命题,更是关乎教育生态重构的价值选择。

当前的家校协同育人面临着深层困境,当家庭教育的智慧无法与学校教育形成专业对话时,家长的参与往往停留在事务性层面,教育的合力也难以真正形成。而当家长的教育潜能被充分激发,他们带来的不仅是资源,更是一种打破围墙的教育生态。德国教育家雅斯贝尔斯曾说:"教育是人与人之间心灵的对话。"教育的核心始终是生命的彼此照亮。家委会主任的价值,就在于让这种对话突破校园的围墙,让教育的温暖渗透到每个家庭的日常。

家委会主任队伍建设需要顶层设计的护航,将零散的实践探索转化为制度化的长效机制。构建一种新型的教育治理模式,才能让家长从教育的旁观者转变为共同设计者,让家庭的教育智慧成为学校发展的活水源泉。在研究过程中,我们不断丰富和完善家校合作理论体系,明确了家委会主任在现代教育治理结构中的独特地位与作用;鲜明地提出了胜任家委会主任的"三有"品质,定位了其在家庭教育中的"三者"角色;深入剖析了家委会主任应具备的能力素质模型,包括沟通能力、组织能力、教育理解能力、资源调配能力以及创新能力等,并阐述了这些能力与家校合作成效之间的内在联系。相信这些理论成果能为家委会主任队伍建设提供清晰的理论框架,为指导后续的实践工作提供有力支撑。通过选拔机制的优化、培训体系的构建、激励支持机制的完善,家委会工作成效得到显著提升:家委会主任的角色认知更加清晰,工作积极性和主动性明显增强。他们能够更好地协调家校关系,积极参与学校教育教学活动,为学校发展提供了许多宝贵的建议和资源支持。家委会组织的活动形式更加丰富多样,参与度大幅提高,家长对学校教育的满意度也得到了显著提升。

关于家委会主任队伍建设的课题研究虽然告一段落,但我们对家校合作的探索永不止步。后续,我们还将针对家委会主任队伍建设进行长期研究,通过深化研究方法与拓展研究内容,加强长期效果跟踪与评估,让家委会主任能力提升的持续影响、激励机制对家委会主任工作形成积极性的长效作用。

感谢上海终身教育研究院李家成教授及其团队、上海市新时代中小学德育管理机制研究和实践实训基地主持人陈宏观及其团队在研究期间给予课题组的支持和指导。感谢学校的科研团队、教育教学团队和家委会主任团队研究成员积极参与这项关于协同育人机制创新的实践探索。尤其要感谢编写过程中包新娟、庄艳、盛琦、周志杰、邱云英、余岑、左银智等老师的辛勤付出。大家求真务实、协作创新,用饱含智慧和心血的研究与实践,为推动教育创新和完善协同育人体系提供了理论支持和实践参与。我们相信,通过不断的研究与实践,家委会主任队伍将在推动家校合作、促进学生成长方面发挥更加重要的作用,为构建更加完善的教育生态贡献更大的力量。

培养家委会主任队伍,这条路或许漫长,但每一步都值得。我们在做的,不仅是构建一个更完善的教育体系,更是在缔造一种更美好的教育生活。当家庭与学校真正成为教育共同体,当家长的教育力量被专业地激发与汇聚,我们就能在孩子们成长的土壤中埋下更多希望的种子。

愿这本书能成为一簇星火,照亮更多教育同行者的探索之路;愿每一个孩子都能在家校共育的阳光下,长成自己最好的模样。

张蓓蕾

2025 年 1 月